公民身份认同教育目标的构建

责任、法治与价值取向

武 进/著

图书在版编目(CIP)数据

公民身份认同教育目标的构建：责任、法治与价值取向/武进著. —北京：北京大学出版社，2019.6

ISBN 978-7-301-30697-0

Ⅰ.①公… Ⅱ.①武… Ⅲ.①公民教育—研究—中国 Ⅳ.①D648.3

中国版本图书馆 CIP 数据核字(2019)第 170482 号

书　　　名	公民身份认同教育目标的构建：责任、法治与价值取向 GONGMIN SHENFEN RENTONG JIAOYU MUBIAO DE GOUJIAN: ZEREN、FAZHI YU JIAZHI QUXIANG
著作责任者	武　进　著
责 任 编 辑	徐　音　姚沁钰
标 准 书 号	ISBN 978-7-301-30697-0
出 版 发 行	北京大学出版社
地　　　址	北京市海淀区成府路 205 号　100871
网　　　址	http://www.pup.cn　新浪微博：@北京大学出版社
电 子 信 箱	sdyy_2005@126.com
电　　　话	邮购部 010-62752015　发行部 010-62750672　编辑部 021-62071998
印 刷 者	河北滦县鑫华书刊印刷厂
经 销 者	新华书店
	730 毫米×1020 毫米　16 开本　16 印张　238 千字 2019 年 6 月第 1 版　2019 年 6 月第 1 次印刷
定　　　价	49.00 元

未经许可，不得以任何方式复制或抄袭本书之部分或全部内容。
版权所有，侵权必究
举报电话：010-62752024　电子信箱：fd@pup.pku.edu.cn
图书如有印装质量问题，请与出版部联系，电话：010-62756370

目录
CONTENTS

绪　论 //001
 一、问题的提出与研究意义 //001
 二、国内外研究现状 //007
 三、研究方法与研究思路 //021

第一章　公民身份认同教育相关概念及理论解析 //026
 一、核心概念解析 //027
 二、理论工具阐释 //046

第二章　公民身份认同教育内涵发微 //060
 一、公民身份认同教育的马克思主义释读 //061
 二、西方理论视域中的公民身份认同教育 //068
 三、中国政治文化架构中的公民身份认同教育 //079
 四、公民身份认同教育及其目标构建的维度、内涵与导向 //088
 五、公民身份认同教育目标的实践路径与实践主体 //097

第三章　中国公民身份认同教育目标的历史发展与现状 //107
 一、近代中国的历史境遇与公民身份认同教育问题的凸显 //108
 二、历史镜像中的中国公民身份认同教育及其目标演变 //115
 三、当代中国公民身份认同教育现状 //127
 四、中国公民身份认同教育目标演进的特点与实践方式 //134

第四章 中国公民身份认同教育目标与实践的问题解析 // 141

一、中国公民身份认同教育目标构建的社会背景分析 // 142

二、中国公民身份认同教育目标构建的现实困境 // 152

三、公民身份认同教育目标的分离与脱节 // 157

四、公民身份认同教育路径单一 // 164

第五章 国外公民身份认同教育的经验借鉴 // 170

一、多元文化下的融合：美国公民身份认同教育 // 171

二、传统与现代的统一：新加坡公民身份认同教育 // 178

第六章 中国公民身份认同教育的价值取向与目标构建 // 185

一、中国公民身份认同教育的应有视野 // 186

二、中国公民身份认同教育目标构建的基本原则 // 191

三、中国公民身份认同教育目标的基本架构与逻辑关系 // 198

四、中国公民身份认同教育的目标体系 // 204

第七章 中国公民身份认同教育实施路径的拓展与创新 // 211

一、公民身份认同教育的实施路径创新 // 212

二、公民身份认同教育的手段拓展 // 220

结　论 // 234

参考文献 // 238

后　记 // 252

绪　论

理论在一个国家实现的程度，总是取决于理论满足这个国家的需要的程度。①

——卡尔·马克思

这个世纪给我们带来了一个有趣的悖论。从来没有任何时候，人们如此广泛地接受公民身份观念，也从来没有任何时候能如此深入地重视并诉求于公民身份教育的地位和功能。与此同时，我们还发现从来没有任何时候公民角色包含了如此众多的解释。这是因为，20世纪的各种强大力量型构和重塑了19世纪充满活力的政治理念，所以必须调整公民身份以及公民身份教育以适应新型的政治生活。②

——德里克·希特

一、问题的提出与研究意义

（一）问题的提出

任何一种社会变迁都会在两个层面引发深层次的变化，一是制度的革

---

① 《马克思恩格斯选集》第 1 卷，人民出版社 2012 年版，第 11 页。
② 〔英〕德里克·希特：《公民身份——世界史、政治学与教育学中的公民理想》，郭台辉、余慧元译，吉林出版集团有限责任公司 2010 年版，第 150 页。

新,二是与制度相关的文化的更迭。前者关系到资源配置、利益分配、权力与权利关系博弈等一系列基础性问题的规则重构,后者则涉及意识、思维、价值观念与行为模式的秩序重建。两种变迁都深刻影响着人的生存形态的变化,并在根本上改变着人与社会的相互关系。这一变化最为直接的反映即是个体身份形态的改变。

20世纪以及更早时期的社会变革彻底改变了中国社会所具有的宏观格局,将传统向现代的整体转变确立为百年来中国社会发展的主要议题。中国社会由此开启现代化转型的加速发展阶段,即从器物技能阶段(technical level)、制度阶段(institutional level)以及思想行为阶段(behavioral level)这三种层次全面铺开现代化的发展图卷。中华人民共和国的成立、改革开放的发展则在更深、更广和更高的层面推进了现代化的发展进程。在这一进程中,原有封建社会小农经济与皇权专制的政治秩序被彻底打破,经济市场化、政治民主化,以及随之而来的社会法治化与文化多元化成为中国社会发展的主旋律。中国社会宏观建制的改变,引发了人们生活领域的相应变革,公私两种生活领域的分界在经济、政治与文化的共同作用下逐渐显现。个体的主体性和主体意识随之逐步凸显并日益增强,其身份形态也随着宪法和法律制度的建立实现了从"臣民"向"公民"的彻底转变,并逐步摆脱与共同体之间"臣民"化的人身依附关系,建立起以"公民身份"为基础的新型个体—国家关系。公民身份由此成为现代中国人最基本的身份符号和身份制度。

但值得注意的是,符号与制度的形成并不等同于身份的真正实现,后者还需要文化和心理结构同等程度的改变。公民身份的确立重新定义了人们的权利、责任、忠诚对象和认同规则,并带来一整套不同于以往的价值体系和行为模式。正如诺斯所言,制度变迁的一个重要标志,是人们逐渐采用新规则来增强行动的合法性,以便能够更有效地利用新的经济机会。[①] 个体公民身份要从制度建构切实转变为实践行动,也同样依赖于人们以公民身份内在法则规制外在行为的自主与自觉。而这一预期目标实现的前提,则是个体心理结构上对公民身份的接受与认同,以及内在观念和价值体系的相

---

① 参见张静主编:《身份认同研究:观念、态度、理据》,上海人民出版社2006年版,第4页。

应重构,也即公民身份认同的达成。但从中国当前社会现实来看,这一问题似乎并未得到真正解决。事实上,尽管中华人民共和国成立之初即已通过《中国人民政治协商会议共同纲领》和《中华人民共和国宪法》确立了公民身份制度,改革开放以来社会整体的公民权利和身份意识也有所提升,但人们对公民身份本身的认识和理解仍远未达到应有的程度,对自身公民身份以及权利义务的认识仍存在片面和不足。何谓公民身份以及公民身份意味着什么,很多人对此并未在深入思考后进行理解。而与此同时,传统文化造就的社会心理在人们身上积淀形成的"臣民"意识和"私民"人格仍经久不衰。对此,生活实践中大量存在的无视公共责任、破坏公序良俗等行为,政治实践中时至今日仍屡禁不止的买卖选票等无视权利义务的现象便是最好例证。

　　那么,应当如何实现文化与心理结构的重建,达成公民身份的认同?如何提升人们的公民身份意识及其相应的素质和能力,继而培养出现代民主法治所设定的理想公民?此外,应当培养何种意义上的公民身份认同?对于上述问题的解决,中国社会长久以来一直诉诸思想政治教育,由思想政治教育承担为社会主义事业发展培养合格公民,以及"合格建设者与可靠接班人"的使命。但几十年的发展历程显示,此前思想政治教育的传统工作方式似乎未能充分适应社会发展对现代公民的诉求,真正实现现代公民培养的价值与目标,其自身也逐渐陷入发展的困境。究其原因,思想政治教育的传统范式与现代社会发展特征之间的错位是关键,但更深层次的问题则是对公民身份认同及其教育问题本身的认识存在不足。现代公民的培养依赖于系统且目标清晰的教育实践,其核心在于引导人们实现对自身公民身份的充分认知以及深切认同。因此,从某种意义上说,公民身份认同的培养是现代公民培养的核心。然而,从目前中国教育的整体状况来看,中国公民身份教育尚未形成系统的教育体系,无论是教育目标的清晰度还是教育方法的有效度都尚嫌不足。同时,中国还缺乏公民身份教育的文化传统,对公民身份及其教育的理论认知多来自西方,缺乏本土化的理论支持。公民身份教育在理论与实践上的双重不足,影响了中国公民身份教育的发展,以及个体公民身份认同的达成。

因此，无论是基于对当下中国政治、社会发展现状的把握，还是对思想政治教育本身的省思，都有必要对公民身份认同及其教育这一研究议题作深入探讨，并持续探索当代中国公民身份认同教育的创新与发展路径。此外，这一议题的进一步提出还基于对以下问题的具体认识和思考：

1. 中国社会现代化转型对人的现代化的客观要求

英格尔斯认为，"人的现代化是国家现代化必不可少的因素。它并不是现代化过程结束后的副产品，而是现代化制度与经济赖以长期发展并取得成功的先决条件"①。换言之，人的现代化转型是社会转型的核心要素，也是现代化目标实现的关键所在。作为现代人最基本的身份表征，公民身份的确立是人的现代化的主要体现。这不仅仅是一系列政治、法律制度的建立，更意味着与之相适应的意识、能力、价值观念等内容的确立，包括独立人格、理性判断、规范行为以及包容、节制、负责等德性要求。从公民的成长角度讲，个体对其公民身份的认同并非自然生成，而是在教育过程中通过社会化建构形成的。当下的中国正经历一场前所未有的变革，这场以现代性建构为主题的社会变迁，带来的是中国社会的整体性发展与结构性变动：从同质的总体性社会到异质的分化性社会，从伦理性到法理性，社会结构的转型与体制的转轨同步进行，政府与市场双重启动，社会资源重新配置，原有行政主导的社会格局逐步向市场主导过渡。社会由传统向现代的转型需要与之相匹配的现代公民及其对个体公民身份的认同与自觉践行，这也在客观上对当下的公民身份认同教育提出了新的要求。

2. 社会主义民主法治发展对个体人格与素质的内在需求

虽然民主与法治是现代性主要的制度表征，也是现代化的本质要求，但民主与法治不能仅停留于制度层面，它必须与人们的现实生活相融合。因为民主是一种生活方式，它贯穿于生活的方方面面，并且在一切人际关系中反映出来。民主社会必须建构一套培养其成员有能力且有意愿参与创造彼

---

① 〔美〕阿历克斯·英格尔斯等：《人的现代化》，殷陆君编译，四川人民出版社1985年版，第4、8页。

此共享的社会的教育方式,也就是必须要通过公民身份教育,提升其成员参与民主过程的能力和意愿,使公民能成为负责任的决策者,并愿意以理性、沟通、妥协的方式,形成共识,解决问题,以促进政治社会的改良和健全发展。中国的社会主义民主法治虽然取得长足发展,人们的主体意识与权利意识有所提升,对个体权利实现、自我意志表达以及张扬个性的诉求不断涌现;但与此相对的,几千年积淀下来的封建传统影响并未完全根除,根植于臣民文化的义务本位传统与权利观念淡薄、独立人格缺失等现象仍广泛存在。上述两种相互矛盾的现象构成了当代中国公民身份教育的复杂背景。这一背景也决定了强化公民身份教育针对性研究和系统性分析的必要性,确定了探索适应于中国发展需求的公民身份认同教育,实现培养适应于社会主义发展的合格公民的现实目标。

3. 思想政治教育现代化转型的现实需要

思想政治教育是中国公民培养与教育的主要途径,但当下思想政治教育发展面临严重困境已是学界的普遍共识。这一困境突出表现在现代社会个体主体意识提升、信息化社会崛起对思想政治教育传统范式的全方位挑战上。在传统教育模式下,思想政治教育存在过度关注社会需求,忽视个体价值与主体地位的问题,教育方法上也以单向灌输为主,缺乏主体之间的有效互动。这些问题的存在使得思想政治教育有效性长期缺失,教育实效问题始终未能得以解决。在这一背景下,思想政治教育现代化转型的呼声在学术界以及教育实践领域越来越高,公民身份教育也顺理成章成为不少学者眼中思想政治教育转型的范式参照。诚然,公民身份教育对个体主体性的关注、现代公民人格的培养以及主体参与性的教育方法,为思想政治教育发展提供了一定的经验借鉴,公民身份教育与思想政治教育在本质上的共通性,也使得上述借鉴成为可能。但由于教育与一国文化紧密相关,作为舶来品的公民身份教育必须与本土文化深度结合,立足于本国文化传统与现实需求,这样公民身份教育探索才具有现实意义,对当下思想政治教育发展才具有推动和借鉴作用。在当前的社会背景下,从应然与实然两种维度对当代中国公民身份教育予以深入研究,实际上也是对思想政治教育本身发展的积极探索。

（二）研究意义

上述内容说明在当前中国社会背景下公民身份认同教育问题研究的必要性，同时也充分说明这一议题本身所蕴含的深刻的理论与实践意义。

在理论层面，首先，对这一议题的研究有助于深化对中国公民身份教育本身的理论认知。对教育本身的认识直接影响人们对教育的态度以及教育的实践方法，尤其是对于公民身份教育这样的舶来品而言影响更是重大。作为培养现代公民的基本途径，公民身份教育的重要性早已为社会所普遍认可，但由于缺乏文化及理论根源，公民身份教育在中国长期面临与本土文化融合难的问题，理论界对于如何理解并建构中国化的公民身份教育也尚未达成明确且统一的认识。公民身份认同教育问题的研究，是在公民身份教育研究基础上的细化和聚焦，关于这一议题的研究和探索毫无疑问将有助于进一步厘清中国公民身份教育的核心与重点，进而推进切实体现中国特色的公民身份教育体系的建构与发展。其次，研究这一议题有助于增强对中国公民身份建构与现代性建构等宏观理论问题的认识和理解。公民身份建构是中国现代性建构视域中关乎人的发展战略的重要内容，是中国现代化结构的重要组成部分。作为现代性建构的主体战略，中国公民身份的建构自清末民初开始至今，始终面临着种种历史和现实的障碍。绵延数千年的"臣民"身份及相关思想意识至今仍未完全绝迹于国人的文化与心理结构中，成为影响并制约现代性语境中个体与国家、个体与个体关系及互动模式建立的具体因素。在理想中的现代民主法治尚未完全实现、传统臣民文化残余仍然存在的情况下，中国公民身份建构不仅需要制度的设计，更需要教育对文化与心理结构形塑的支持和引导。在这一背景下，公民身份认同教育问题研究无疑具有深刻的现实意义，对公民身份认同达成及教育所起作用的研究和思考，也将启发对中国公民身份建构及现代性建构的引申思考。

在实践层面，首先，对公民身份认同教育问题的研究有助于推动公民身份教育的实践发展。中国公民身份教育发展至今，虽然在实践中取得不少成果,但同时也存在很多问题。中国的公民身份教育缘起于19世纪中后期中国社会政治际遇的现实需要,某种意义上是对西方公民身份教育的移植与借鉴,但由于缺少本土文化与历史渊源支持,中国公民身份教育尚未形成系统化的实践体系。中国的公民培养和教育应当行向何处,如何真正落实和推进,学术界和教育界都未有统一而确定的答案。因此,公民身份教育问题研究不仅是对这一议题的理论探索,更为重要的是对其在当前社会现实条件下具体教育路径和方法的思考。从这一角度而言,研究公民身份认同教育这一问题本身就是对公民身份教育实践的有益推动。其次,这一议题有助于推进中国特色社会主义民主法治建设的发展。十八大以来,党和政府从完善和发展中国特色社会主义制度、推进国家治理体系和治理能力现代化的战略高度,提出要加强社会主义法治体系建设。治理体系与治理能力的改善和提升、法治体系的构建与完善,关键是要通过制度设计与调整,构建权力与权力、权力与权利之间的合理格局。但无论是权力的运用,还是权利的行使,都涉及"人"这一根本因素。正如威尔·金里卡所言:"现代民主制的健康和稳定不仅依赖于基本制度的正义,而且依赖于民主制下的公民的素质和态度。"[1]而公民素质和态度的形成则在根本上取决于公民对其身份以及权利义务的理解和内化,后者的实现则需要教育的推动和引导。因此,在当前社会背景下探索公民身份认同教育问题,已然超越教育本身,具有了更为宏观的社会意义。

二、国内外研究现状

公民身份认同教育是一个极具综合性、系统性的议题,不仅涉及众多社会学科理论,其研究的视角与层次本身很多时候也远远超出了教育实践这一单一领域,而与政治、社会、历史等领域中的实践热点相结合,由此以一种更具广度和高度的视野对公民身份教育进行充分审视,从而为这一议题的研究提供更为宽广的思路和更为深刻的认识。从研究的本源来看,公民身份认同教育的研究具有两个主要的基点,一是公民身份,二是公民身份教

---

[1] 〔加〕威尔·金里卡:《当代政治哲学》,刘莘译,上海译文出版社2011年版,第285页。

育,两者共同构成公民身份认同教育问题的研究基础。

(一) 国内研究现状

1. 关于公民身份及公民身份认同的研究

国内关于公民身份的研究起步于 20 世纪 90 年代,但真正意义上的专项理论研究则起始于 21 世纪初,而学术界对公民身份认同议题的关注则相对更晚。但这并未妨碍学者对公民身份相关议题的研究热情,尤其是在民主法治的深入推进成为当代中国社会现代化主要的叙事框架后,有关公民身份和公民身份认同的问题更是为政治学、社会学等多种学科所关注,并形成跨学科的研究理路,为中国政治与社会现代化提供了新的理论视角。总体而言,国内学者对公民身份的理论研究也遵循了其他有关西方舶来理论研究的相似路径,即从译介国外著述、解析国外研究观点到分析本土问题与建构本土理论框架,并在这一过程中展示出诸多思想的闪光之处。学者们对于公民身份以及公民身份认同所进行的先期研究,为本书提供了可借鉴与可依据的分析理路和研究思路。这些研究理路既有对公民身份的理论探索,也有在公民身份与本土问题结合情况下的思考。

在公民身份的一般理论研究上,国内学者在阐述和分析西方理论的基础上,对公民身份内涵及其理论走向进行了深入解读。郭忠华在分析公民身份概念的变迁及其机制时,将公民身份内涵区分为基本内涵和扩展性内涵,认为国家、平等、权利和义务构成公民身份定义的基本共同要素。其中国家是公民身份的前提,平等是公民身份的本质,权利义务是公民身份活动的内容。[1] 尽管当代公民身份的外延不断扩展,出现文化公民身份、女性公民身份、环境公民身份等多重范畴,但不论如何扩展,上述因素始终是公民身份内涵的基本定位。郭忠华结合公民身份内涵的扩展,进一步提出了包含国家、亚国家与超国家等层次在内的公民身份的层级结构。[2] 肖滨依据哈

---

[1] 参见郭忠华:《变动社会中的公民身份——概念内涵与变迁机制的解析》,载《武汉大学学报(哲学社会科学版)》2012 年第 1 期。

[2] 参见郭忠华:《当代公民身份的理论轮廓——新范式的探索》,载《公共行政评论》2008 年第 6 期。

贝马斯的公民身份内涵界分将公民身份归纳为政治—法律公民身份和文化—心理公民身份两重维度,认为前者是以公民权利为基础,后者则突出个体在共同体文化基础上的情感和心理归属。① 冯建军从个体与共同体、权利与责任、公民性角度出发解读公民身份的内核,认为公民身份不是单一的实体概念,而是一个关系范畴,公民身份反映的是个体与共同体关系的制度化。② 其中,个体与共同体是公民身份的基点,权利与责任是公民身份的外在规定,而公民性则是公民身份的内在属性。

对于公民身份理论的发展走向,大多数学者都从共和主义、自由主义等多种理论流派的核心观点出发,提出公民身份理论的融合式或整合式的发展取向,认为公民身份理论应当超越二元对立,实现传统范式的有机整合。郭忠华认为,公民自由主义强调权利,共和主义则将共同体置于公民身份核心,在全球化、网络化改变传统经济、政治、文化在同一民族国家边界范围内齐步成长历史格局的今天,公民身份未来的理论范式应当是实现传统范式的有机整合。③ 冯建军在梳理公民身份理论流派的基础上,指出当代公民身份理论正由传统的二元对立不断趋于融合,形成包括共同体与个体、权利与责任、身份与美德在内的完整的公民身份理念,进而提出一种包含个体公民身份、社会公民身份、国家公民身份和世界公民身份在内的公民身份层级区分。④

除公民身份的一般理论研究外,公民身份的本土化以及本土问题研究也是学者重点关注的研究领域。周金华在《新公民论——当代中国个体社会政治身份建构引论》一书中,系统探讨了中国公民身份的建构问题。他认为中国公民身份建构嵌入在中国现代化的结构之中,公民身份建构是现代化中人的发展战略最重要的内容。⑤ 周金华从个体性与制度性两个维度分析了中国传统臣民身份以及现代公民身份的基本结构,并在梳理中国传统

---

① 参见肖滨:《两种公民身份与国家认同的双元结构》,载《武汉大学学报(哲学社会科学版)》2010年第1期。
② 参见冯建军:《公民身份认同与学校公民教育》,人民出版社2014年版,第93页。
③ 参见郭忠华:《公民身份的核心问题》,中央编译出版社2016年版,第77页。
④ 参见冯建军:《公民身份认同与学校公民教育》,人民出版社2014年版,第93—122页。
⑤ 参见周金华:《新公民论——当代中国个体社会政治身份建构引论》,中国社会科学出版社2010年版,第11页。

臣民身份向现代公民身份转型过程的基础上,提出中国现代"理想型"公民身份的主要构成,从条件、目标、模式以及内容、道路、措施等多方面阐述了中国"理想型"公民身份的建构。欧阳景根在《建构中国的公民身份理论:作为一种内化伦理的积极公民身份的建设》一文中,通过制度、意识与行为三个层面阐释公民身份概念,提出国家应当通过公民教育途径,将公民身份价值意义、个体与国家关系、权利与义务关系以及公民个体之间关系等内化为一种个体伦理与集体伦理,在此基础上建构自由的、参与的、服从的和被包纳进来的积极公民身份。① 在公民身份与本土问题的结合上,不少学者还借由公民身份对中国本土的政治、社会现实问题进行了理论分析,如公民身份与中国政治发展、少数民族公民身份、公民身份与公民参与、公民身份与公共决策、公民身份与法治建设等。

对公民身份理论与本土建构等问题的研究,显示了学者们对公民身份有关问题的研究旨趣,以及对当下中国政治、经济、社会现实问题的公共关怀。在与公民身份有关的问题域中,公民身份认同问题是相对较为晚近形成的新的研究领域,是现代性主题下公民身份与认同问题碰撞结合而形成的新的研究议题。有关这一问题,不少学者也给予了充分关注,从不同视角进行了剖析。

首先是关于公民身份认同的概念界定,也即有关"何谓公民身份认同"的问题。郭台辉在其《公民身份认同:一个新研究领域的形成理路》一文中指出,公民身份认同主要关注个体或群体对政治共同体之成员地位(包括自我安全、归属、团结、包容和排斥)的心理认知和主观感受,认为公民身份认同在于提升政治共同体成员的尊严和地位。② 冯建军从公民身份与认同两个概念结合的角度,将公民身份认同界定为"对公民身份特征、属性和法律地位的认可、承认、遵从以及行动"③,认为公民身份既有自我角色的认同,也有对公民共同体的认同,既有对公民共同体的归属性认同,也有对社会政治系统和公民法律地位的赞同性认同。中国台湾地区学者林火旺则将公民身

---

① 参见欧阳景根:《建构中国的公民身份理论:作为一种内化伦理的积极公民身份的建设》,载《晋阳学刊》2008 年第 3 期。
② 参见郭台辉:《公民身份认同:一个新研究领域的形成理路》,载《社会》2013 年第 5 期。
③ 冯建军:《公民身份认同与学校公民教育》,人民出版社 2014 年版,第 126 页。

份认同视为公民身份的心理结构的主要组成部分,认为公民认同是构成公民感的主要成分,公民感则是公民身份涉及个人的心理意义。此外,他还认为公民认同是个人赋予社群成员的一种情感。① 从学者对公民身份认同理解的整体情况看,公民身份认同主要被视为有关公民身份的一种心理上的归属和情感印证,这种归属情感一方面指向公民身份本身,另一方面则指向共同体,从认同的视角看,即是个体自我认同和社会认同的统一。

其次是公民身份认同的主要内容,主要是有关"认同何种公民身份"的问题。郭忠华在《公民身份认同及其三种分形》一文中借用曼纽尔·卡斯特关于认同概念的界定及类型划分,提出公民身份认同的三种分形,即合法化建构的公民身份认同、拒斥性的公民身份认同和重新规划的公民身份认同,②郭忠华所关注的公民身份认同主要集中于个体之于共同体的认同和归属层面。冯建军以公民身份层级结构为基础,将公民身份认同相应划分为个体公民身份认同、社会公民身份认同、国家公民身份认同以及世界公民身份认同,并对各个层级的公民身份认同提出相应的认同对象和标准,包括公民知识、公民意识、公民道德和公民行为等。③ 张翠梅主要从公民美德的角度,将公民身份认同聚焦于公民身份的伦理范畴,包括自主、自律、自尊、勇气、忠诚、节制、审慎以及责任、义务等公民德性的认同。④ 李冰博士还从政治社会化的视角分析了公民认同的主要构成,从公民自我认同和公民社会认同两个基本层面探讨公民身份的认同问题。⑤ 刘丹则将公民身份认同内容主要分为民族认同、国家认同、社会认同和自我认同四个方面。⑥

最后是公民身份认同的实现路径,也即"如何达成公民身份认同"的问题。关于这一问题,学者们的观点多集中于两个方面,一是公民参与,二是公民教育。张翠梅在其《公民身份认同研究》一书中,从政府责任伦理诉求、

---

① 参见郭台辉:《公民身份认同及其三种分形》,载《人文杂志》2014年第1期。
② 同上。
③ 参见冯建军:《公民身份认同与学校公民教育》,人民出版社2014年版,第128页。
④ 参见张翠梅:《公民身份认同研究》,中国政法大学出版社2013年版,第49—75页。
⑤ 参见李冰:《当代中国政治社会化中的公民认同研究》,中国社会科学出版社2013年版,第100—131页。
⑥ 参见刘丹:《全球化时代的认同问题与公民教育研究:基于公民身份的视角》,北京师范大学出版社2013年版,第169—173页。

公民参与与自治以及公民教育三方面对"如何认同"这一问题进行了阐释，其中公民参与与自治、公民教育是实现公民身份认同最为重要的两种途径。① 周金华在探讨中国公民身份建构问题时，也将公民教育作为中国公民身份建构的具体措施之一。与此同时，不少学者还从公民参与、公民身份实践等角度提出形成以培育积极公民为主旨的公民教育等观点。

总体而言，尽管目前国内有关公民身份的研究已取得一定进展，但研究的整体质量仍亟待提升。特别是公民身份认同议题的研究，由于兴起时间较短，总体研究成果尚显不足，这一领域的研究视角和研究思路还有待进一步的拓展。目前研究的主要问题在于：第一，在公民身份的研究上多以西方理论为认识基础，对在中国政治文化和社会基础上如何理解和建构中国自身的公民身份理论，尚未有深入和透彻的研究，公民身份尚未形成自成体系的内涵、价值和理论，仍以西方理论和价值内涵为主要的评判标准；第二，在公民身份认同的研究视角上，多数学者都从国家、民族等宏观层面进行分析，探讨公民身份有关国家和民族认同的问题，对个体层面的公民身份认同给予的关注较少，也较少以个体视角探讨公民身份认同的建构问题；第三，在研究的理论基础方面，大多以政治哲学为主要的理论依据，与认同及身份认同等内容直接相关的社会学、心理学等理论借鉴较少，理论视角的广度相对不足，不利于深入理解公民身份认同及认同形成的内在机理问题；第四，目前有关公民身份认同的研究大多以一般性的理论认知为主，从当代中国社会实践层面进行的分析相对较少。上述问题的存在从某种角度也充分说明，公民身份与公民身份认同是极具学术价值的研究领域，这也为本书的研究提供了更为充分的意义指向和价值支持。

2. 关于国内公民身份教育的主要研究

公民身份教育（citizenship education）又称公民教育，是公民身份认同实现的主要途径之一。公民身份教育在中国并非新兴的研究领域，早在清末民初时期便已作为挽救民族危亡，推进政治、社会现代发展的工具被引入中国。中华人民共和国成立后，公民教育的研究与实践有所停顿和中断，真正

---

① 参见张翠梅：《公民身份认同研究》，中国政法大学出版社2013年版，第76、116、150页。

发展则是在改革开放之后。作为与思想政治教育密切相关的教育形态,公民教育的意识自20世纪80年代复兴以来为国内学者所普遍关注,并作为国外思想政治教育的类比形态予以介绍和分析。与之相关的研究发展至今,已逐步跨越早期译介国外公民教育为主的浅层研究阶段,向中国公民教育的理论与实践等纵深方向发展,研究的主题也从公民教育的一般理论、中外公民教育比较、公民教育历史沿革等拓展至公民意识、公民道德、公民身份、公民认同等更为细化和深入的议题研究,在研究方法上也从理论探讨逐渐向实证研究与实践探索延伸。关于公民教育研究的整体情况,学界著述已有很多,本书在此不多赘述,笔者将对与本书联系相对更为紧密以及具有代表性的内容予以阐述。

(1)公民教育的目标与内容。公民教育简言之就是培养现代公民的教育,是"社会通过培养使公民成为依法享有权利和履行义务的责权主体,成为在政治、经济及社会生活中有效成员的过程"[1]。换言之,公民教育的目的就是发展主体的认识结构和参与社会的动机,形成公民意识,进而通过个人的积极参与,形成一个更加美好、更加公正的社会。[2] 金生鈜教授对公民教育目的的这一阐述具有一定的代表意义。檀传宝教授在此基础上进一步提出,对于中国而言,公民教育的目标定位尤其要侧重于权利意识和参与意识的形成,将权利与参与明确为公民教育的两个基点,并在此基础上指出公民教育的目标定位包含独立人格、民主意识、人道关怀、人权理念、公共理性与公共责任。[3] 王东虓教授认为,公民教育的基本目标是培养与民主政体相一致的公民意识,其中包括公民权利与公民责任两个部分。[4] 冯建军以其对公民身份的理解为基础,提出当代公民教育应当着力培养包含个体、社会、国家/民族、世界等层次在内的复合型公民,这种复合型公民强调在个体层次

---

[1] 蓝维等:《公民教育:理论、历史与实践探索》,人民出版社2007年版,第21页。
[2] 参见檀传宝等:《公民教育引论:国际经验、历史变迁与中国公民教育的选择》,人民出版社2011年版,第208页。
[3] 参见檀传宝等:《公民教育引论——国际经验、历史变迁与中国公民教育的选择》,人民出版社2011年版,第209—219页。
[4] 参见王东虓:《公民教育学的基本范畴探析》,载《郑州大学学报(哲学社会科学版)》2008年第3期。

上体现公民的主体性,在社会、国家与世界层次上体现出其公共性。①

围绕上述目标,学者还提出相应的公民教育内容。檀传宝围绕权利与参与基点的教育目标,提出当代中国公民教育的内容应当围绕公民身份展开,围绕培育"有责任的自由身份",重点进行身份与认同、人道与人权、德性与责任、民主与法治、和平与理解、环境与生态等维度的教育。② 金士鉱强调教育的价值在于引导个体自主地追求德性,因此教育应着重进行个人美善品质的培养以及个人自由与自主的实现,也即进行公民德性的教育,包括基本道德与德性(正义感与善的观念等)以及理性能力。冯建军认为公民教育应针对不同层级的公民进行相应的公民知识、公民意识、公民道德和公民能力的培养。③ 上述学者对公民教育的目标内容进行了多维度的分析,形成较有代表性的观点。其他学者也从不同角度论述了当代中国公民教育应有的目标和教育内容,如王东虓、余玉花、叶飞、朱小蔓、万明刚、黄甫全、李萍等都对公民教育提出了各自的见解,极大地丰富了公民教育的理论与实践研究体系。

(2)公民教育的方法与途径。叶飞在分析公民教育的方法与途径时,着重强调知识与实践的结合,突出参与及公共生活取向的教育方式,认为当前公民教育方法上的主要问题是知识与实践的疏离以及教育过程中参与性的缺失。④ 檀传宝也强调公民教育应当走向实践。李微在《构建社会主义和谐社会中的公民教育》一文中系统阐述了公民教育的机制与主要方式,提出公民教育的若干教育方式,如参与方式,包括参与公益劳动、参与文明创建活动、参与社会实践;疏导方式,包括引导、利导、分导等;咨询方式,包括宣泄、领悟等;陶冶方式,包括人格感化、艺术熏陶、环境熏陶等;示范方式;自律方式;渗透方式等。汪建兵指出公民教育的实施是一个系统工程,需要社会各方面力量的积极努力,学校是公民教育的主渠道。彭庆红、吴旭坦在《试论大学生的公民教育》一文中指出,应当通过系统的公民教育、丰富多彩的实

---

① 参见冯建军:《公民教育目标的当代建构》,载《教育学报》2011年第3期。
② 参见檀传宝等:《公民教育引论——国际经验、历史变迁与中国公民教育的选择》,人民出版社2011年版,第227—279页。
③ 参见冯建军:《公民教育目标的当代建构》,载《教育学报》2011年第3期。
④ 参见叶飞:《公民教育:从"疏离"走向"参与"》,载《全球教育展望》2011年第8期。

践活动以及营造良好的教育环境的方法来增强公民意识。① 袁利平则从构建包括公民教育和公民训练在内的公民教育课程体系、加强公民意识培养、确定适合学生发展的公民教育重点、注重传统文化对当代学校公民教育的影响、加强学校公民教育中的教师培训、营造一个有利于公民教育的"社会—文化"环境等几个方面探索在中国大力开展学校公民教育的方法。② 班秀萍、李瑞林在《公民教育的内涵及其实现途径探微》一文中指出,公民教育要根据循序渐进的原则,通过家庭、学校、社会、个人四方面的共同努力,培育公民意识,提高公民素质。其中,社会教育是公民教育的重要环节,社会通过公共精神教育和公共精神环境的双重作用,塑造国民精神品格,提高公民素质。③

总体而言,国内学者对公民教育的研究深入程度和系统化程度逐步提升,显示出这一研究领域正向纵深发展。但总体而言,公民教育有关的研究仍存在一些不足:一是研究以理论层面的"应然探讨"居多,对"实然"层面的探索相对薄弱,这与中国系统化和独立性的公民教育体系缺失及公民教育实践弱化不无关系;二是研究关注的重心相对同化,观点和结论重复性较高,对公民教育特别是当前社会背景下中国公民教育问题的突破性认识和研究相对较少;三是以公民身份和公民身份认同为中心的研究有学者已开始关注,但总体还处于初步探索阶段,研究成果相对较少、研究的深入程度相对较低。学者们先期研究的成果为本书的研究提供了大量的基础支持,同时也为本书提供了一定的研究空间和启示。

(二)国外研究现状

1. 关于公民身份的主要研究

相对于国内研究,国外学者对公民身份的研究历史不可不谓悠久,最早可追溯至古希腊时期柏拉图与亚里士多德基于斯巴达和雅典城邦政治的公

---

① 参见彭庆红、吴旭坦:《试论大学生的公民教育》,载《河北农业大学学报(农林教育版)》2001年第2期。
② 参见袁利平:《我国学校公民教育:一个亟待解决的课题》,载《未来与发展》2006年第1期。
③ 参见班秀萍、李瑞林:《公民教育的内涵及其实现途径探微》,载《唐都学刊》2011年第4期。

民身份研究。20世纪40年代末,英国著名社会学家T. H. 马歇尔在《公民身份与社会阶级》一书中,从权利角度系统提出了现代公民身份的理论框架,从而开启了现代公民身份系统研究的先河。此后,本迪克斯、李普塞特、帕森斯、达伦多夫、安德森、吉登斯、特纳、托马斯·雅诺斯基、德里克·希特、威尔·金里卡、艾利斯·杨、汉娜·阿伦特等社会学家、政治学家先后加入到公民身份议题研究的行列中,从政治学、法学、社会学、历史学等多重视角对公民身份予以审视,推动公民身份问题域的不断扩展。几十年来,公民身份的研究视野从权利范式和国家中心延伸至公民品德和积极的政治参与,从以英美为主体背景拓展到世界不同地区和不同族群的公民身份和身份认同等问题,并与环境、文化等社会普遍关注的领域相结合,衍生出女性公民身份、环境公民身份、生态公民身份、文化公民身份、多元公民身份等新的研究议题。随着全球化与信息化的进一步扩张,全球公民身份与网络公民身份等也成为学者关注的话题。总体而言,当代公民身份研究的突出发展趋势是力图超越传统公民身份的观念,将公民作为一种策略性的概念,与身份认同、参与、赋权及公共利益等议题相结合,并将之置于新的社会政治背景中,以寻求理论与实践的新的发展路径。

综观整体,国外学者目前对公民身份的研究存在几种主要的研究范式:

一是公民身份的权利范式,即以权利义务作为公民身份研究的基本内容。权利范式是现当代公民身份研究最主要也最典型的研究内容。马歇尔是这一研究范式的先导者,他将公民身份的构成划分为公民权利、政治权利和社会权利三个层面,分别称之为"公民的要素""政治的要素"和"社会的要素"。其中,"公民的要素"由个人自由所必需的权利组成,包括人身自由,言论、思想和信仰自由,拥有财产和订立有效契约的权利以及法律权利;"政治的要素"是指公民作为政治权力实体的成员或这个实体的选举者,参与行使政治权力的权利;"社会的要素"则是从某种程度的经济福利与安全到充分享有社会遗产并依据社会通行标准享受文明生活的权利等一系列权利。①马歇尔所构建的公民身份权利谱系实际上是从人的生存、政治及社会生活三方面对公民身份权利进行的界分。迈克尔·曼在此基础上进一步将公民

---

① 参见郭忠华、刘训练编:《公民身份与社会阶级》,江苏人民出版社2007年版,第8页。

权利、社会权利分解为个人权利和集体权利、意识形态的和经济的两种亚类型,并将后者具体化为教育的权利、允许文化参与的权利、获得某种职位的权利以及直接经济生存的权利。① 本迪克斯将公民权利称作"合法的存在状态",将政治权利称为"合法的行动权利",认为前者意味着一个人拥有权利,处于被动状态,后者则意味着一个人拥有创造权利的超权利,是一个主动的过程。② 丹尼斯·汤普森也认为公民身份包含被动的生存权利以及现有的和未来的能影响政治的主动权利。③ 雅诺斯基在著作《公民与文明社会》中对公民权利、义务研究进行整体上的考察后,将本迪克斯的公民权利进一步扩充为法律权利、政治权利、社会权利和参与权利四类,并将公民义务分为支持性义务、服务性义务以及保护性义务。④

二是公民身份的个体—国家关系范式。这一研究范式主要是将公民身份作为个体—国家关系的联结予以考察。对于公民身份所体现的个体—国家关系,自由主义理论家与共和主义理论家有着截然不同的态度。前者将个体置于考量的核心,认为国家仅仅是维持个人自由和权利的手段,每个人都有权享受其天生的自由,除非出于最必要的政策目的,否则国家无权干预或者剥夺这种权利。⑤ 共和主义则把共和国作为认识的中心,将公民参与国家政治活动视为获取自由的条件。尽管在孰优孰劣问题上存在分歧,但国家是个体公民身份的存在基础和活动平台却是不争的事实。对于以个体—国家为基础的公民身份研究,学者们还进行了拓展性的思考。彼得·雷森伯格认为公民身份是制度化的个体与政治关系;⑥ 基思·福克斯认为公民身份是沟通个体和政治共同体的媒介,两者之间是一种互惠互利的关系;⑦ 迈克尔·曼则从统治策略角度分析公民身份,认为公民身份是统治阶级设定的一种统治策略,以促进大规模社会阶级正面冲突转化为更少阶级色彩、更

---

① 参见郭忠华:《公民身份的研究范式——理论把握与本土化解释》,载《学海》2009年第3期。
② 参见刁瑷辉:《当代公民身份理论研究》,复旦大学出版社2014年版,第18页。
③ 参见[美]托马斯·雅诺斯基:《公民与文明社会》,柯雄译,辽宁教育出版社2000年版,第12页。
④ 同上书,第39、69页。
⑤ See Derek Heater, *What Is Citizenship*, Polity Press, 1999, p. 53.
⑥ 参见张昌林:《共和主义公民身份与当代中国政治发展》,山东大学出版社2010年版,第7页。
⑦ 参见[美]基思·福克斯:《公民身份》,郭忠华译,吉林出版集团有限责任公司2009年版,第89页。

受限制、更为复杂但更有秩序和更富弹性的斗争。① 此外,公民身份被进一步扩展至国家、民族及族群关系方面,借以探讨民族认同与国家认同的冲突,以及此间公民身份的作用。如米勒、欧曼以及哈贝马斯等的研究,前两位学者坚持公民身份的国家基础,认为对公民身份的分析应当将国家与民族区分开来,哈贝马斯则试图以宪政爱国主义作为公民身份基础,以弥合国家与民族认同的分离。

三是公民身份的参与范式。这一研究范式将公民身份与公共参与紧密联系,着重分析公民身份的参与特性及其本身对政治和社会的影响。亚里士多德认为,人作为政治的动物,只有通过参与一个城邦的事务才能激发其生活的完全潜能和个性,并将公民界定为"凡得参加司法事务及治权机构的人"②,从而明确了公民身份的参与特性。作为公民身份的本质,参与伦理在公民身份研究中具有极为重要的地位。无论是自由主义者还是共和主义者,都将公民身份的参与伦理作为研究基点。只是相比较而言,共和主义将参与视为公民身份的必备条件,是公民理应承担的义务;而自由主义却并不将参与作为公民必须履行的义务。随着人们对自由主义引发公民精神衰退的反思和批判,学者们重新开始倡导回归古典,重塑热心公共事业、积极参与公共生活的公民形象。汉娜·阿伦特极力主张具有参与德性的积极公民身份,将公民身份与公共领域建立在参与的基础之上,强调政治的真正体现是公民们在公共领域内协商共议公共事务,而公民身份不仅是一种政治共同体成员的身份,更是自由个体在民主共同体事务中有效参与的作用和能力。③ 恩靳·艾辛则从公民身份行动角度建立了公民身份的动态分析范式。

上述不同研究视角体现了当代学者对公民身份研究的深度和广度,这些研究不仅丰富了公民身份理论的内涵,也体现了当代政治与社会的发展特征和需求,拓展了公民身份的研究领域与理论生命力。

---

① 参见郭忠华、刘训练编:《公民身份与社会阶级》,江苏人民出版社2007年版,第192—207页。
② 〔古希腊〕亚里士多德:《政治学》,吴寿彭译,商务印书馆1965年版,第114页。
③ 参见陈海平:《公共领域与人的自由——汉娜·阿伦特的积极公民观及其启示》,载《河北学刊》2006年第3期。

2. 关于公民身份教育的研究

学者对公民身份的研究某种意义上为公民身份教育提供了政治哲学方面深刻的理论支持，而公民身份教育有关研究则在此基础上更多着眼于具体教育实践的分析以及教育理念的省思。与公民身份一样，公民身份教育也同样具有悠久的历史，古希腊柏拉图与亚里士多德时期，即有著述专章论述公民身份教育。古典主义的公民身份教育旨在培养具有公民德性、积极参与共同体公共事务的美德公民。近代自由主义盛行后，公民教育着重强调个体的价值与主体性教育，突出个人权利的教育和维护，在一定程度上引发"孤立的"个体的形成，以及越来越突出的公民政治疏离现象。出于对自由主义的反思，现当代公民教育着重探讨如何走出自由主义的隐忧，通过公民教育启发公民对公共事务与共同体的参与，培养更具参与意识和能力的积极公民，实现"公民的回归"。正如基思·福克斯所言："当前的教育主要侧重于个体的自我发展和为工作做准备，但教育同时还应注重培养公民的责任感和合群性。"①

围绕上述中心，国外公民身份教育研究出现一些具有鲜明特点的研究指向。

首先是促进民主的教育。在西方教育传统中，公民身份教育承担着两大基本功能，一是培养知情的（informed）公民，二是促进民主的发展。其中，促进民主发展是公民身份教育的核心所在。在当代西方社会民主赤字频发的社会背景下，越来越多的学者致力于民主公民教育模式的研究以及实践探索。美国学者珀尔与奈特从四方面概括了民主教育理论在学校公民教育中应用的基本要求，包括提供普遍的知识教育、让学生参与影响他们生活的决策、向学生提供明确的权利和特定的权利、所有社会成员为成功所作的合法努力都应当得到平等的鼓励。②奥斯勒和斯塔基主张民主公民教育应以尊严与安全、参与、独特与包容、自由、知情和隐私权为基本原则。③他们对

---

① 〔美〕基思·福克斯：《公民身份》，郭忠华译，吉林出版集团有限责任公司2009年版，第95页。
② 参见檀传宝等：《公民教育引论——国际经验、历史变迁与中国公民教育的选择》，人民出版社2011年版，第363页。
③ 同上。

民主公民教育的研究还直接深入具体的教育实践中。奥尔德森致力于学校民主教育的案例研究,并将其研究建立于《联合国儿童权利公约》框架下,通过具体案例分析制度应如何改变以及民主原则作为校风基础的应用对学生进步的影响。

其次是提升公民身份能力的教育。杜威曾明确提出,公民要有明智地判断人和各种措施的能力,在制定法律和服从法律时起决定作用的能力,①他通过设计"问题中心的教学法",为学生提供真实的经验情境,提升学生对知识与方法的占有和掌握。阿米·古特曼在此基础上,进一步表明公民教育就是要培养有意识的社会再生产所必需的民主商议的能力,亦即处理政治和道德分歧的能力。古特曼进一步阐释了公民教育培养民主公民技能和美德的相关内容,包括合乎逻辑的思考、有条理和公平的辩论、批判和理性决策的能力,以及宽容、虚心、理解争议性问题和不同文化等。② 格哈德·希梅尔曼在其《民主公民身份的教育、学习与实践能力》一文中总结了目前学界有关公民身份能力的不同组合范式,包括社会认知与影响的能力,知识、技能与理解,知识、技能与态度,知识、理解技能、态度、价值观与性格以及知识、意识与技能等。③ 布兰妮·霍斯金斯在界定和分析了积极公民身份所应具备的品质后,提出一套有关公民身份能力的内容清单,包括具有人权理念与知识、平等权利理念与知识、组织或参与废除社会不公的集会活动的能力、评估政府表现的能力、参与公共讨论的能力等。④ 有关公民能力的公民教育研究进一步拓展了公民教育促进民主功能的理论与实践范畴。

最后是多元公民的教育。多元化的公民教育是当前大多数国家公民教育的主要指向之一,旨在培养公民能够具备多元文化的认识和理解能力,能够在尊重不同文化差异的基础上理性对待和处理社会公共事务。这一教育指向对于多民族和多种族国家而言尤其重要。英国学者麦克劳林在讨论公

---

① 参见〔美〕约翰·杜威:《民主主义与教育》,王承绪译,人民教育出版社2001年版,第132页。
② 参见唐克军、蔡迎旗:《美国学校公民教育》,中国社会科学出版社2012年版,第5页。
③ See Murray Print, Dirk Lange, *Civic Education and Competences for Engaging Citizens in Democracies*, Sense Publishers, 2012, pp. 3-7.
④ Ibid., pp. 23-25.

民社会与多元化教育时,提议应开展公共辩论以确立多元社会的共享价值,促使在公共道德与公共利益上达成共识。① 菲格罗阿认为公民意味着承认社会多元性,以开放、团结与尊重的精神对待他人,接受人类的共同价值,反对任何形式的剥削、不公对待与种族主义;公民教育应当促成公民具有上述品质,使公民具有对包括自身文化在内的所有文化的批判性尊重。②

除上述研究外,国外公民教育还注重对教育途径的研究和探索,包括服务学习基础上的社区参与式教育等途径,其中心都在于培养积极的、参与性的现代公民。国外公民教育研究进一步拓展了公民教育理论与实践空间,为中国公民教育提供了更深和更广层次的研究思路,也为本书的研究提供了大量的理论先导。

三、研究方法与研究思路

(一) 主要研究方法

方法是研究的重要保障。从事任何一项研究都需要研究方法,它是解决问题的途径,达到研究目的的桥梁。从某种意义上说,研究方法的得当与否决定着研究的过程是否科学,研究的结论是否正确,关系到研究总体质量的高低。公民身份教育问题是一项极具综合性特征的议题,对这一问题的研究也必须采用多种方法,只有以一种综合性、整体性的视角和方式进行,才能对公民身份教育进行更为深入的认识和探讨。本书在马克思主义认识论与方法论的指导下,坚持理论与实践相联系的基本原则,沿着辩证统一与普遍联系的主要路径,辩证地认识、理解和看待公民身份教育相关理论与实践问题,以前人研究的理论与实践成果为基础,在对议题研究现状充分认识与把握的同时,借鉴、融合不同学科、不同理论、不同观点对研究主题进行深度挖掘,不断积累、总结、归纳和提炼,形成自己的研究视角和研究主旨,并在前人研究基础上形成自己对公民身份及其教育理论与实践的认知和理

---

① 参见檀传宝等:《公民教育引论——国际经验、历史变迁与中国公民教育的选择》,人民出版社2011年版,第359页。
② 同上。

解。研究所涉及的主要方法包括以下几种：

第一，文献解读。本书通过梳理国内外公民身份、公民教育、认同理论、社会认同等多种主题的学术论文、专著等大量文献资料，在收集、整理、研读的基础上，总结、归纳当前有关议题研究的主要观点、理论与实践发展特征，对当前公民身份认同及公民身份教育的研究现状形成整体性的把握，分析中国当前公民身份认同教育存在的问题，以问题为导向深入探讨公民身份认同教育发展的基本现状与主导方向，探索当下中国公民身份认同教育发展的核心与关键所在。

第二，系统分析。系统分析的核心是要以一种整体化、综合性的研究视野，对研究对象进行分层次、有体系的剖析和解读。作为一项系统性的工程，教育的转型通常涉及从理念到实践，从内容到方法的转变与革新。公民身份认同教育承载了培育合格公民、实现人的现代化的历史使命，这一问题不仅涉及教育本身，也关系到政治、社会制度与历史文化传统。本书从整体着眼，以系统化的视角探讨公民身份认同教育的转型与发展问题，从政治、文化、社会及教育本身等多重角度，论述公民身份教育目标及其路径发展的核心与关键点。

第三，历史研究。"历史从哪里开始，思想进程也应当从哪里开始，而思想进程的进一步发展不过是历史过程在抽象的、理论上前后一贯的形式上的反映。"[①] 公民身份教育根植于西方的历史文化传统，作为一个舶来品，它在中国的兴起和发展有其特殊的历史环境与时代背景，并与中国政治、法治的曲折进程有着千丝万缕的联系。中国公民身份教育的发展历史在某种意义上就是中国政治与法治发展在教育问题上的缩影。因此，对公民身份教育问题的研究，不但要契合当下的社会发展现实，更要与历史紧密联系，如此才能对当代中国公民身份教育问题有更为深入和全面的理解与把握。本书在对中国公民身份教育的历史流变进行整体考察的基础上，对不同时期公民身份教育的主要特征进行了分析，总结、梳理中国公民身份教育的目标与发展的历史进路和基本逻辑，把握中国公民身份认同教育目标的发展脉络，并将其置于历史与社会发展的宏观背景下，综合分析中国公民身份认同

---

① 《马克思恩格斯文集》第 2 卷，人民出版社 2009 年版，第 603 页。

教育存在的现实问题与可能的对策建议。

第四,比较分析。任何一种研究都非孤立地进行,而是在与其他相关研究的理论、观点的交锋与对话中,逐渐厘清研究的思路与方向,明确秉持的理论观点与实践参照。本书以中国公民身份认同教育为议题,通过公民身份认同教育横向与纵向不同维度间的联系与比较,深入挖掘公民身份认同及教育的深层意涵:横向维度上,与其他具有代表意义的国家相比较,分析不同国家公民身份认同教育的模式与特征,总结其他国家教育经验对中国公民身份认同教育发展的借鉴意义;纵向维度上,通过中国公民身份认同教育发展的阶段对比,梳理公民身份认同教育的阶段性差异,揭示影响中国公民身份认同教育发展的深层因素。另外,本书在论及公民身份认同教育与其他相关概念的差异、认同的内涵解读与理论解析时,也以比较分析为基本方法,从不同学科及理论的视角综合分析,逐步廓清概念与理论的基本边界。

第五,跨学科研究。事物是普遍联系的,社会现象和问题本身的综合性,使得对社会现象以及问题的解释和解决必然要用到多种学科的知识与技能。作为一种多领域、多学科研究的"实践"集合,公民身份认同问题涵盖政治学、社会学、伦理学、历史学、哲学等不同学科范畴,因此对公民身份认同教育问题的探讨也应当从不同学科视野进行,借鉴其理论观点,综合认识和探讨公民身份认同教育问题。除上文所言及的政治学、社会学、伦理学等学科外,本书还借鉴、参考了心理学、社会心理学学科中关于认同的理论分析,以及教育学、教育社会学对教育主导价值、教育的社会化功能等方面的论述,以期通过多学科理论观点及研究方法的融合,对公民身份认同教育这一宏大议题有较为深刻和透彻的把握,全面分析公民身份认同教育在当下中国社会中的价值、意义、现状、问题以及问题解决的思路与路径。

(二)研究思路

公民身份认同教育关乎现代性的主体建构,是培养社会主义合格公民的关键要素。在当前全面深化改革、推进国家治理体系与治理能力现代化、全面依法治国的宏观背景下,如何真正培养符合社会发展需要的现代公民,促进人们对既有公民身份的内化与肯认,从而实现公民身份的应有价值,是社会科学与教育领域都应着重思考和研究的问题。公民身份关系到个体与国家关系,具有个体性与公共性双重属性,其意义不仅在于个体对国家的归属,更在于个体对自身权利、义务的认知、理解以及自觉履行。因此,对于公民身份而言,一种以个体为基础的完整公民身份认同的教育便具有极为重要的意义和作用。正是基于以上思考,本书确立了以下主要的研究视角、研究重点和理论依据:

第一,个体研究视角的突出。公民身份同时包含了个人和集体的因素[①],它一方面指向共同的身份归属,另一方面指向个体的独立与自主地位。在共同归属方面,公民身份力图实现的是一种具有共同记忆的集体意向;而在个体的自主性方面,则着力要实现认同作为人的主体性所显现的价值旨归。受社会本位与集体取向的政治与教育思想影响,中国目前的公民身份教育无论是在教育实践还是研究层面都更侧重公民身份的集体意向,特别是国家归属与政治认同的强化,而对个体以及作为个体与国家中间层次的社会层面的公民身份认同,则相对忽视。加上教育理念中社会本位占据主导地位的理念格局影响,个体的主体价值长期处于相对弱势地位。因此,本书在研究时,侧重个体视角的突出,以个体为基础,探讨公民身份认同的实现及其教育引导。在对公民身份认同问题进行把握时,重点关注公民身份理论、认同理论对于个体与共同体、个体与社会的相互关系界定,从个体化的视角思考公民身份的价值及其认同的达成,从而建构起对公民身份认同教育问题的认识和理解框架。

第二,研究重点的确立。教育是培养"理想的人"的实践活动,无论基于何种文化背景和理论基础,其核心目标都在于培养与教育理想相适应的合格人才。因此,目标的确定对于教育本身而言具有关键作用。本书将研究重点置于教育目标的考察,结合当代公民身份的发展探讨现代政治、社会场景下,公民身份认同教育应具有和需要达到的目标,并以目标为先导,进一步思考教育的路径和方法问题。在研究过程中要着重思考几个主要问题,一是公民身份的意涵及其演变本身与公民身份教育目标、路径的关系以及对二者的影响;二是如何构建契合当代中国政治文化背景的公民身份认同教育,明确适应中国社会主义民主法治发展需求的教育目标;三是当代中国

---

① 参见〔美〕基思·福克斯:《公民身份》,郭忠华译,吉林出版集团有限责任公司2009年版,第1页。

公民身份教育本身在目标与路径上存在的问题及其应对策略。笔者将基于对上述问题的思考,着力建构一种整体化的研究框架和问题结构,以目标和路径为切入点,对当代中国公民身份认同教育问题进行全面且深入的思考。

第三,理论依据的考量。教育本质上是人的问题,因此如何认识和看待人本身,是理解和把握教育问题的关键。本书首先将马克思主义人学理论作为理论基础,以马克思主义对人的本质、人的属性的论述为基点,认识和理解现代性框架下人及人的社会政治身份建构问题。与此同时,由于本书重点关注的是公民身份的认同及其教育引导问题,因此对于认同及其作用机理的把握便是理解这一问题的又一关键所在。认同问题本身具有丰富的内涵,既涉及心理过程也涉及社会过程,既有个体取向的认同也有社会取向的认同。由于本书着重于个体的研究视角,因此会在对心理学、社会学、哲学等领域有关认同的理论进行整体把握的基础上,结合对公民身份的认识,将对理论的关注聚焦于社会心理学家史泰克的认同理论。这一理论分支建立在个体视角基础上,通过个体与其所具有的社会角色的相互关系考察认同及其形成机理,这与本书的研究重心相吻合。因此,本书着重以史泰克的角色认同理论为依据,借鉴社会认同等不同理论分支的主要观点,从一种综合性的视角认知认同及其相关问题,从而为公民身份认同教育问题建立更加契合的理论分析基础。

公民身份认同教育问题是一个综合性的问题,涉及政治学、社会学、教育学、心理学及思想政治教育等不同学科,因此必须在综合考量的基础上,全面而深入地把握这一议题。

第一章

公民身份认同教育相关概念及理论解析

> 人不是抽象的蛰居于世界之外的存在物。人就是人的世界，就是国家，社会。①
>
> ——卡尔·马克思
>
> 国民身份、国家特性问题上的辩论是我们时代的一个常有的特点。几乎每个地方的人都在询问、重新考虑和重新界定他们自己有何共性以及他们与别人的区别何在：我们是什么人？我们属于什么？②
>
> ——塞缪尔·亨廷顿

概念的厘清与理论的确证是所有研究的逻辑基础，对于公民身份这样一个极具哲学与思辨意味的概念来说，尤其如此。从古希腊城邦到现代福利国家，公民身份由最初的等级与特权象征，转化成为一种代表普遍平等的身份符号，公民身份教育也逐渐从培养"哲学王"、追求至善的纯粹政治理想中脱离出来，成为一项旨在为国家培养合格公民、略带实用主义色彩的教育实践活动。公民身份内涵与教育重心的转变，反映出社会科学关于"人的问题"在认识上的历史演进。近现代以来，以公民身份及其教育为主题的学术争论层见叠出、方兴未艾，学者们从不同学科视角对上述议题进行了各自的

---

① 《马克思恩格斯选集》第1卷，人民出版社2012年版，第1页。
② 〔美〕塞缪尔·亨廷顿：《我们是谁？——美国国家特性面临的挑战》，程克雄译，新华出版社2005年版，第12页。

理论与概念阐述。但不论公民身份、公民身份认同概念或理论如何阐释,其所代表的本质属性与内容始终具有相对一致性,而这些相对一致的部分,正是理解和把握公民身份认同教育最为关键的内容。本章着重对公民身份以及公民身份认同教育的相关基础概念和理论进行探索与分析,旨在梳理公民身份认同教育的基础性问题,界定和明确研究的主导思路。

一、核心概念解析

"所有的历史戏剧都是从表述剧中人物即社会生活的主要角色开始的。"① 而所有问题的分析也都从概念的梳理开始。本书着眼于公民身份认同及其教育问题的研究,这一问题域涉及公民、公民身份、公民身份认同及公民身份认同教育等多个概念。这些概念内涵的厘定与相互关系解析是问题研究与分析的基础。

(一) 臣民、国民、人民、公民

个体所具有的身份角色随社会历史变化而具有不同的形态特征。在人类社会漫长的发展历程中,个体所扮演的社会角色几经变化,展示出不同历史阶段以及社会环境对人的社会地位与价值的不同界定。公民是现代社会个体所扮演的基本角色,体现着现代民主与法治对个体价值的规定与要求。对这一概念的理解不止于公民本身,还涉及臣民、国民以及人民等相关或相近概念。上述彼此相关的概念体现了不同历史阶段以及社会环境对人的社会地位与价值的不同界定。

1. 臣民

臣民通常作为与公民相对立的概念,主要指君主主权下个体所扮演的政治角色。这类个体在国家政治体系中始终处于屈从或被动服从的地位,依附于君主及君主所代表的国家权力,具有强烈的奴性性格,相对于国家权

---

① 〔英〕巴特·范·斯廷博根编:《公民身份的条件》,郭台辉译,吉林出版集团有限责任公司2007年版,第123页。

力而言只有义务而无实质有效的权利。与此相类似的概念还有草民、黎民、子民等。与公民相比，臣民无论是在人格上还是个体权利上，都缺乏现代公民所具有的独立和自主地位，也不具有完整的权利义务主体资格。臣民这种人格上的非独立性和权利义务上的不完整性，一方面源自传统社会生产方式所导致的臣民个体生存形态上的依附性，另一方面则是社会制度所形成的权力结构导致的。封建社会以农业为主的经济制度，使得土地等重要生产资料大量集中在封建君主、贵族、领主、地主等的手中，这些拥有生产资料的人一般不亲自参与农业生产，而耕种土地的广大农民不论是自由民还是非自由民都不掌握土地或者仅有少量土地，农民如要生存必须向土地所有者佃种土地，因而产生对土地所有者的人身依附。这种生存形态上的依附性决定了封建社会臣民在人格上的非独立地位。与此同时，传统社会严格的等级制度、公权力的私有化独占形成了金字塔式的权力结构，权力运行以一种自上而下的单向形态进行，并为统治阶级所垄断。由于人身关系上的依附性和人格的非独立性，臣民始终处于权力结构的下层，他们要么只尽义务没有权利，要么义务付出远远大于权利享有。而位于权力结构顶端的君主或统治阶级，则享受特权不需履行义务。因此，权利主体与义务主体在整体上处于分离状态，臣民仅为义务主体而非权利主体。在与参与政治过程相关的问题上，臣民时代的权力运行体系和政治制度框架，并未给广大臣民平等参与政治提供制度化的渠道。皇权集行政、司法、立法等最高权力于一身，直接决定政治的构建与运行。臣民在政治过程中完全处于被动的输入性地位，缺乏有效制约皇权和左右政治制度建构的能力。尽管臣民借由科举制度可进入官僚系统，从而直接参与政治决策，但这种参与也只是作为君主或皇权代理人进行的，仍以执行君主意志为主而非自主意志的体现，并非现代公民对政治自主和能动的参与。因此，人格的依附性和非独立性、权利义务上的不对等性以及政治过程参与的被动性，构成臣民与公民之间主要的差异。

2. 国民

在与公民相关的概念中，国民是与之含义最为接近的概念。所谓国民，是指一个人或者一群人作为一个特定国家的成员具有的资格。这一身份意味着国家的政治制度赋予国家成员的一种身份特性，意味着国家的性质对国家成员的身份要求。这一身份要求主要体现在国民的隶属性上，即国民隶属于国家的统治体制，而且也体现在国家对国民无条件的归属、忠诚、认同、服从和奉献的要求上。与公民概念一样，现代国民概念也是一种舶来品，于19世纪末20世纪初随西方政治思想的传入以及中国现代国家观念的产生而为人们所广泛接受。国民概念最初被作为与公民同类的概念混合使用，未做严格的区分，随着中国现代政治理念及人们认识和理解的不断深入，国民与公民之间的界限才逐步清晰。事实上，公民与国民之间在一定意义上几乎没有法律范畴上的区别，都是指以国籍为标准、享有基本权利和履行基本义务的自然人。但两者在具体使用上仍然有着细微的差别。首先，两者在概念范围和角度上有所差异。"国民中的'民'对应的是国，指国家；公民中的'民'对应的是公，指国家的法律制度和民主制度。"[①] 相对而言，国民作为一国社会成员，是一个通用概念，任何社会制度都存在国民，也适用国民这一称谓；而公民特别是现代公民，在表示社会成员与其所在国家之间隶属关系的同时，还代表着个体与政治、个体与国家共同体之间的主体关系，因而通常与民主政治相联系，仅在民主的政治体制中被广泛适用。其次，国民与公民的具体指代有所差异。国民是一个集合概念，通常指一国成员整体，而公民则指向个人，突出个体的主体地位。

3. 人民

人民一词古已有之，在古代汉语中人民一般泛指人，如《管子·七法》："人民鸟兽草木之生物"；也指平民、庶民、百姓等，如《周礼·地官·大司徒》："掌建邦之土地之图，舆其人民之数"。在西方传统中，人民也通常指古代共和国中的平民群体。近代时期，卢梭曾将人民作为市民的集合体，认为人民应是构成国家的主体存在。在现代中国，人民则作为一个政治概念，与阶级压迫以及阶级对立相联系，界定为从阶级压迫中获得解放的民众，与阶级敌人对立。在当代中国政治范畴中，人民这一概念主要包括全体社会主

---

① 蓝维等：《公民教育：理论、历史与实践探索》，人民出版社2007年版，第14页。

义劳动者、拥护社会主义的爱国者、拥护祖国统一的爱国者等。与此同时，人民是一个集合概念，涵盖上述范围的整体，而非特指某一个人。在国家与社会中，人民中的每一个单独成员并不构成"人民"本身，只有普遍成员的整体才构成"人民"。与此相对应，公民则具有更为广泛的应用范围，不论人民还是其对立面，只要具有本国国籍，都是国家的公民，享有法律所规定的相应权利，承担法定义务，在法律面前人人平等，因而公民在其政治属性之外还具有相对突出的法律属性，既是政治概念也是法律概念。

4. 公民

公民是"具有一国国籍，并依据该国宪法和法律规定，享有权利和承担义务的人。……在政治上，公民所拥有的法定权利集中表现为参与公共事务并担任公职的正当资格"[①]。公民概念虽源自古希腊城邦文化，但随着现代化进程的铺展，公民一词已为当代世界绝大多数国家所接受，成为各国宪法和法律对本国成员社会政治身份的基本界定。"公民"一词所代表的意义，也从古典时期特定阶层所具有的特殊身份，演化为一国成员所普遍拥有的平等的身份与角色。公民既是一种法律范畴，也是一种政治概念，它首先指的是人的一种社会身份，其次指代具有公民这一社会身份的个人。其中，在法律意义上，公民被视为隶属于某一国家的自然人，通常表述为"具有某一国国籍的人"，如《中华人民共和国宪法》第三十三条明确规定："凡具有中华人民共和国国籍的人都是中华人民共和国公民"；而在政治层面上，公民则体现着个体与国家、政治共同体之间的相互关系，意味着个体得以以公民的身份参与政治过程与国家、社会公共事务的管理。与上述臣民、国民、人民身份相比，现代政治、法律制度中的"公民"具有如下几个显要特征：

第一，公民是具有独立与自由意志的主体。在现代政治制度中，公民被预设为一种具有独立人格与自由意志的个体，不依附于某种权威或强权存在，其独立人格与自主地位受国家宪法与法律保护。这种独立性和自主性表明个体不是所属关系的附属物，而是具有独立思考、判断、分析和选择能力的主体。独立性与自主性是公民个体保持理性思维、发挥自身能动性的

---

① 张凤阳等：《政治哲学关键词》，江苏人民出版社2006年版，第131页。

基础,也是现代公民存在的基本前提。第二,公民是权利与责任相统一的主体。权利与义务主体合一是公民的又一基本属性,也是公民内涵的核心所在。一方面,公民的权利因公民的主体地位与人格的独立得到国家的尊重与保护;另一方面,公民在享有权利的同时,也必须履行尊重他人权利、承担公共责任的义务。因此,公民个体既是权利主体,也是义务主体。而在公民与国家之间,则会经由宪法和法律建立起一种以权利义务为基础的相互关系,即公民对国家负有忠诚、捍卫国家利益、依法纳税等责任,国家则必须承担不得随意侵害公民个人权利与依法作为的义务。权利与义务由此在个体自身,以及个体与个体之间、个体与国家之间形成统一。第三,公民是有权参与国家与社会公共事务管理的能动主体。亚里士多德曾将公民定义为"凡得参加司法事务和治权机构的人们",认为"凡有权参加议事和审判职能的人,我们就可以说他是那一城邦的公民"。① 这一界定将参与城邦公共事务视为公民的必备要件,认为个体只有参与公共事务才能成为公民。现代民主政治制度虽不以参与公共事务作为公民的强制性要件,但仍将积极参与公共事务视为公民的基本德性要求。事实上,积极参与公共事务、自觉承担公共责任、维护公共利益不仅是个体公民品德要求所在,也是公民这一身份本质的体现。现代政治制度下,政治权力不再为君主或贵族阶级所垄断,而成为一种开放性的权力体系。公民作为具有独立和自主人格的政治主体,得以以主体身份参与政治过程,影响甚至决定政治的运行,而公民的集体意志则可以决定共同体的政治体系与制度框架。因此,对政治过程的能动参与也在一定程度上成为公民的基本特质。正如阿尔蒙德所言:"公民是有能力部分参与管理政治系统的人。他对该政治系统的决策有影响。"②

(二) 公民身份

成为一国公民即具有该国公民身份。公民身份是"个人在一民族国家

---

① 参见〔古希腊〕亚里士多德:《政治学》,吴寿彭译,商务印书馆1965年版,第114、116—117页。
② 〔美〕加里布埃尔·A. 阿尔蒙德、西德尼·维巴:《公民文化——五个国家的政治态度和民主制》,徐湘林等译,东方出版社2008年版,第282页。

中,在特定水平上,具有一定普遍性权利与义务的被动及主动的成员身份"①。公民身份所体现的是个体与国家之间建立在权利义务基础上的相互关系,着重强调个体身为公民的资格和身份地位。从概念的内涵来看,公民身份首先体现的是个体身为某国国民的隶属身份,反映个体与国家之间经由法律所确认的隶属关系。这是公民身份最浅显的意义之一。当然,作为政治哲学中的一个核心概念,公民身份的含义远不止于此,它同时还体现着自由、平等、民主、法治等政治领域的深层价值。

关于公民身份概念,理论界具有多种考察视角。T. H. 马歇尔认为,公民身份是"政治共同体中的一种共同体的所有成员所拥有的成员资格,拥有这种成员资格的人都平等地享有相应的权利,承担相应的义务";②彼得·雷森伯格将公民身份视为个体与政治之间关系的制度化体现;布赖恩·特纳侧重于从公民身份的实践内涵理解这一概念,认为公民身份是各种实践的集合,包括司法的、政治的、经济的和文化的实践,正是通过这些实践,人们才获得了成为社会成员的能力,并相应地形成了资源在个人和社会群体之间的流动,并认为公民身份本质上是社会成员身份在现代政治共同体中的性质;迈克尔·曼从统治过程理解公民身份,认为公民身份是统治阶级的一种策略,统治阶级通过将公民身份赋予社会成员,以促进大规模社会阶级正面冲突转变为更少阶级色彩、更受限制、更为复杂但更有秩序、更富弹性的斗争。③ 这些内容各异的理论从资格地位、权利义务、行动实践等角度,对公民身份进行了不同视角的诠释和界定。概念解读上的这些差异说明了公民身份内涵的复杂性和广博性。

总体而言,政治理论中关于公民身份的阐释,大多以国家—个体关系以及基于这一关系的权利义务为基本视角,展示了公民身份概念的宏观视野。这一内涵谱系无疑是公民身份本质内容最为显要的体现。但若将研究的视角进一步聚焦于个体之上,公民身份还可从社会身份和角色的角度,被视为国家、政治共同体对个体公民这一角色的制度性设计,成为公民角色的制度

---

① 〔美〕托马斯·雅诺斯基:《公民与文明社会》,柯雄译,辽宁教育出版社 2000 年版,第 11 页。
② 参见郭忠华、刘训练编:《公民身份与社会阶级》,江苏人民出版社 2007 年版,第 15 页。
③ 参见张昌林:《共和主义公民身份与当代中国政治发展》,山东大学出版社 2010 年版,第 8 页。

化体现。公民身份这一制度设计预设了个体在政治系统中所具有的权利、义务、责任、忠诚对象、认同和行事规则,包含国家、社会对个体在价值理念、精神美德与行为模式方面的角色期待和行为预期。与其他社会身份不同的是,公民身份主要界定个体与国家之间相互关系,以及在此关系中个体所具有的权利、义务、参与公共事务等行事规则等内容。因此,在公民身份的定义中,个体、国家、权利、义务、参与、美德等要素及其相互关系是必备且恒定不变的组成部分。按照拉卡托斯的理论,这些要素及其相互关系,即公民身份的理论"硬核",是对公民身份概念纲领性和总揽性的阐释与观照。依照这些要素之间的关系组合,我们可以大致勾勒出一种关于公民身份的结构性的解释框架(如图1-1所示),并通过这一解释框架尝试对公民身份的本质与内涵进行总体性的认识和把握。

图1-1 公民身份的解释框架

首先是作为公民身份两极的个体与国家。个体与共同体的相互关系是公民身份的理论核心,不论公民身份的具体含义如何嬗变,两者之间关系的制度化始终是其最为稳定的内涵之一,决定和反映着共同体的社会结构。近代以来,这种关系主要体现为个体与国家之间的相互关系。公民身份首先意味着个体在某一国家中享有权利的资格,这一资格通常经由国家法律规定,表明个体的国民身份是公民身份法律属性的体现。公民身份同时还关系着个体与国家在政治中的逻辑序列,以及权力与权利关系的制度安排。前者突出地体现在政治运行过程中个体与国家孰先孰后的问题中,后者则集中体现着政治制度的本质属性。古代政治中,公民身份通常是特权与精英地位的象征,此时的公民个体相对于共同体而言具有强烈的依附性,不具有独立自主的个体地位,个体权利从属于共同体的公权力。在这种政治结构中,个体与国家之间的逻辑序列表现为"国家—政治—个体"的基本架构,国家处于绝对的支配性地位。而现代政治的演变则将公民身份发展为一种普遍平等的公共身份,是个体追求自由解放的基本前提。这一属性的变化重新界定了个体与国家之间的逻辑关系,形成"个体—政治—国家"的基本政治形态,个体摆脱传统政治中的依附性地位,相对于政治与国家获得优先地位,成为国家与政治运行的目的及合法化理由。在这一关系中,国家公权力的存在最主要的目的是保护公民合法的权利与利益,这是现代民主政治最基本的价值规定之一,也是现代政治中国家共同体赖以存在的基本的集体责任。这种个体与国家间关系的变化,具象化地体现为个体身份从"臣民"向"公民"的转化。但这一政治模式并不意味着个体与国家之间仅是一种单向性的"权利制约权力"的关系,它同时也包含着个体要对国家承担必要的义务,由此来保持国家的稳固以实现个体的自由与解放。正是在这种意义上,海文斯将公民身份界定为"个体与国家之间在以下问题上的一种关系,即个体在国家中的完全的政治成员身份及他对国家的持久的忠诚"[1]。

其次是作为公民身份核心的权利与义务。权利与义务毫无疑问是公民身份内涵最为核心的内容。特纳曾表明:"公民身份就是一套应得的权利与义务,它们把个体建构成一个社会政治共同体中完全成熟的成员,并通过它给公民提供一条进入稀缺资源的途径。"[2]从本质上说,公民身份是对个体与国家关系的界定,其衍化过程不仅代表个体身份由"臣民"向"公民"的转化,同时也是权利与权力、权利与义务之间的重新配比。一方面,个体通过公民身份被赋予与国家对话的能力,并由此摆脱对国家的依附地位,通过公民权利与国家之间形成制衡关系,体现个体在现代政治中的主体地位;另一方面,个体则借由公民义务表明其对共同体维护的公共责任,达成权利与义务之间的平衡。可以说,权利与义务是公民身份所代表的个体—国家关系的

---

[1] 转引自欧阳景根:《建构中国的公民身份理论:作为一种内化伦理的积极公民身份的建设》,载《晋阳学刊》2008年第3期。
[2] 同上。

具象化形式,也是公民身份区别于臣民身份最为关键的标志。除此之外,现代政治还赋予公民权利与义务以突出的平等特征,个体作为一国公民在权利保有与义务承担上享有普遍的平等地位,不因阶级、阶层、财产、民族、职业、信仰等的差别而有所区分。这也是现代公民身份与古代等级性、精英式公民身份的根本差异所在,体现着现代民主政治的发展与进步。

最后是作为公民身份支点的公民德性与参与行动。公民德性与行动是公民身份不可或缺的组成部分,这一点源自古希腊时期公民与公民文化。古希腊时期,公民作为"属于城邦的人",对城邦事务具有积极参与的基本义务。亚里士多德认为,人作为政治的动物,只有通过参与一个城邦的事务才可能激发其生活的完全潜能和个性;也只有"参加议事或审判职能的人",[①]才能被称为公民。在古希腊的政治语境中,公民身份不仅是一种政治共同体成员的身份,更是一种参与公共生活的状态和需求。公民积极参与公共事务是公民自我完善的重要部分,同时又是对共同体建设和发展的一种贡献,是追求公共善的必须和必然。因此,公民身份一开始便具有超越具体功利目的的道德意义。也正因如此,公民参与行动本身即成为一种美德,体现着公民对城邦或政治共同体的责任与忠诚,以及对政治与社会价值的尊重。与此同时,公民身份还蕴含着理性、诚实、宽容、节制、勇气等一系列道德理想中的善与美德,承载着追求"至善"的政治理想。现代政治的发展则进一步将民主、法治、平等、自由等理念融入公民身份的美德体系,形成一种更为全面的公民德性要求,与公民参与行动共同构成公民身份内涵的基本支点。

上述个体与国家、权利与义务、德性与行为及其相互关系构成了公民身份概念的主体内容,也是公民身份构成的基本要素和特质。简单来说,公民身份就是个体经一国法律规定,身为该国国民,享有规定权利并承担相应义务的身份表征。这一身份规定了公民个体与共同体之间的相互关系,以及公民依据法律规定和政治制度所具有的权利和义务,蕴含了公民所应具备的品德与行为要求。因此,相较于其他社会身份,公民身份兼具个体性与公共性两种基本特性,同时也具有政治、法律与道德等基本属性。公民身份是政治共同体在现代民主法治制度下,对个体身份/角色的社会性建构,也是

---

① 参见[古希腊]亚里士多德:《政治学》,吴寿彭译,商务印书馆1965年版,第114页。

个体身份的一种国家制度设计,包含着国家、社会对公民个体在价值理念、精神美德与行为模式方面的角色期待和行为预期。

(三) 公民身份认同教育

对身份的考察不仅要从制度—结构角度,即包括法律规则、习惯民情等与身份相关的正式制度进行,更要从社会成员的主动选择,即个体对自我身份的期待、接受和认同进行,这一问题关系到个体如何进行自我身份的建构和选择。两者相较,后者显然具有更为根本的意义。当今世界,绝大多数国家都通过法律文本界定了公民身份取得的法定要求及程序,如《中华人民共和国宪法》明确规定:"凡具有中华人民共和国国籍的人都是中华人民共和国公民"。公民身份虽然通过法律对个体在现代政治生活中所扮演的主要角色进行了制度性规定,但仅仅依靠法律文本的规定并不足以支撑公民身份及其作用的实现与发挥,还需要有公民个体在意识与行为层面对自身身份的接纳与自觉践行,也即对公民身份的认同。从个体角度而言,公民身份的认同并非天然生成,也非个体的纯粹自动自觉,而是依赖于教育的社会性建构。公民身份认同教育即是以达成公民个体身份认同为目的的教育实践活动。要把握对公民身份认同教育的内涵,需要就公民身份认同概念进行先行解读。

1. 公民身份认同

所谓认同,从语义上理解即为认可、同意、接纳,英语中常以 identity 表述,译为(1)"同一性""一致",(2)"等同于""认为……一致",(3)"身份""本体""个性""特性"三重含义。学理上的认同概念反映的是人对其自身存在与生命哲学的思考,是对"自我"的探寻。查尔斯·泰勒曾将认同概括为对"我是谁"这一本源性命题的回答;安东尼·吉登斯则将认同直接定义为"个人依据个人经验反思性地理解到的自我"[①]。人的"自我"是个体对自身特质在心理和意识层面的意象建构,因此认同首先是一种心理过程,是"个人向

---

① [英]安东尼·吉登斯:《现代性与自我认同》,赵旭东等译,生活·读书·新知三联书店1998年版,第58页。

另一个人或团体的价值、规范与面貌去模仿、内化并形成自己的行为模式的过程"①,是"一种自我统一性和历史连续性感觉"②。但与此同时,"自我"的形成并非仅仅依赖于个体的内在意识,更为重要的则是人与人之间的社会性互动。美国心理学家米德认为,人的自我形象是在社会活动中形成的,只有借助于社会活动才能最终形成相对稳定的、把自己归属于某类客体的自我概念。因此,人的认同同时也是一种社会过程。在这种社会过程中,"自我"往往借助于一定身份或角色予以体现。由此而言,人的认同即是对自身所具有的某一特定社会身份或一系列身份的占有和承诺,是在社会性互动中形成的"内化了的角色期待"③。

公民身份是国家共同体对个体身份的一种制度性建构,因此公民身份认同也即是个体对公民这一社会身份及其所包含的整套角色期待的内化。公民身份认同是公民身份由制度建构转化为公民个体实践的关键环节,可以显示出个体对其公民身份和地位的内在认知与接受程度,对公民身份建构具有重要意义。正如达尔格伦所言:"人们作为公民的各种认同,他们对于社会发展的归属感以及他们所感知到的参与社会发展的可能性成为民主生活的最关键因素。"④人们只有将自己真正视为公民,感知并认可自己在这一社会范畴中所可能涉及的各种属性,才能扮演好公民这一角色,遵从并实现公民身份所蕴含的价值理念和行为模式。从这一意义上讲,公民身份认同是公民身份实现的必备要件,是公民身份意义建构的主要来源。

由于公民身份旨在规制个体与国家间的相互关系,包含个体公民身份与国家公民身份两个基本维度。相应的,公民身份认同也同样可分为个体公民身份认同与国家公民身份认同两个基本层次,从个体与国家两个层面体现公民自我认同与社会认同的统一与结合。其中,个体公民身份认同是公民自我确证与定位的基础,是个体对其在与国家的相互关系中所处地位

---

① 梁丽萍:《中国人的宗教心理——宗教认同的理论分析与实证研究》,社会科学文献出版社2004年版,第12页。

② E. H. Erikson, *Identity: Youth and Crisis*, W. W. Norton & Co., 1968, p. 17.

③ Sheldon Stryker, Peter J. Burke, The Past, Present, and Future of an Identity Theory, *Social Psychology Quarterly*, Vol. 63, 2000, pp. 284-297.

④ 转引自姚劲松:《传媒与公民身份建构略论》,载《江淮论坛》2013年第6期。

及可能作用的认识与理解。正如温特所言,认同"从根本上说是一种主体或单位层次的特征,根植于行为体的自我领悟"[①]。个体公民身份认同首要解决的是个体对其自身作为公民这一身份定位的心理确认,是对"何谓公民""公民何为"以及"我是不是公民"等一系列问题的回答。个体公民身份侧重公民个体的自我意识和自我领悟,是对公民身份特定政治含义理解基础上的自我反思,关系到公民个体主体地位与主体性的实现,是公民主体性实现的内在基础。与之相对应的是,国家公民身份认同则是公民对自身所属共同体的角色确认以及对共同体本身的认可,前者指公民对其身为某国国民身份的接纳,后者则是公民对所属国家政治制度、历史文化以及核心价值观等的认可。国家公民身份关系到公民身份的归属性问题,是公民在认识、情感和实践基础上,与国家、社会之间的同一性状态。因此,在此意义上,国家公民身份认同与国家认同具有相通性和一致性,是国家共同体形成与稳固的心理及情感基础。与此同时,随着社会在与国家关系中的显要性提升,以及公民身份的公共性在社会层面的拓展,社会公民身份的作用逐渐显现,个体在社会公共事务中可发挥的作用和应承担的责任不断加大。因此,社会公民身份认同也成为个体的公民身份认同建构中的重要层级之一。

作为政治共同体对个体政治社会身份的一种制度设计和角色建构,公民身份预设了个体所具有的权利义务以及应当具有的德性和行为要求,体现了共同体对公民个体以及个体对其自身在政治、法律、道德等多重维度上的角色期待。公民身份认同是对这一身份/角色及其角色期待的内化,自然也体现对公民身份在政治、法律与道德维度亟须内化的角色期待。在政治维度上,公民身份认同包含个体对其与国家之间政治关系中地位的认可,意味着个体感知并理解自身作为公民的政治作用,尊崇本国政治文化与制度规则,积极履行公民职责并热心参与政治过程。法律维度上的公民身份认同至少包含两重含义,一是个体对自身与国家之间法律关系的认可,是个体对法律规定的国民身份的承认;二是个体对其法律主体地位以及相应权利义务的认识和理解,并在此基础上形成良好的法律思维和法治精神,在法治

---

① 〔美〕亚历山大·温特:《国际政治的社会理论》,秦亚青译,上海人民出版社2000年版,第282页。

的框架内行使权力、履行义务,处理与国家、社会以及其他个体之间的相互关系。而道德维度的公民身份认同则强调个体对公民美德的价值内化,将公民身份所蕴含的自主、自律、忠诚、勇敢、审慎、节制、友爱等美德转化为内在的价值体系,并在社会交往中形成相应的行为模式。政治、法律、道德维度共同构成了公民身份认同的主体内容,是个体实现公民身份、形塑自我、建构个体与国家关系的基本价值构成。

个体与国家层次、政治—法律—道德维度共同构成公民身份认同概念的内在结构与主体内涵。总体而言,公民身份认同作为统摄公民身份概念心理观念维度的核心概念,体现的是个体主观对在特定共同体中的归属、团结、包容或排斥程度。公民身份认同在纵向维度上一方面指向个体以公民角色进行的自我塑造,另一方面则体现个体以共同体成员身份为基础的自我分类与心理归属,其核心在于个体内在以公民精神为中心的身份意识与价值体系的形成;而在横向维度上,公民身份认同则以个体政治、法律、道德权利义务为主要内容,在个体—国家关系序列中形塑个体自我认同以及社会认同。正因如此,中国台湾地区学者林火旺评价道:"公民身份认同决定一个政治共同体的特性、公民关系的本质以及公民与国家的关系,同时也关系到个体理想追求、生命意义的期待。"[①]

2. 公民身份认同教育

所谓公民身份认同教育,简而言之即是以公民身份认同为目标实施的教育实践活动,其核心在于促成公民个体对公民身份内蕴价值观念与行为规则的内化与尊崇,进而形成自动自觉的公民身份意识以及行为模式。按照谢弗勒关于定义的"三分法"[②],这里的公民身份认同教育从严格意义上讲,并非是具有规范意义的"纲领性定义",而是基于公民身份认同的教育问

---

① 转引自郭台辉:《公民身份认同及其三种分形》,载《人文杂志》2014年第1期。
② 美国教育学家、哲学家谢弗勒提出定义的三种方式,即规定性定义、描述性定义和纲领性定义。规定性定义是创制的定义,是作者自己所下的定义,在整个讨论中自始至终表示作者所规定的特定意义。描述性定义是适当地描述被界说的对象或术语在不同场景下的所有内涵。纲领性定义则明确或隐含地说明事物应当怎样,包含实然的"是"与应然的"应是"两种成分,是规定性定义和描述性定义的混合体,是符合实际的一种应当追求。

题形成的一种"规定性定义",是在本书特定的研究场景下使用的特定概念,其本意实际上是指关于公民身份认同的教育,也即围绕公民身份认同或为了达成公民身份认同而开展的教育活动。

首先,这一概念的提出基于教育之于公民身份认同的基础作用。公民身份认同的关键是身为公民的个体对自我的塑造,关系到民主法治语境中个体相应内在价值体系的确立。但其确立并非天然生成,而是一种后天性的社会化建构。教育即是这种社会化建构的主要途径。一方面,教育承担着一个国家所有成员政治社会化的责任。只有通过教育,社会成员才能意识到自己作为公民的身份,才能把共同体融入自我发展与建构,形成对集体的想象和身份的认同,并由此规范和调整自身行为。另一方面,个体要完成公民身份的自我建构,也需要通过教育了解、认识和深入理解公民身份的知识和技能。因此,教育在公民身份认同形成过程中具有基础性和前提性作用。正如本杰明·巴伯所言:"公民不是与生俱来的,而是在自由的国家中实施公民教育和政治参与的结果。"[1]

其次,公民身份认同教育概念的提出还基于对公民身份教育的认识。公民身份教育是使个人社会化,成为他所处的政治社团(包括国家和地方两个层次)的一名合格成员的教育活动。它包括关于公民身份的知识与内容要素(如公民权利义务,公民所属国家的历史、地理、文化、政体结构以及宪法知识等),以及决定和积极运用这些要素的方式、技能的教育。公民身份教育的核心目标在于形塑人们的身份意识和行为,形成个体对公民身份的认知和理解,并以此为中心进行自我建构。因此,在某种意义上,公民身份教育首先是公民身份认同的教育,而后者是公民身份教育在目标与内容上的进一步聚焦和外显,两者在本质上是同一概念。基于这种一致性,公民身份认同教育在教育内容上包括上述公民身份相关知识以及技能的教育和训练,在教育目标上则体现公民身份认同在个体与共同体双重层面,在政治、法律与道德维度上的建构指向。公民身份认同教育包括学校遵照正规教学

---

[1] 〔美〕本杰明·巴伯:《强势民主》,彭斌、吴润洲译,吉林人民出版社2006年版,第8页。

计划开展的专门课程教育,也涵盖社会领域通过公民身份的实践与公共事务参与而进行的广义上的"公民训练",是围绕公民身份认同目标进行的一种综合性的教育引导活动。

对公民身份认同教育的理解还涉及其与其他两个相近概念的类比和关系厘定。

一是思想政治教育。思想政治教育是"一定的阶级、政党、社会群体用一定的思想观念、政治价值、道德规范,通过有目的、有计划和有组织的活动,对其社会成员进行的教育和影响,以期形成符合一定社会、一定阶级需要的思想品德的实践活动"①。思想政治教育这一话语表述形式是中国独特政治文化下的产物,在中国政治与教育语境中具有特殊的地位,承担着为社会主义事业培养"合格建设者和可靠接班人"的历史使命。作为中国政治文化语境下政治社会化的主要途径,思想政治教育与西方文化语境中的公民身份教育之间的异同与相互关系一直是教育界争论的话题。尽管大多数学者都认为,思想政治教育与公民身份教育是不同政治文化的产物,无论是在教育内容、教育方法还是在具体培养目标以及价值取向上均具有明显差异,前者注重个人思想品德培育,强调个人对国家、社会的服从,侧重意识形态及责任义务教育;后者则旨在培养具有独立人格和权利意识的现代公民。但实际上,作为两种主要的政治社会化手段,两者之间在培养认同本国政治制度与文化、符合本国社会发展需求的合格人才这一"元目标"上是一致的,在本质上具有相同的社会功能。此外,在中国当代政治语境中,思想政治教育在事实上已是培养"社会主义合格公民"的主要途径。这一点在党中央的主要文件以及学校思想品德教育课程大纲中均有体现。因此,在某种意义上,思想政治教育承担着中国公民身份认同教育的主要任务,是培养个体公民身份意识的主要途径;两者虽根植于不同的政治文化与历史,但在当前社会主义民主法治推进的历史语境中却形成了有机的关联与融合。

二是公民道德教育。公民道德教育是以公民美德为核心的教育活动,旨在培养公民具备国家和社会公共生活中基本道德要求的品质与德性。与培养人的一般品质的道德教育不同,公民道德教育的落脚点在于社会公德

---

① 张耀灿、陈万柏主编:《思想政治教育学原理》,高等教育出版社2001年版,第4页。

和国民公德,其核心在于将公共生活领域内的行为准则内化为公民意识,成为其自主行为的一部分,是对公民参与国家、社会公共生活的公共性要求。由于道德是公民身份认同的基本维度,公民身份认同教育实际上包含与公民身份美德有关的教育内容。从这一意义上讲,公民道德教育是公民身份认同教育的有机组成,是培养公民个体道德主体认同的基本途径。但公民道德教育并不等同于公民身份认同教育,后者还涵盖公民政治、法律人格建构的功能,在目标指向上更倾向于形塑以公民身份为基础的个体自我建构,而前者则更注重公民个体品质的培养。

(四) 责任与社会责任

在公民身份有关的概念范畴中,责任是必不可少的概念之一,责任也是公民身份的基本面向。从概念本身而言,责任一词包含两方面基本含义:一为分内应做的事;二为没有做好分内应做的事,因而应当承担的过失。① 这一界定可以从两个层次进行理解:一方面,责任与责任主体所具有的社会角色紧密联系,表明各类社会规范对主体承担与其角色相适应的行为具有特定的要求,体现着社会赋予主体的行为与角色期待;另一方面,责任是主体未采取规定的行为时所承担的不利后果与强制性义务,体现了社会对主体行为不符合社会规范所给予的谴责和制裁。前者是一种积极意义上的责任,其实现依赖于作为主体的人对其责任的正确认识和恰当的行为选择;后者是一种消极意义上的责任,是社会对责任主体偏离社会规范行为的惩罚,也是维护社会秩序所必须采取的措施。

从责任的来源上讲,责任并非先于或外在于人与社会的规则或范畴,而是人与社会本身的产物,建基于社会中的人的行为及其互动关系。马克思在对人的本质予以分析时,曾揭示:人的本质在其现实性上是一切社会关系的总和,这种社会关系即是建立在人与自然关系基础上的人类所有物质关系和思想关系。在这种关系之中,"(1) 每个人只有作为另一个人的手段才能达到自己的目的;(2) 每个人只有作为自我目的(自为的存在)才能成为另

---

① 参见中国社会科学院语言研究所词典编辑室编:《现代汉语词典》(修订本),商务印书馆1996年版,第1574页。

一个人的手段(为他的存在);(3)每个人是手段同时又是目的,而且只有成为手段才能达到自己的目的,只有把自己当作自我目的才能成为手段"①。人本身既是目的又是手段的本质特征说明,人对自我的实现必须建立在与他人的关系互动基础之上,人与人互为目的和手段。因此,承担相应的责任便成为一种维系相互关系的必要手段,是人与人、人与社会之间目的的实现以及关系稳定的保障。责任本质上是一种关系,既有道德规范属性,也有法律规范特征。道德意义上的责任是一种柔性规范,主要以一般意义上的道德规范引导人们积极履行自身所负有的责任,做出正确的行为选择。而法律意义上的责任,则以法律规章制度明确人们所必须承担的义务,以及未履行义务所应承担的后果。

责任具有多重类型和层次,包括道德责任、法律责任、家庭责任、社会责任等,不同的责任类型反映人们在不同层次的社会关系中所处的地位和发挥的作用,是人与社会互动关系的集中反映。其中,社会责任是个体或组织对社会应负的责任,是社会对人的一种规定、要求或命令。社会责任主要界定的是人与社会之间的相互关系,是人自身社会属性的集中体现,具体体现为个体对他人权益的尊重、对社会公共利益的维护、对社会共同价值与规范的遵循。在公民身份的责任论域中,社会责任作为公民责任的核心,集中体现了公民身份的公共性,是公民个体对公共善与公共利益维护的责任体现。此外,公民的社会责任还包括公民个体对公共事务的积极参与,在公共参与中发挥和实现公民的主体价值。

社会责任概念的理解,还涉及几组相关或相似的概念界分。第一是社会责任感与社会责任意识。社会责任感是人们在生产、生活实践中形成的,是在调整人与人、人与社会关系中产生的一种价值评价和行为选择,包括社会责任认知、社会责任情感、社会责任意志等。社会责任感是知、情、意的有机统一体,是支配和影响人们积极承担其所负有社会责任的内在心理机制。社会责任意识与社会责任感具有相近的内涵,主要指个人对所应担负的社会职责、任务和使命的自觉意识,与社会责任感一样,具有影响个体责任行为选择的作用。第二是公民责任。公民责任顾名思义即是公民所应当承担

---

① 《马克思恩格斯全集》第46卷(上),人民出版社1979年版,第196页。

的责任,包含社会责任在内,是公民身份必要的组成部分。由于公民身份具有公共性与公共精神等价值内蕴,因此公民责任通常具有显要的公共属性。在某种意义上,公民责任即是公民所承担的社会责任,是公民对国家、社会以及其他公民所应担负的责任和义务。第三是公共责任。公共责任是现代行政管理中的概念范畴,意指国家机关、国家公职人员在工作中对国家权力主体所承担的责任,包括法律责任、行政责任、职业责任、道德责任等,是公共管理发展对行政责任的扩充。一般而言,公共责任的主体主要为国家机关及其公职人员,也即具有社会公共管理的职能主体,但在现代公民身份的论域中,也有学者用其概括和描述公民所负有的责任,从而凸显公民身份的公共属性。从这种意义上讲,公共责任与社会责任也具有某种同义特征,都指代公民个体对他者和社会所负担之责任。

(五) 价值取向

价值取向(value orientation)是价值哲学的重要范畴,意指主体基于自己的价值观在面对或处理各种矛盾、冲突、关系时所持有的基本价值立场、价值态度及所表现出的基本价值倾向。价值取向根植于主体在环境影响与自我感悟、体认、思考的基础上形成的价值观或意义世界,蕴含着主体价值观的基本要素,如价值主体观是指价值取向主体对价值主体的取舍、确认、定位,也即以谁为主体、为谁谋取价值。价值取向同时还蕴含着主体价值观的重要因素和核心要素,前者为价值标准,主要指以价值主体的需要为尺度衡量、取舍价值;后者为价值理想,表明以何者作为价值追求的基本目标与方向。与一切社会意识决定于社会存在同理,人的价值取向也并非是纯粹意识的产物。因此,人的价值取向并非超脱于社会现实与社会实践,而是与特定的时空条件下人的特定实践活动紧密相关的。在一定意义上,价值取向是主体的认知、情感、趣味、动机、意志等心理思想倾向,是主体的内在立场,也是主体的行为倾向。①

价值取向作为主体构成的重要组成部分,与主体一样具有社会性、历史性、时代性和民族性等基本特征,受特定社会、历史条件影响和制约,体现特

---

① 参见徐贵权:《论价值取向》,载《南京师大学报(社会科学版)》1998年第4期。

定时代的发展需求和国家、民族的主要特性。价值取向同时还具有主体性、预先性、支配性、外显性等多重特征。价值取向的主体性表明,价值取向总与一定的主体相关,是一定主体的价值取向,蕴含特定主体基于一定利益(并不一定只是主体自身利益)的权衡、判断、抉择,蕴含着主体的独立性、自主性。[1] 因此,价值取向往往也是主体意志的一种反映。价值取向的预先性在于,价值取向虽是主客观条件综合作用的结果,但一经形成便成为一种预先存在的因素,影响主体尚未开展或面向未来的活动,成为主体预存的价值坐标、思维框架,在主体价值活动中扮演"守门人"或"把关人"的角色,影响主体采取或不采取某种行动。价值取向的支配性表现在其作为主体内在的一种精神力量上,是主体内在的导向、制导、约束机制,对主体心理、行为构成明确价值旨归、趋避的压力,使主体的抉择、行为进入既定的轨道。[2] 价值取向的外显性体现在其实践品格特征上,即价值取向向主体外在实践活动的转化,通过主体外在行为显示其所具有或秉持的价值判断。

  对价值取向概念的理解还涉及价值、价值观等概念范畴的内涵界分。第一,价值取向与价值。价值取向与价值概念紧密相关,但又具有显而易见的差别。价值是客体能够满足主体需要的效益关系,表明客体的属性和功能与主体需要之间的一种效用、效益或效应关系。价值在本质上属于一种关系范畴,显示主体与客体之间的相互作用和影响。而价值取向则主要反映价值主体对于客体及其与客体之间关系中所体现出的价值立场、态度和倾向,是对价值客体采取某种行为或观念判断时意识层面的反映。价值取向决定着价值选择,主体认可或接受某种价值,判定其与价值客体之间的关系,会受制于其所具有的价值取向。第二,价值取向与价值观。价值观是基于人的一定思维感官而做出的认知、理解、判断或抉择,也是人认定事物、辨明是非的思维或取向。价值观是人们基于生存和发展的需要,对事物价值产生的根本看法,是关于如何区分好与坏、善与恶、符合意愿与违背意愿的总体观念,是关于应该做什么和不应该做什么的基本原则。[3] 价值取向与价

---

[1] 参见徐贵权:《论价值取向》,载《南京师大学报(社会科学版)》1998年第4期。
[2] 同上。
[3] 参见杨耕:《价值、价值观与核心价值观》,载《北京师范大学学报(社会科学版)》2015年第1期。

值观之间具有某种共通之处。从一定意义上说,价值取向是主体价值观的凝结和集中表现。主体在价值判断、选择过程中所采取的立场、态度和倾向,都是基于其所具有的价值观所做出的。因此,可以说,价值观决定着作为主体的人的价值取向,而价值取向则体现和反映着人们的价值观。

二、理论工具阐释

公民身份认同教育本质上是培养何种公民以及如何培养公民的问题,关系到公民个体身份意识的形成,以及公民参与社会生活与政治生活所需的基本素质的养成。但在当前中国社会背景下,公民应具有哪些资质,对国家、社会公共事务以及自身身份与地位应持有何种情感、态度,公民身份认同究竟如何达成、如何评估,公民身份认同构成要素之间关系如何等一系列问题,都需要相应的理论予以支撑。马克思主义人学理论、认同理论分别从与人相关的基本问题、认同的核心和达成机理等方面,为上述问题的解决提供了确切和恰当的理论指引与实践方向。

(一) 马克思主义人学理论

教育的根本目的在于培养人,人的发展和需求是教育的基本出发点。公民身份认同教育的核心在于培养个体的公民身份意识,以及更进一步培养出现代意义上的好公民。这一命题牵涉人的现代化发展,本身就蕴含了对"人"的问题的深层理解,需要建立在对"人"的本质性范畴的深层把握基础之上。马克思主义人学理论是马克思对于人以及人的发展的精辟论述,它对于人的本质、人与社会关系本质的揭示,是认识和理解公民身份以及公民身份认同教育问题的基础所在。

1. 马克思关于人的基本问题的主要阐释

马克思主义人学理论最重要的成就在于真正揭示了人的本质,以及在此基础上阐述了人与社会在本质上的一致性与对立统一关系,从而为认识人自身以及与人紧密相关的社会问题提供了坚实而深刻的理论基础。

首先是人的社会性和历史性。马克思在《关于费尔巴哈的提纲》一文中,对人的本质进行了明确界定,他指出:"人的本质不是单个人所固有的抽象物,在其现实性上,它是一切社会关系的总和。"[1]这一论断揭示了人的能动性、创造性与主体性的根源在于人的社会性。马克思认为,人是社会存在物,具有社会属性,这一属性是人区别于其他一般动物的根本所在。他首先表明,人是在社会中产生的,也是在社会中发展的。人的产生是自然进化的结果,更是社会劳动的产物。人诞生之初只是"自然的存在",是"自在"的人,只有经过教育、学习、各种人际交往和社会作用,才能逐渐具备社会属性,成为社会存在的人。人产生于社会,并且也只能存在于社会,"只有在社会中,人的自然的存在对他说来才是他的人的存在"[2]。社会存在决定了人的意识和意志,规定人的活动动机和原因,以及人的一切行为活动。与此相对应,社会存在与人本身之间也具有紧密的相关性。马克思认为,孤立于社会的人不存在,而脱离了人的社会也是不存在的,"社会本身,即处于社会关系中的人本身"[3],"社会不是由个人构成,而是表示这些个人彼此发生的那些联系和关系的总和"[4]。因此,社会本身也是人本身的存在,在一定意义上,人与社会是等同的,人与社会之间实际上是一种双向建构和本质互通的相互关系。由于社会是随历史与自然发展规律的演变而变化,因此处于社会关系中的人也相应地发生变化。正如马克思所言,"全部人类历史的第一个前提无疑是有生命的个人的存在"[5],"任何历史记载都应当从……人们的活动而发生的变更出发"[6]。马克思由此肯定了人的历史性、可变性,并明确这种历史性的发生是由人的活动所决定。马克思进一步指出,人的本质体现在社会关系体系中,要正确地认识人的本质,只有在分析社会关系的历史体系的过程中才有可能。由于社会关系决定于生产关系,而后者随物质生产资料、生产力的变化和发展而变化,因此人的本质的社会关系也处于变化

---

[1]《马克思恩格斯选集》第1卷,人民出版社2012年版,第135页。
[2]《马克思恩格斯全集》第42卷,人民出版社1979年版,第122页。
[3]《马克思恩格斯全集》第46卷(下),人民出版社1980年版,第226页。
[4]《马克思恩格斯全集》第46卷(上),人民出版社1979年版,第220页。
[5]《马克思恩格斯选集》第1卷,人民出版社2012年版,第146页。
[6] 同上书,第147页。

过程中，表现出不同时期和历史阶段生产关系所具有的特征。

其次是人的现实性与具体性。马克思认为，人是现实的存在物，是现实的、有生命的，存在于具体的社会关系和历史之中，具有现实性。人的这种现实性和具体性说明，人的本质是具体的本质，其具体表征处于发展变化中。历史阶段和社会现实不同，人的社会关系本质的具体表现也将不同；而同一历史时期，处在不同社会结构和地位的个人，也会表现出不同的本质特征。因此，对人的认识和把握，就必须着眼于具体的社会现实和历史发展，而非用一种先验的、固定不变的方式和眼光来考察人及其社会关系。对于这一点，马克思也有明确的阐述。他主张从"现实的人"出发认识和理解人，反对那些关于"抽象的人""一般的人"的空洞论调，认为符合现实社会的考察方法是"从现实的、有生命的个人本身出发"，去研究"处在现实的、可以通过经验观察到的、在一定条件下进行的发展过程中的人"，而非"处在某种虚幻的离群索居和固定不变状态中的人"。① 马克思多次强调：我们的出发点是从事现实活动的人。恩格斯也认为，历史唯物主义就是关于现实的人及其历史发展的科学。从现实的个人出发，是马克思主义观察社会历史现象、认识人本身及与社会相互关系的根本性方法。正如前文所言，人的本质在于社会关系，而社会本身也即是处于社会关系的人本身，两者之间是一种双向建构和本质互通的相互关系。人的相关问题最终都会归为某种社会问题，而社会问题归根结底反映的就是人本身的问题。因此，现实的人才是认识和理解社会及历史的核心所在。

最后是人的实践主体性。马克思认为，人作为主体，其主体性是在作用于客体的活动中实现的，这种作用方式主要在于劳动实践。作为人存在的类特性，人的劳动实践体现为"自由的自觉的活动"，这种自由与自觉在于劳动实践活动使人的行为成为一种有意识的对象性的活动，并因此使人与自然界相分离，人与自然界相分离的开始也就是人与动物相区别的开始。② 在马克思看来，在诸多存在者之中，人这一存在者之所以具有与众不同的地位，是因为人是一种以实践活动作为其本源性的生存方式并在生存实践活

---

① 参见《马克思恩格斯选集》第1卷，人民出版社2012年版，第153页。
② 参见车华：《论马克思恩格斯"人"之诠释中的人权意蕴》，载《齐鲁学刊》2012年第5期。

动中展开自身存在且能自觉地领悟到自身"存在"的特殊存在者;①人不是脱离于实践活动的抽象的、逻辑性的、现成的存在者,而是"通过实践创造对象世界,改造无机界,人证明自己是有意识的类存在物,就是说这样一种存在物,它把类看作自己的本质,或者说把自身看作类存在物"②。实践活动构成了人与世界的原初关联,是人认识世界以及自身存在的主要方式,也是人的主体性得以形成的客观基础。这表明,人的主体性只有在实践中才能形成,也只有通过实践活动,人才得以作为主体,与客体之间、与人之间建立起现实的相互关系,体现人作为主体的主观能动性。相应地,由于人的实践活动是人发挥主观能动性改造客观世界的过程,且这一活动本性上是一种"自我推动"和"自我创造"性活动,其过程充满人对自身的自觉理解、自我否定和自我超越,体现人作为主体不断摆脱束缚、追求自由和不断扩大自由空间的努力。因此,实践的发展在某种意义上就是人主体性发展的体现,而人的主体性在一定程度上则是社会、历史持久发展的动力来源。

马克思对人的本质及其特性的理论阐释,为分析人以及与人相关的社会问题提供了科学的方法和理论依据。必须将与人有关的问题置于社会及社会关系中认识和考察,包括人与人、人与群体、人与社会等相互作用关系。同理,政治、经济、文化等社会领域的问题归根结底也是人本身的问题,只有两者辩证统一、相互结合才能全面、准确把握问题的实质与解决办法。公民身份是个体所具有的政治与社会身份,其本质是个体与国家相互关系的体现,也是一种个体身份的国家建构。公民身份并非先于人类社会产生,而是人类社会发展至一定阶段后的历史产物,其本身内涵也随社会的发展而发展,在不同历史阶段演化成不同形态及内容。公民身份认同是个体对自我的一种觉知,是对公民身份价值理念与行为模式的内化,这一过程既有国家、社会的外在建构,也涉及个体认知自我的自主自觉。因此,它是马克思理论意义上一次改造客观世界与主观世界相结合的过程。公民身份认同及其教育无时无刻不体现和遵循着马克思对于人的认识理论和规律;也正因如此,公民身份认同教育要以马克思主义人学理论为基本的哲学和实践依

---

① 参见贺来:《"主体性"的当代哲学视域》,北京师范大学出版社2013年版,第145页。
② 《马克思恩格斯全集》第3卷,人民出版社2002年版,第273页。

据,尊崇人以及人的发展规律,实现人的存在价值。

2. 马克思主义人学理论的中国化发展

马克思对人与社会的本质及其相互关系进行了科学阐释,为认识人本身及社会提供了基础而深刻的理论依据,其理论及核心思想深刻影响着中国的政治与社会实践,并与中国实际相结合,形成中国化的马克思主义人学理论。这一过程中,从毛泽东到习近平,党的历代领导人都为马克思主义人学理论的中国化发展注入了新的时代内涵。总体而言,中国化的马克思主义人学理论将马克思关于人的问题分析与中国历史文化和社会现实充分结合,从而将马克思主义人学理论落实到人民主体、以人为本发展观、人的全面发展与解放等思想中,使其在中国革命与社会主义事业建设的实践中得到体现。

首先是人民主体的思想。马克思主义人学理论认为,社会历史是人的自觉创造,社会主体通过自己的实践活动推动社会历史发展。与这一思想一脉相承,中国化的人学理论对人的地位和价值高度肯定,强调人民群众创造历史的伟大作用,将人民作为社会历史的主体,由此形成人民主体的核心思想,成为中国化的马克思主义人学理论的首要内容。人民主体的思想一是将人民群众作为社会的价值主体,坚持把人民作为社会历史发展的决定性力量,强调人民群众创造历史的伟大作用,尊重人民主体地位,将人民群众作为社会主义革命和建设事业的主导力量。毛泽东曾指出:"人民,只有人民,才是创造世界历史的动力。"[1]广大人民群众是决定中国前途和命运的主导力量,中国的革命与建设事业正是依靠人民群众的力量才能取得胜利。邓小平进一步将人民群众明确为社会发展的动力和源泉,并指出,脱离了人民,社会、国家以及党的建设和发展便是无源之水、无本之木。另一方面,人民主体思想还体现在一切为了人民利益的政治主张和全心全意为人民服务的宗旨上。毛泽东曾明确指出,做计划、办事、想问题,都要从中国的六亿人口这一点出发,"全心全意地为人民服务,一刻也不脱离群众;一切从人民的利益出发,而不是从个人或小集团的利益出发;向人民负责和向党的领导机

---

[1] 《毛泽东选集》第3卷,人民出版社1991年版,第1031页。

关负责的一致性;这些就是我们的出发点"①。因此,中国的革命和建设实践,始终要以人民的利益为衡量标准。邓小平结合中国特色社会主义建设实际,将人民利益为上的思想与社会、政治、经济建设进一步联系,提出"三个有利于"思想,将人民利益作为检验一切的标准。习近平也多次强调要把实现好、维护好、发展好最广大人民根本利益作为党和国家一切工作的出发点和落脚点,树立以人民为中心的工作导向。

其次是以人为本的发展观。马克思主义对人的主体地位的强调,凸显了其对人的价值的重视。在马克思主义人学理论看来,人不是工具,人本身就是目的,是社会与历史发展的核心所在。中国化的马克思主义秉承了这一思想,将人作为社会建设和发展的核心,认为在社会主义建设中,无论是生产力的解放还是社会的全面发展和进步,其落脚点都在于人的发展,要将促进人的发展作为社会生产和实践的着眼点和归宿。邓小平曾从中国社会主义现实国情出发,将马克思唯物史观和共产主义学说与中国社会现实相结合,提出解放和发展生产力的学说,认为社会主义的目的就是要全国人民共同富裕,要紧紧抓住发展生产力和共同富裕的纲领,使人民富裕、使国家富强。这一思想一方面肯定了人的现实性和人现实需求的合理性,另一方面也进一步明确了社会主义发展的根本目的。习近平更是将以人为本进一步明确为以民为本,强调要以最广大的人民群众为根本,坚持马克思主义立场,始终站在人民大众的立场上,立党为公、执政为民,把服务群众、造福百姓作为最大责任。以人为本的发展观体现了马克思主义人学理论的核心,即将人作为社会发展的核心,明确人的发展是中国特色社会主义事业的行动指南。一方面,社会的一切发展是为了人,发展的目的不能脱离人民群众需要的满足和利益的增进;另一方面,社会发展的依靠也是人,人作为社会发展的主体也是发展的动力来源,社会建设要最大限度惠及属于不同群体的社会成员,依靠最广大人民群众的积极性和创造性推进社会本身发展。与此同时,社会发展还必须适应人的阶段性特征,要与人民群众的基本素质以及其认识世界和改造世界的能力相适应,通过阶段性发展任务的推进,实现社会与人的共同发展。

---

① 《毛泽东选集》第3卷,人民出版社1991年版,第1094—1095页。

最后是人的全面发展思想。马克思主义人学理论将人的全面自由发展视为人的发展阶段的最高级,也是人的解放的最高境界,它贯穿于马克思主义理论始终。中国化的马克思主义人学理论继承了人的全面自由发展理论,并将其与中国社会现实相结合,在不同的历史阶段呈现出与社会历史发展所对应的侧重内容。在中国革命时期,毛泽东以人性、人的本质和价值认识为基础,将人的发展与中国革命、建设事业相结合,强调在半殖民地半封建社会的历史条件下,人的发展最初即是实现人的解放,使中国人民摆脱帝国主义和封建势力的压迫与束缚,实现独立与自主。他指出:"现在我们中华民族是不自由不平等的,受到封建势力的束缚和压迫"①,"民族压迫和封建压迫残酷地束缚着中国人民的个性发展"②。因此,中国革命的人学宗旨首先就是要实现全国人民的独立自主和民族解放。中华人民共和国成立后,人的全面自由发展进一步与社会主义建设相结合,成为社会主义建设事业的终极目标。邓小平在对社会主义本质的认识基础上,提出解放生产力、发展生产力的社会发展目标,将人的全面自由发展阶段目标确定为满足人民日益增长的物质文化需要,实现共同富裕。在这之后,中国共产党进一步将促进人的全面发展作为全面建设小康社会的奋斗目标之一,正式将人的全面发展确立为社会主义初级阶段的发展目标。从中国特色社会主义发展本身来看,人的全面自由发展是社会主义的本质要求,与社会的发展互为前提和基础,人越全面发展,社会的物质文化条件越充分,也越能推进人的全面发展。社会主义事业无论是经济发展、物质增长,还是政治制度发展、文明提升,其核心与目标都在于人的全面自由发展的实现。党的十八大进一步明确了促进人的全面发展目标,以及围绕人的发展推进国家和社会发展的总体思路,无论是全面深化改革开放、推进依法治国,还是改善民生、促进经济发展,对人的发展的关注始终是党的方针政策的主线与核心,也是国家与社会建设主要的价值导向。

中国化的马克思主义人学理论将马克思主义对人的认识与理解进一步拓展,使其成为认识和把握中国社会发展问题重要的理论依据和实践指导,

---

① 《毛泽东文集》第2卷,人民出版社1993年版,第166页。
② 《毛泽东选集》第3卷,人民出版社1991年版,第1007页。

同时也为认识和把握中国公民身份认同教育问题提供了基本的理论参照。公民身份认同教育归根结底是关于人的教育,如何认识人以及人与社会关系,应当将人置于何种维度中予以考量,这些问题直接关系到教育的主导方向和价值定位。公民身份是个体与国家关系的制度化体现,也是个体在现代政治制度中主体地位的呈现载体,不仅与社会、历史发展阶段紧密相关,也与人自身的发展阶段相连。因此,以公民身份认同为核心的教育实践必然要以处在相应历史阶段的现实的人为对象,遵循人与社会的发展规律,体现人与社会的本质规定。

(二) 认同理论

公民身份认同教育关涉人的自我与社会认同的达成,因而与认同相关的理论是研究和探讨这一问题必不可少的重要内容。认同问题最初作为一个哲学命题,源自作为主体的人对自身存在状况及生命意义的深层次追问,后被引入其他学科进行研究,成为集多重理论流派与多重研究取向的流行议题。

1. 认同相关的理论分野

按照史泰克的区分,现代社会科学领域的认同问题总体可分为三种理论形态,即心理学中的认同问题、政治学意义上的认同问题和社会学领域中的认同问题。心理学中的认同问题通常被视为一种自我意识的建构过程,认为认同是"个人向另一个人或团体的价值、规范与面貌去模仿、内化并形成自己的行为模式的过程"[①]。心理学认为认同既是人的一种心理防御机制,也是个体与他人有情感联系的原初形式,是稳定的自我认识和自我意象形成的过程。政治学中的认同则强调人们对特定国家历史文化的关注,认为认同特别是身份认同是建立在对一国制度、历史、文化以及传统情感和心理接纳基础上的归属感,是对所属国家共同体忠诚的表现。认同与一国历

[①] 梁丽萍:《中国人的宗教心理——宗教认同的理论分析与实证研究》,社会科学文献出版社2004年版,第12页。

史文化传统及价值体系息息相关,其主旨在于弥合不同身份(如种族)之间的差异,从而形成一种身份上的普遍平等以及建立在这种身份平等基础上的共同价值,包括国家认同、政治认同及文化认同等。而社会学领域中的认同则被赋予了更多的社会制约性,成为联结个体行为与社会结构的关键纽带。社会学将认同建立在个体行为与社会结构的双向关系中,并对其予以解构,按照不同的解构方向,又可分为两种基本的理论分支:其一是以个体、群体关系为研究主旨的社会认同理论。它侧重个体对群体的归属,认为认同是"个体知晓他/她归属于特定的社会群体,而且他/她所获得的群体资格会赋予其某种情感和价值意义"[①]。其二是以个体自身为研究核心的认同理论。它以微观社会学和符号互动论为基础,将认同界定为是人对特定社会身份或一系列身份的占有,是"内化了的角色期待"[②]。

有关认同的不同理论取向反映了上述学科各自独特的研究视角。其中,心理学关注的是认同形成的心理过程;政治学侧重于认同在宏观层面与政治共同体及其文化的紧密联系;社会学则立足个体维度,考察个体与个体、个体与群体的具体联结关系。尽管各学科具体表述和研究重点不一,但关于认同问题的认识却在最为核心的内容上呈现高度的一致性,而在认同的形成机理认知上也体现出同一种逻辑进路。具体而言,即是认同的自我中心性、心理与社会过程的结合性以及个体—社会的双重性。认同的自我中心性体现在,不论哪种认同定义,自我始终是其中最为核心也最为本质的内容。自我在认同的概念范畴中具有核心的地位,人的认同形成过程即是体系化和系统化自我认识的形成。由于认同是人们对自我的认识和定义,因此这一过程充分体现了人自身作为主体的积极作用,从这一意义上讲,认同的自我中心还体现着人作为主体的根本地位。认同的心理、社会结合性则指认同既是一种心理过程的结果,也是一种社会互动的产物。认同是对自我的追寻,这一探索过程首先是心理的和内在的,是个体将外在信息内化为自我意识的思维过程,也是个体统一"内外世界"的自觉与自为。但除此

[①] 〔澳〕豪格、〔英〕阿布拉姆斯:《社会认同过程》,高明华译,中国人民大学出版社2010年版,第9页。

[②] See Sheldon Stryker, Peter J. Burke, The Past, Present, and Future of an Identity Theory, *Social Psychology Quarterly*, Vol. 63, 2000, pp. 284-297.

之外,认同的形成又并非只是一种纯粹个人化的心理过程,而是社会互动的结果。正如查尔斯·泰勒所言:"一个人只有在其他自我中才是自我,在不参照他周围的那些人的情况下,自我是无法得到描述的。"①个体正是通过与他人或群体的社会性互动观察和理解他人,并根据他人的看法认识自我。在这种互动过程中,个体逐渐建立起概念化的自我认知,并借以形塑自身的行为模式和价值标准,从而最终形成自我的认同。正因如此,认同具有了个体和社会的双重意义。在个体层面,认同是个人对自我的社会角色或身份的理性确认,它是个人社会行为的持久动力。② 个体通过认同进行自我特征与本质的描述与评价,确认自我的基本形象,形成关于"我"的意象。这种描述或评价来自内外两个方面,即自我内在的评价(我眼中的"我")和他人的评价(他人眼中的"我")。在社会层面,认同则多与个体对群体或集体的共同认同有关,强调人与人之间的相似性以及集体成员相信他们之间所具有的某种共同性和相似性。社会认同是个体对外部世界的接纳,是个体在社会中对他人和群体行为方式、价值观的采纳,它使得个体一方面接纳自身在集体或共同体中所处的位置;另一方面则对所在的集体或共同体产生强烈的归属感,从而形成"我们"感,这样集体的自我意识才能得以建立。

认同相关理论所具有的上述异同之处,展示了认同这一问题所具有的理论张力。认同是既关系个体又关乎社会整体的议题,具有微观与宏观、个体与整体、主观与客观等多重理论视野。公民身份是个体与共同体关系的联结,因而也相应地具有同等的个体与社会双重意义,包含内在的价值体系和外在的行为规则双重内容。因此,公民身份认同既体现为个体对其所具有的身份的自我确证,也有社会、国家对个体的价值与行为规制;既有主观层面的自我认识与价值内化,也有客观层面的国家法律、社会制度及规则等的约束。公民身份认同是包含个体与社会双重价值意义的理论范畴。

---

① 〔加拿大〕查尔斯·泰勒:《自我的根源:现代认同的形成》,韩震等译,译林出版社2012年版,第50页。
② 参见袁祖社:《"人是谁?"抑或"我们是谁?"——全球化与主体自我认同的逻辑》,载《马克思主义与现实》2010年第2期。

2. 认同理论的核心内容

公民身份是联结个体与国家的关系范畴,既有突出的个体意义,同时也具有显著的公共价值。而从个体的角度看,它又是一定历史阶段国家/共同体按照相应的价值观念体系所作出的个体身份设计。由于认同的核心在于自我,而公民身份归根结底要落实到个体的内在价值与外在行为体系中,因此公民身份认同更多的是以个体对其身份的自我肯认为基础。从这一意义上讲,对公民身份认同的理论阐释,除以一般性认同理论为依据外,以美国微观社会学或符号互动论为基础、以个体角色和身份为研究主线的认同理论更具有直接和针对性的理论指导意义。

认同理论以角色和社会行为为主要的研究视域,将自我和社会互动关系作为基本的观察视角,从人的角色选择与角色行为来界定认同概念、解释认同的生成机理。这一理论对认同的理解集中体现在自我与社会角色建构、认同的角色选择等观念中。

(1) 自我的社会角色建构

自我是认同的核心。认同理论认为,人的自我源于人们在社会中扮演的各种角色的多重建构,而不是一种自动生成的心理现象;人们在社会中所承担的角色的不同决定了人们自我概念的不同。认同理论对自我的这一概念性认知源于符号互动论的深层影响。符号互动论认为:人的自我形成于与他人的互动中,正是在互动和相互作用的过程中,人们借助他人的看法形成对自己的认识,并形成概念化的自我意识;自我意识对社会行为和社会互动过程具有至关重要的作用,是人们在某一社会场景或互动情境中采取具体行为最为关键的影响因素。对于社会互动、自我与行为之间的这种相互作用关系,米德曾采用一种公式化的表述形式进行高度概括,即"社会形塑自我,自我形塑社会行为"[1]。在这一作用链中,社会借助共享的语言、符号、意义使人们能够扮演他人的角色,投入社会互动,将自身作为客体进行反思,在角色扮演过程中概化自我,因此"扮演他人角色"是自我形成的核心机

---

[1] Sheldon Stryker, Peter J. Burke, The Past, Present, and Future of an Identity Theory, *Social Psychology Quarterly*, Vol. 63, 2000, pp. 284-297.

制。认同理论在汲取符号互动论上述思想的基础上,将自我与角色建构相联系,将其视为一种角色的社会性建构。

认同理论将自我界定为社会角色的多重建构,并且将其与结构化的社会观相联系。认同理论采纳了当代社会学的社会观,认为社会是由各类群体、社区、组织、机构以及社会分层构成的整体,各个组成部分以多元重叠的方式组合,相对独立又相互依存,既有合作又有冲突。社会结构因此具有相对稳定但又不断再生产的持续性特征。人们生活在这种高度分化、多元重叠的社会结构中,通过各种角色参与社会互动网络。由于个体在社会结构中有多个不同的社会位置,对应不同的社会角色,且个体借由相应角色辗转于社会结构不同层次之间,因此个体对自我的诠释和界定也会随之变化。从这一意义上来说,人的自我并非是单独统一的,而是多重面相与层次的集合。在不同的社会结构中,人的自我也将显现出不同的表象特征,并外化为相应的行为和行动。

（2）认同的角色选择

认同理论将人的自我界定为社会角色的多重建构,相应的,也倾向于从角色选择的角度界定和揭示认同。在认同理论看来,认同是对"我是谁"问题的回答,其答案通常与个人所具有的社会角色相联系,因此认同某种意义上就是角色认同。美国社会学家史泰克认为,认同是内化的角色,也是内在的角色期望;认同是自我的组成部分,个体在各种社会情境中选择符合自己与该社会情境的角色的现象就是角色认同。[①] 角色认同是人们经历标定或自我界定过程后所形成的各种自我知觉、自我参照认知或自我界定,通过角色规定为自我提供具体的意义与行为指向。对于认同理论家而言,认同是联结社会结构和个人行为的关键,自我与社会结构的关系为行为预测提供了依据。史泰克曾表示,一方面社会为各种角色提供了认同和自我的基础,另一方面自我"也是社会行为的积极创造者"。[②] 角色认同本身即暗含着相应的行为,这是因为角色是社会中存在的对个体行为的期望系统,这种期望

[①] 参见吴作富:《社会心理学视野下的两种认同理论:整合抑或分立?》,载《南京师大学报(社会科学版)》2010 年第 5 期。

[②] See Sheldon Stryker, *Symbolic Interactionism: A Social Structural Version*, Menlo Park, Benjamin/Cummings Pub. Co., 1980, p.296.

借助角色认同转化为个体对自身的期望系统,并外显为个体可观察的行为。角色与行为之间的这种内在联系在认同与行为之间建立起天然的关系。

那么,个体在特定场景下进行角色选择的依据何在?在两种或两种以上的角色产生冲突的情境下,个体缘何选择其中某一角色并采取与之相适应的外显行为?认同理论曾借助一原型性问题引申出上述议题的讨论,这一问题是"为什么一个人在周末的下午带自己的孩子去动物园,而另一个人却选择和朋友去高尔夫球场?"①对于上述问题,史泰克认为,人的社会角色的多元和重叠特征决定了自我认同的多重性,不同层次的认同形成认同丛(identities)或认同集合。认同丛具有认同显要性的等级结构,在这种等级结构中,角色认同的显要性程度对个体角色和行为选择具有深刻影响,角色认同的显要性越高,个体越有可能选择该角色相关的行为。史泰克进一步说明,认同显要性也称认同突显(identity salience),受角色承诺(commitment)影响,后者表明个体所认同的角色意义在自我概念中的地位或程度。一般而言,个体以某种角色为介质与社会互动次数越多、强度越大,则该角色的承诺程度就越大。相应的,该角色认同突显程度也就越高,个体也就越经常地显现出角色所规定的行为和价值期待。由此可见,社会如若要形塑个体的某种认同,便可通过提升个体对相应角色的扮演频率和强度,强化个体对角色的自我认知和自我界定,使角色所蕴含的价值观念和行为模式逐步内化入个体对自身的期待系统,从而实现外在角色与内在认同的有机统一,使角色选择成为一种自觉自动的心理与行为机制。

认同理论依据社会、自我、行为与角色关系阐释了认同及认同的核心机制,从个体化的视角阐述了个体自我认同的形成机理。这一理论使得认同更具有可验证和可操作的具体化特征。从这一理论视角来看,公民身份认同也即是个体在特定的社会情境中对公民这一社会角色及其价值与行为模式的选择。在特定的社会情境中,个体之所以会选择扮演公民角色而非其他,则是由于个体对公民身份的角色承诺强度高于其他社会身份。这一理论为深刻理解个体公民身份认同的心理及社会机制提供了更为具象化的理

---

① 吴作富:《社会心理学视野下的两种认同理论:整合抑或分立?》,载《南京师大学报(社会科学版)》2010年第5期。

论依据和路径。当然,由于公民身份并非一个纯粹个体化、社会化的概念,它还同时具有政治、法律、道德属性,跨越个体、社会、国家多重视野,其意义不仅仅在于个体角色的国家或制度建构,还涉及个体与个体、个体与国家间政治与法律等关系的博弈与融合。因此,对公民身份认同的理解在个体意义之外,还应具备更为广阔的视野与格局,以个体的微观情境为基点,逐步拓展至社会及国家等宏观情境,从社会、政治、法律、文化等多重语境探讨公民身份认同议题。有鉴于此,本书在探讨公民身份认同及其教育议题时,拟以认同理论为基础,以角色认同为切入点,着重从个体微观视野阐释公民身份认同,但与此同时也将兼顾政治、文化等领域关于认同的基本思想,以期更为全面地展示公民身份认同的理论内涵与现实意义。

第二章

公民身份认同教育内涵发微

> 一切人，或至少是一个国家的一切公民，或一个社会的一切成员，都应当有平等的政治地位和社会地位。①
>
> ——恩格斯
>
> 我们不能错误地认为，国家的基础是其所有成员选择的结果。更接近真理的说法是，对每一个人来说成为公民绝对是必要的。②
>
> ——黑格尔

马克思曾指出，历史是人的真正自然史，是个体发展的历史。作为人类社会特有的一种历史实践，教育在历史活动中依据社会发展规律培养和造就社会所需要的人；而被教育所造就的人，又通过改变环境、改变社会条件等实践活动来促进教育的发展和社会的发展，同时也在实践中实现人自身的发展。教育、社会和人之间依此形成一种相互联系、影响和制约的特殊运行机制。这一机制无时无刻不体现着人与社会在不同历史发展阶段的客观要求与主观选择。作为个体与共同体之间关系的直接体现，公民身份的演化和发展过程承载着政治发展过程中人的角色与地位的变迁历史。因此，围绕公民身份所开展的认同教育，也体现并受制于人与社会之间的这种互

---

① 《马克思恩格斯选集》第3卷，人民出版社2012年版，第480页。
② 转引自〔英〕德里克·希特：《公民身份——世界史、政治学与教育学中的公民理想》，郭台辉、余慧元译，吉林出版集团有限责任公司2010年版，第1页。

动关系,体现不同的理论、社会制度与文化对人的价值定位,决定着公民身份认同教育的核心目标与价值取向。

一、公民身份认同教育的马克思主义释读

马克思主义理论为公民身份认同教育提供了深厚的理论基础和实践依据,它对国家—社会关系、公民的自由平等及其发展趋势的解读,在更深层次上揭示了公民身份的核心内涵。从马克思主义的视角看,公民身份认同教育在本质上是要在国家、社会、个人关系体系中实现人主体性与社会性的统一。同时,人自身的历史和社会属性,以及人作为实践主体的特性,决定了公民身份认同教育必须以具体的历史发展和社会现实为实践依据,尊崇实践导向,认识、理解并规定公民身份认同教育的目标、内容,以实践教育方法为主导,促进公民个体身份的自我认同与社会认同,实现公民身份认同教育的核心价值。

(一) 马克思主义理论视野中的公民身份基础与核心

公民身份是有关个体与国家关系的理论范畴,体现了个体在与国家、社会政治关系中的权利与责任定位,以及在国家法律与规则秩序内的个体自由与平等的追求。马克思主义关于国家、个人、自由、平等与解放等问题的阐释,为理解公民身份上述问题、把握公民身份本质提供了更为深刻的理论依据。

1. 公民身份的归属与基础:国家与市民社会

公民身份关系到社会成员身份在现代政治共同体中的性质,以及如何深入理解涉及公民身份的具体认知情境。马歇尔曾为现代公民身份建构了以公民权利、政治权利和社会权利为基础的权利谱系,当代学者也多以此为基础解构公民身份内涵。但从马克思主义的视角来看,合理界定国家与市民社会关系是理解公民身份认同归属与基础的关键所在。而这里所指的国家与市民社会具有两层基本含义:一是市民社会是"全部历史的真正发

源地和舞台"①,是社会成员身份的现实基础;二是国家作为普遍利益的代表和一种虚幻的共同体形式,个人只有在国家生活中才会获得普遍性意识,确认自身的公民身份,实现意志自由。② 这一界定完成了公民身份在马克思主义意义上的认识论转化,将公民身份置于马克思主义国家—市民社会这一具有现实社会解释功能的分析框架中。

马克思主义对国家和市民社会关系的理解,建立在对黑格尔哲学的批判基础上。黑格尔在其《法哲学原理》中将政治国家和市民社会明确区分开来,将市民社会定义为由私人领域及其外部保障构成的整体。在黑格尔看来,具体的个人、自治性团体是构成市民社会及其活动的要素,个人是权利主体和道德主体,自治性团体是国家与个人的中介。黑格尔认为,在市民社会中伦理精神还处于特殊阶段,国家作为伦理精神发展的最高阶段,市民社会的利益都必须从属于它。③ 马克思、恩格斯对黑格尔这种国家决定社会的观点进行了批判,对国家与市民社会关系问题进行了唯物主义的批判,并建立了科学的分析框架。马克思认为,国家与市民社会之间并非前者决定后者的关系,"国家决不是从外部强加于社会的一种力量。国家也不像黑格尔所断言的是'伦理观念的现实','理性的形象和现实'。确切地说,国家是社会在一定发展阶段上的产物"④。国家的存在和发展都应当从社会的经济生活条件中予以解释。在国家与市民社会之间,绝不是国家制约和决定市民社会,而是市民社会制约和决定国家,概括而言即是:国家服务社会,社会制约国家。马克思主义的国家、社会关系定位为深度理解公民身份和公民身份的认同归属提供了更深层次的理论依据。它要求我们在尊重社会基本规律的基础上树立国家服务社会的观念,彻底改变以往唯国家至上的观念,使国家"由一个高踞社会之上的机关变成完全服从这个社会的机关"⑤,积极为社会成员即公民服务。而公民则能够通过社会民主参与,达成公民身份的

---

① 《马克思恩格斯选集》第1卷,人民出版社2012年版,第167页。
② 参见王宗礼、史小宁:《论马克思主义视域中的公民意识教育》,载《甘肃社会科学》2011年第6期。
③ 参见周泽之等:《社会历史之谜的科学解答——马克思主义经典著作选讲》,上海三联书店2007年版,第95页。
④ 《马克思恩格斯选集》第4卷,人民出版社2012年版,第186页。
⑤ 《马克思恩格斯选集》第3卷,人民出版社2012年版,第372页。

认同,形成主体意识、法治意识和权利义务意识,超越为民做主的传统思维,成为国家与社会的真正主体,实现公民身份的价值诉求。此外,马克思主义关于国家、社会关系的理论也是理解公民个体、社会与国家关系的理论基础。

2. 公民身份理念核心:唯物史观下的公民自由与平等

自由平等是公民身份的价值追求之一,是人的主体意识、法治和权利义务意识的基础。现代意义上的自由平等观念形成于资产阶级反抗封建贵族的抗争过程中,它在一定程度上促进了资本主义和西方民主政体的现代发展,但也存在显而易见的历史局限性。资产阶级将自由平等纳入与生俱来、不言而喻的范畴,从一种抽象的观念出发来阐释和论证人的自由平等。这种抽象的自由平等容易脱离社会现实,导致人们关于自由平等的具体诉求无法真正实现。马克思主义理论对此进行了批判,并将人的自由平等建立在生产力的规定基础上。马克思指出,人的自由平等发展受特定社会生产力发展水平的制约,"人们每次都不是在他们关于理想所决定和所容许的范围之内,而是在现有的生产力所规定和容许的范围之内取得自由"①。也就是说,人的自由实现程度受其所处的社会和历史阶段物质条件的限制,更重要的是人们对自由平等的积极追求应当在生产力所提供的框架和范围之内。马克思主义的自由平等观第一次将自由平等纳入生产力与生产关系的矛盾运动中,以唯物主义的视角予以审视,认为自由平等的追求与历史发展具有内在的统一性。因此,人的自由平等只有从社会历史发展的角度,从生产力和生产关系角度来理解,才是具体的、现实的。②

马克思主义建立在唯物主义基础上的自由平等观,为公民身份注入新的内涵。作为公民身份基本的价值意涵和追求,自由平等由生产力决定的这一特性标志着,公民身份本身也应当在具体的生产力和生产关系视野中予以理解,其具体的内涵和形态应当由其所属国家以及所处历史阶段的社会生产力与生产关系所规定。也即是说,公民身份从来就不是只有一种形

---

① 《马克思恩格斯全集》第42卷,人民出版社1960年版,第507页。
② 参见王宗礼、史小宁:《论马克思主义视域中的公民意识教育》,载《甘肃社会科学》2011年第6期。

态,依存于一种社会制度,而是随具体国家以及社会历史发展阶段的具体特征而变化。同样的,公民身份所代表的个体—国家关系,所蕴含的权利义务内容,以及所具有的法律、道德、政治属性,都应当建立在具体国家的历史发展阶段的基础之上。而身为公民,人们对自身公民身份的理解和判断也应当依据所属国家具体的社会制度与实际进行,对公民身份下的自由平等的追求,也应当在现有的生产力与生产关系所决定的制度框架之内。只有这样才能实现公民身份所倡导的真正自由平等,实现法律面前人人平等的价值理念,将社会发展与人的自由发展统一起来。

3. 公民身份的终极发展:人的解放与全面自由发展

马克思主义将人的发展分为"人的依赖""物的依赖"以及全面自由发展三个阶段,分别反映了人与人、人与社会以及人自身在生产力和生产关系不同发展阶段所具有的关系和特征。从人与人之间的相互依赖,到人对物的依赖,再到人的全面自由发展,体现的是人的解放的全过程。与资本主义对政治解放的关注不同,马克思主义对人的解放的关注建立在全人类的视野基础之上。在马克思看来,资本主义论域中的国家与市民社会分离所带来的政治解放,使得社会成员成了利己主义的个人,失去了自身的类本质,沦为利己的孤立的个人。这种政治解放并未给人的全面自由发展以真正的空间,资产阶级革命虽然解放了市民社会,却并未解放全人类。人所追求的自由、平等、正义仍遮蔽于资产阶级剥削与被剥削的不平等关系中。马克思通过对资本主义生产方式与社会本质的深入分析,将人的解放扩展至全人类,并将全人类的解放与人的全面自由发展相联系,概括为共产主义的核心理念。这一目标的实现基于人类社会阶级区分的消泯,以及国家的自然消亡,建基于国家—市民社会关系的公民身份也将随之退隐成为历史,而公民身份所蕴含的对自由平等的追求,将随着人的全面自由发展的实现得以最终完成,体现于人的个体主体性与类主体性的统一之中。

(二) 个体性与社会性的统一:公民身份认同教育的主体思想

马克思主义从三个层面揭示了人的本质,即人的自然本质、类本质以及现实本质。这一科学界定超越了人性论中个体性与社会性的机械对立,将个体的人置于社会关系的整体存在之中予以考察,肯定人的社会属性;同时又强调人是现实的人而非抽象概念,人的特性通过单个个体的存在得以充分反映,从而在人的认识问题上实现了个体性与社会性的统一。马克思主义对人的本质的科学阐释表明,对与人有关的问题的考察既要从社会范围进行,将人置于亲属、家庭、社群、政治、经济、文化和宗教等领域,从人的社会关系与社会活动的角度理解与认识人;也要关注个体层面,肯定人作为个体主体所具有的特性与需求。二者有机统一既是全面认知人的问题的基础,同时也是人自身发展的关键所在。

公民身份作为人所具有的一种社会身份,其本身也同样具有个体—社会两重性。公民身份是联结个体、国家的特殊纽带,跨越私人领域与公共领域两种空间,因而天然地具有个体和公共两种特性。其个体性在于,公民身份首先是公民个体所具有的政治社会身份,体现为公民个体化的权利义务行为。公民身份不仅是公民个体在政治关系中主体地位的体现,其最终实现也必须落实到个体的行为选择与价值取向上。公民身份的公共性则体现为公民超越私人化的生活领域,参与到国家政治及社会公共事务中,承担起追求共同善和利益的公共职责。公共性是公民身份的核心意义,公民身份产生的基础就在于对城邦公共事务的参与及共同生活责任的承担。因此,公民身份不能局限于私人领域,必须在国家与社会的公共场景中才能实现其价值。公民身份兼具个体性与公共性的这一特质,使得公民身份天然具有个体性与社会性统一的价值追求。一方面,公民身份着力要实现的是个体在政治关系中的主体价值,体现公民个体关于权利维护和自由平等的追求,并将其所蕴含的价值理念落实和贯彻于个体内在的观念体系以及外在的行动自觉中;另一方面,公民身份是要维护国家与政治共同体的稳定与统一,体现其作为国家制度设计的价值追求,实现其本身所代表的公共精神与社会共同价值。而公民身份所强调的对社会公共事务的参与和对公共利益的维护,则需要公民深入公共生活,通过相互之间的沟通、合作,以及与政府、社会机构的对话与协商,以此建立起普遍的社会共识。

作为公民身份实现的心理基础,公民身份认同旨在达成个体对其公民身份内蕴价值与角色期待的内化,使个体能够认知、理解和接纳公民身份价值理念,并将其作为自身内在价值标准和观念体系。在认同的自我层面上,公民身份认同就是个体以公民角色进行的自我定义与认知,是个体将自我生命意义、存在价值融入公民身份,从而获得自我身为公民的意义感的来源。但是,正如查尔斯·泰勒所言:"一个人只有在其他自我中才是自我,在不参照他周围的那些人的情况下,自我是无法得到描述的。"[①]也就是说,人的自我认同还有赖于与他人的社会交往,需要在社会性互动中达成自我的认识,以及对社会共同价值的肯认,也即社会认同。公民身份认同也同样如此。一方面,个体所具有的公民身份及其价值意涵、价值标准均由国家、社会所界定;另一方面,个体也需要在扮演公民角色的社会实践中,通过与其他公民、公民群体、政府机关等主体的社会性互动观察和理解他人,并根据他人的看法认识公民身份的价值与意义。从这一意义上讲,公民身份认同是个体真正成为社会主体的基础,也是促成其积极承担社会责任,参与社会公共生活,实现个体社会价值的关键所在。除此之外,以个体的公民身份认同为目标指向的教育实践活动,既凝聚着教育本质在促进人的个体发展与社会发展的双重向度特征,也承载着教化公民个体达成其个体身份认同与社会认同统一的使命。因此,无论从何种视角考察,公民身份认同教育都具有显而易见的个体化—社会化双重价值导向,既要促成公民个体内化公民角色期待,形成以公民身份定义自我、规制自我的观念体系与行为模式;同时,也要教化个体尊崇国家、社会赋予公民身份的普遍价值要求,自觉扮演好合格公民的角色,实现从原生性的"自然人"向具有社会属性、政治属性的"社会人"的转化。

(三)历史文化与社会现实:公民身份认同教育的实践依据

马克思认为:"个人怎样表现自己的生命,他们自己就是怎样。因此,他们是什么样的,这同他们的生产是一致的——既和他们生产什么一致,又和他们怎样生产一致。因而,个人是什么样的,这取决于他们进行生产的物质

[①]〔加拿大〕查尔斯·泰勒:《自我的根源:现代认同的形成》,韩震等译,译林出版社 2012 年版,第 50 页。

条件。"①由此可见，人的特性与其历史阶段和实践特征紧密相连，是由其所处特定历史阶段所决定。因此，作为主体的人也自然兼具历史性与实践性。主体的历史性表明，人作为主体的产生与发展取决于具体的历史和社会条件，其主体意涵与特征也决定于社会的客观现实，并在其社会实践中得以实现和反映。因此，对于人的问题的分析，就必须深入到历史发展的全过程，落实到生产力与生产关系所决定的具体社会阶段以及其现实表现之中。不仅如此，人与社会之间的互通性和同一性也决定了，不仅人的问题的考察要以历史与社会的客观条件为基础，一切社会问题的考察也都应当深入其所处的历史方位和所具有的发展历程，并以此作为分析基础。这就为公民身份认同教育的认识和发展明晰了基本的方向和理论依据。

公民身份认同教育既然以公民身份为教育的基础与核心，那么必然涉及认同何种公民身份的关键问题。正如前文所言，公民身份是一种历史和文化的产物，其本身即凝结着一国在具体的历史和社会发展阶段所具有的现实特质，是该国特定历史阶段社会现实的集中反映。公民身份蕴含的价值理念，以及国家、社会通过公民身份赋予个人的价值定位与期待，都与国家特定历史阶段和社会现实需要密切相关。因此，对公民身份具体内涵和价值定位的界定，就必须与公民所处社会的历史传统与客观现实充分结合，以历史传统为基础、社会现实为依据，而非将某一种或某一类公民身份概念简单地套用于不同国家、不同文化与传统之上，以某种特定历史和社会条件下形成的公民身份价值理念作为所有社会公民身份发展的衡量标准。相应的，公民身份认同教育也只有与历史传统和社会实际相结合，从公民所在国家的历史传统与具体社会实际出发，围绕社会发展的客观现实及其对公民身份的基本定位，规定教育的培养目标以及教育侧重的内容、方法和基本路径，将教育目标与人的发展需求、社会发展需求相匹配，适应不同阶段人与社会的发展特征，才能达成教育的目的，实现公民个体的自我身份认同与社会价值共识之间的统合。

公民身份认同教育的这种历史和社会现实规定性，说明公民身份认同教育无论在目标设定、内容安排还是路径方法上都不是固定且一成不变的，

---

① 《马克思恩格斯选集》第1卷，人民出版社2012年版，第147页。

而是一种稳定基础上的动态系统。一方面,公民身份认同教育在追求个体性与社会性相统一、个体与国家、社会关系调和等根本问题上,始终保持着相对的稳定性。公民身份认同教育的本质即在于通过教育达成公民个体自我与社会认同的整合,保持国家的稳定与个体的主体地位,以实现个体性与社会性的统一。这一教育主旨始终是公民身份认同教育的深层内涵与价值导向。另一方面,由于在不同历史发展阶段,社会客观现实对人的自我发展要求、人与国家和社会关系的具体侧重,以及人的自由、权利等内涵的具体界定都会不断发生变化,因此对公民身份认同教育的要求也会随之变化。这就要求公民身份认同教育应当具有更强的适应性,适时调整教育目标、内容和方法等方面的具体内涵,以适应社会与人发展的具体要求。

除此之外,历史发展与社会现实的规定性还要求公民身份认同教育不能停留于纯粹的理论层面,只满足于公民身份知识的传授,而应当尊崇人作为实践主体的特性,深入公民身份的实践层面,形成实践导向的教育方法与教育路径。马克思主义对人的本质的科学论断指出,人是实践的主体,其特性根植于劳动实践,劳动构成人的本质,也是人自身与社会发展的动力来源。因此,对人的认识来源于实践也应当归于实践。公民身份作为一种历史和社会发展的产物,其形成过程绝不是纯粹理论的想象,公民身份也绝非一种绝对抽象的概念范畴,而是人与社会实践互动的结果。此外,公民身份也不能只停留于理论或概念层面,必须将其转化为公民个体在社会实践中的具体行动和行为表现,才能使之得以实现。从认同的角度看,人的身份认同和角色认同也必须在社会性互动实践过程中才能最终达成。因此,公民身份认同教育必须坚持实践导向,以实践作为认识和理解公民身份、公民身份认同及其教育主题的依据,同时坚持实践教育的方法,通过公民个体的身份实践活动引导其身份认同的达成,实现公民身份认同教育的核心目标。

二、西方理论视域中的公民身份认同教育

从某种意义上讲,公民身份及其理论是一种纯粹西方历史文化的产物。它发端于古希腊城邦文化,成形于近代资产阶级革命,并随西方政治制度的

发展演变而不断演化。

古希腊时期的公民身份建立在城邦基础之上,公民身份通常被视为一种生活于城邦共同体、参与城邦公共生活的成员资格。公民与城邦之间具有紧密的联系,公民是属于城邦的人,而城邦则是由若干公民组成的政治团体。古希腊的公民身份具有强烈的政治属性,强调公民的公共参与精神和参与意识。在其后的古罗马时期,公民身份的属性由政治转向法律。公民身份更关注人的法律特性,公民被视为根据法律自由行动、自由提问和预期可获得法律保护的人。公民身份由政治属性向法律属性的扩展是一种进步,但由于古罗马本身帝国建制特性的影响及其领土和统治的持续扩张,公民身份范围和群体在不断扩大的同时,其赖以实践的公民大会、公民集团逐步消亡。这使得公民身份及其精神不断弱化,并在其后中世纪时期神权、君权与等级特权的挤压下,逐步为臣民身份所取代。公民身份蕴含的自由、平等、民主等价值也湮没于封建专制统治之下。近代西方城市的兴起、商品经济和市民社会的发展,以及资产阶级革命的胜利,激发了公民身份民主、自由、平等理念的复兴,形成了现代意义上的公民身份理念。相较于古典时期局限于少部分特权群体的公民身份,现代公民身份更具有普遍性和广泛性,是建立在普遍平等基础上的身份定位。现代公民身份更关注个体的权利和地位,具有更为丰富的内涵和外延。

作为一种西方历史文化传统的产物,公民身份具有强烈的西方意味,其理论内涵也具有显而易见的西方导向。在西方公民身份理论的上述发展历程中,公民身份与不同的政治哲学相结合,演化生成共和主义与自由主义两大传统,以及社群主义、新自由主义、多元文化主义等多种理论分支。不同理论流派之间关于公民身份的核心与意义、个体与共同体关系等分歧与论争,体现了不同阶段社会与人的发展要求与指向,并影响着同时期公民身份认同教育的发展重心。现代西方公民身份认同教育遵循了近代以来西方人本主义的基本理念,以个体价值和权利为基础,围绕个体与国家、权利与责任等内容进行。

(一)个人主义:现代西方公民身份认同教育的价值基础

任何一种理论都有其深刻的思想渊源,并根植于一定的社会历史进程。

公民身份是涉及个体与国家关系的理论范畴，其生成和发展与西方政治哲学的演进紧密相关。在西方近代以来的文化价值体系中，对个人价值、尊严、个性、自由的尊崇构成了西方文化的核心，以突显个体价值为标志的个人主义成为西方国家主流文化与观念的思想基础。公民身份认同教育也不例外。数百年来，尽管西方有关公民身份的理论流派在个体与国家之间孰为主导、权利与责任之间孰轻孰重等具体问题上争论不休，但对于个体本身价值这一问题的认识，却始终保持了一致的尊重与坚持。可以说，以彰显个体价值和尊严为特征的个人主义，是西方公民身份认同教育乃至一切西方理论与文化形态的思想根源，深刻影响着西方国家公民身份认同教育的发展和演进。

从理论本身角度而言，个人主义在西方国家也同样经历了漫长的演化过程。从两希文明时期对个人独立判断的推崇，到近代以人的价值与尊严、人与社会、自由与平等、理性与情感等为中心的人文主义复兴，再到现当代经历多重反思后的个人主义新理论、新思潮，个人主义伴随西方社会政治、经济、文化的发展不断演变成为一种完备的思想体系，其间被高度赞扬也被批判，被称颂也被责难。但正如有学者所言，现当代西方理论界对个人主义的各种反思和批判，无非是针对当前西方社会发展过程中出现的新境况而对古典个人主义在理论或实践层面所处境遇的一种调整和修缮，或者一种体制内的批判，只是逻辑起点和论证路径的差异，在最终目的上并无实质性的冲突；个人主义作为西方文化的核心价值观已随历史文化的积淀和风俗习惯的传承，融入人们的血液并体现于日常生活中，成为人们的一种生活方式和行为习惯，并在各个层面被机构化和法律化。[①] 就理论内涵而言，个人主义作为一种哲学上的信仰，远非过往我们所熟知的与"利己主义""自我中心主义"等同的简单化诠释，而是一种涉及价值体系、有关人性的理论，以及对某种宗教信仰、政治信念、社会经济体制等的一般态度和倾向。"个人主义的价值体系可以概括为三个基本命题：(1) 一切价值都以人为中心，即一切价值都是人所经验到的（但不必然为人所创造）；(2) 个人本身就是目的，具有最高价值，社会存在只是达到个人目的的手段；(3) 一切个人在道义上

---

① 参见杨明、张伟：《个人主义：西方文化的核心价值观》，载《南京社会科学》2007年第4期。

都是平等的,任何人都不能被当作他人谋求利益的手段。根据这种观点,社会只是个人的集合体,每个人都是自我约束、自我包容且理论上自足的实体。"①个人主义作为一种认识和把握世界的方法论,反映的是个人作为社会生活最终构成要素在社会建构中的决定性作用,而作为一种政治理想,个人主义则描绘了一种以公民个体为建构基础的政治图景。在个人主义的政治架构中,个人是国家的基础,是拥有主动权的主体;国家则是基于个人之间的契约所建立,是个人之间基于彼此合意而创生的事物。因此,个人权利和利益是国家和政府的主要目的,也是后两者存在的前提;国家和政府的主要作用就在于使个人的需要得到满足,实现个人的利益和权利的保障。个人主义的政治观反对国家干涉和侵犯个人的利益与权利,主张国家和政府权力应当被限制在特定的领域中,国家和政府扮演仲裁者和"守夜人"的角色,为个人的利益与权利实现提供最大程度的保障和最低程度的干涉。

  个人主义的价值体系成为近代以来西方社会最主要的价值导向,主导着西方国家政治理念与制度设计。这一价值导向在公民身份认同教育中的体现首先在于强调公民的个体独立性,重视公民个体能力与素质的培养,将公民视为具有独立意志和自主地位的主体,认为其享有权利并能承担相应的责任,注重培养公民个体的独立人格。西方公民身份理论在立论之初即设定了公民个体的独立属性,其本身的现代发展就是源于资产阶级争取独立与反抗封建压迫的结果,因而教育在本源上就是以公民个体的独立地位作为基点。其次在于突出个体化的身份定位,强调公民个体在政治关系中的能动作用、个体所具有的民主和自由权利以及个人对于国家和政治的主导性,以培养出能够积极参与公共事务、承担社会责任的公民个体。最后在于以个体自由、平等为基础的个体、群体、社会及国家关系。现代西方公民身份关注公民自由的本质,致力于培养个人发展其自我天赋并且在社会背景下达到自我实现的能力。教育的起点和重点虽然在于个人,但并不止于个人,而是在个体基础上强化对其他个体自由、平等和权利的尊重,以及在此共识基础上的国家认同和共同体意识的培育。美国《公民学与政府国家标准》在教育目标和内容上明确表明美国社会认可个人的重要性,这意味着

---

① 杨明、张伟:《个人主义:西方文化的核心价值观》,载《南京社会科学》2007年第4期。

"政府的基本目的是保护个人的生命、财产和追求幸福的权利;……个人有权对政治、宗教和其他事务发表不同意见;个人有权表达自己的观点而无须担心遭到其同伴或政府的处罚;一个人所投的票应与他人同样计算"[①]。但同时也规定,作为美国人,"应能够理解美国人通过他们共享的价值、原则和信仰团结起来"[②]。西方公民身份认同教育对个体地位和价值的强调体现于其全过程。但与此同时,现当代个人主义也因其过分扩张而被广泛批判,不少理论批评过度的个人主义引致孤立的、原子式的个体存在,从而削弱了公民身份本身的公共价值,导致"公民的消失"。现代西方公民身份认同教育也不断探索和修正古典个人主义带来的弊端,强调"负责的公民"的培养,在突出个体价值的同时强调公民的共同体意识以及公共参与意识的培养,使得西方公民身份认同教育更能适应社会政治、经济、文化发展的需要。但无论形式和内容如何更迭,个人主义作为西方文化的核心价值观始终贯穿于西方公民身份认同教育的全过程。正如 R. 尼斯贝尔所言:"如果有一种能够把神学、哲学和每门社会科学统一起来的单一观念的话,这种观念就是个人主义。"[③]也正是个人主义这一统一的观念,使得现代西方公民身份认同教育在其动态发展过程中,始终保持着内在的相对稳定性和一致性。而这一特征,也成为我们研究和探讨西方公民身份认同教育所必须加以关注和认真对待的问题,成为深入认识和理解西方公民身份认同教育的关键所在。

(二) 个体与国家关系:教育目标的分歧与耦合

公民身份作为规定国家内部个人与公共政治生活之间关系的一种制度设计和规定个体身份的一种国家设计,它在横向上涉及个体与个体之间相互关系,而在纵向上则涉及个体与国家关系。而从公民身份认同教育的角度而言,其首要涉及的是个体和国家这两个公民身份的基本维度,解决个体公民身份与国家公民身份认同的相互关系。在个体与国家这两个维度上,公民身份的不同理论各有侧重,并在教育目标上呈现一定的分歧和争论。

---

① National Standards for Civics and Government,http://www.civiced.org/standards.
② Ibid.
③ 转引自杨明、张伟:《个人主义:西方文化的核心价值观》,载《南京社会科学》2007 年第 4 期。

两者的争论突出反映在共和主义与自由主义这两大西方公民身份传统之间。

1. 共和主义传统下公民身份认同教育中的个体与国家关系

共和主义以共同体来规定公民身份,认为公民只有存在于共同体中才能成为公民。共和主义理论家认为,共同体先于个体而存在,是个体所不可或缺的组成部分。共同体是公民集合而成的政治团体,代表"最高而最广"的善。"公民身份的目的在于以一种共生的关系将个体与国家联系在一起,以创立和维持一个公正而稳定的共和国政体,使个体能够享受到真正的自由。"①个体只有在共同体中才能享受到真正的自由,实现精神升华、人格提升和自我价值,而共同体也只有通过公民的支持才能够存在和发展。因此,理想的公民应当积极参与共同体公共事务,把共同体放在第一位,将公共利益与公共善置于私利考虑之上,为共同体负责,对共同体尽义务,奉献于共同体及公共善的价值追求之中。

共和主义公民身份理论由此为社会成员建构了一整套以共同体为主旨、以美德为标准的认同价值体系,从而也为个体的身份认同预设了一种积极投身公共事务,以关怀公共福祉和公共利益为最高责任的公民角色定位。上述内容构成了共和主义政治哲学指导下公民身份认同教育的主要指向,即对共同体的依归以及在此基础上的公民德性与品质。在与公民身份有关的教育上,共和主义着重塑造的是个体对共同体的归附与忠诚。共和主义公民身份认同教育强调个体对共同体的"自我归化",突出共同体之于个体存在的意义,并以共同体作为衡量和建构个体身份认同的基础。"个人只是城邦的组成部分,每一个隔离的个人都不足以自给其生活,必须共同集合于城邦这个整体才能满足大家的需要。"②因此,个人天然地归附于共同体,以共同体作为其存在的基础和前提。个体的公民身份认同是对其与共同体隶属关系的认同,也是对共同体利益优先于自身利益的价值肯认。

---

① [英]德里克·希特:《何谓公民身份》,郭忠华、余慧元译,吉林出版集团有限责任公司 2007 年版,第 52 页。
② [古希腊]亚里士多德:《政治学》,吴寿彭译,商务印书馆 1965 年版,第 8—9 页。

2. 自由主义传统下公民身份认同教育中的个体与国家关系

相对于共和主义对共同体认同的强调，自由主义传统的公民身份则注重人本身主体性的实现与维护，强调作为个体的人的地位及其权利的保障。自由主义公民身份以个人主义为基本特征，强调个体至高无上的地位，个体无论在本体论、认识论还是在伦理道德上都具有优先的权利。在个体与共同体之间，个体具有最高的价值，是社会与国家的目的；个体优先于共同体，后者的形成和存在是以为个体提供必要的安全和保护为目的。在自由主义理论中，个人被抽象为"单子式"的存在，无论是霍布斯"一切人对一切人的战争"状态，还是洛克"自由、平等，但不放任"的自然状态，人的原初形态都是单独的个体，是"无牵无挂"的个人，处于一种孤立的状态。共同体和社会并非是为了公共善而形成，而是为维护个人所拥有的"自然权利"，以社会契约联系起来的松散联合体，是基于人们的同意和约定理性设计的产物。自由主义公民身份以个体为核心的理论叙事，为教育提供了关注个体主体性的目标和价值定位，也使公民身份认同具有了强烈的个体取向。在这种价值理念作用下，自由主义公民身份认同教育充分肯定个体主体性的核心地位，认为公民教育的目标在于使每一个富有个性的人更有能力适应共同生存与生活。人们通过教育学习社会规则，学习如何扮演好公民这一角色，是为了使自己能够在社会中更好地发展个性，更好地享有个人权利和自由，而不是为了追求所谓的公共善。国家并没有能力帮助全体公民将社会的共同信仰与目标内化，唯一的作用就是如果公民违反了法律、社会习俗，就通过惩罚来规范他们的行为。[1] 因此，自由主义公民身份认同教育的核心首先就在于促进个体对自我的价值肯认，促使人们对身为公民以及个体—共同体关系中主体地位的自我认知。其次，自由主义公民身份认同教育强调国家对于公民生活的中立立场，认为国家不应作为权力的拥有者，主张自己的价值观比社会其他成员的价值观优越，不能认为自己在本质上比任何一位高贵。自由主义认为，"国家的作用是：保护个人就不同的优良生活观的价值

---

[1] See R. M. Battistoni, *Public Schooling and the Education of Democratic Citizens*, University Press of Mississippi, 1985, p.38.

进行判断的能力,并且,在人们之间就权利与资源进行公平的分配,以使他们能够按照自己所愿追求自己的善观念"①。自由主义将人预设为具备理性并可以为理性所驱动,借助于理性,人们能够认识并按照神圣的自然法则行动。国家作为人们为维护个体利益而在契约基础上做出的理性设计,其目的在于保障个人权利和自由。因此,国家应当作为"守夜人"的角色,对个人生活保持最低限度的干预,以保障个人最大化自由的实现。

在上述理念基础上,自由主义公民身份认同教育以公民自由、平等、民主意识培养为主要内容,注重公民的个性发展。此外,它强调教育者要向公民个体传授一些相应的公共价值,使其在日常生活实践中能将所学的知识内化为自身观念,在保有个人主体性的同时学会尊重他人、遵守社会秩序,这是确保他们生活得以幸福的基本要求。洛克认为,这是完全基于个体自身利益的一种公民教育观,因为对他人的尊重,会比直接支配他人获得更多的权利。② 自由主义公民身份认同教育秉持中立原则,因而相应地也回避直接的政治教育,认为在向人们传授公共价值或信念的同时,不应过多涉及政治内容,公民教育应当向人们传达文明、和谐、美好的社会技能,而不是教给公民"矛盾与对抗"。③

3. 公民身份认同教育理论与目标的融合

共和主义与自由主义的公民身份认同教育理论在个体、国家关系上的争议,代表了西方公民身份认同教育发展的基本历程。近代以前,共和主义占据主导时期,公民身份所体现的是个体对共同体利益的服从,个体从属于共同体整体,公民身份主要是个体作为城邦成员的集中体现。近代以来,自由主义取代共和主义成为理论和价值的主导,资本主义本身的发展也在政治上推动了市民社会的相对独立,个体逐步脱身于整体成为独立的存在,个体的主体性和主体地位受到前所未有的关注,相对于国家获得优先地位。公民身份也相应地转向以公民个体权利为核心,个体以及个体权利优先成

---

① 冯建军:《公民身份认同与学校公民教育》,人民出版社2014年版,第33页。
② 参见赵晖:《社会转型与公民教育:中国公民教育目标与内容体系的建构》,人民教育出版社2007年版,第121页。
③ 同上书,第121—122页。

为西方近代以来价值理念的主导。从西方公民身份与教育的发展历程来看，无论是国家优先于个人还是个人优先于国家，公民身份内涵中的个体与国家关系维度似乎一直处于紧张状态。实际上，两者之间并非非此即彼的关系。随着全球化、网络化及其他现代化特征的显现与作用，公民身份理论所依据的政治、经济、社会环境不断变化，其理论边界也不断扩展，出现了新共和主义、新自由主义、社群主义、多元文化主义等不同理论分支。国家与个体关系在不同的公民身份理论流派之间，已逐步呈现出一种相互融合的发展态势。相应的，公民身份认同教育目标在个体公民身份与国家公民身份认同之间，也逐渐融合统一。例如，作为共和主义和自由主义的复兴与发展，社群主义与新自由主义在这一问题上，虽延续二者的基本理念，但同时也呈现出相互承认与融合的趋势。作为古典共和主义的复兴，社群主义关注共同体的价值，批判自由主义"无拘无束"的自我观，认为自我不可能优先于他的社会角色和社会关系，强调自我由社会所规定，因而共同体优先于自我价值，公民要保持对共同体的忠诚、归属和团结。在强调共同体的整体性和公共善的优先性上，社群主义与古典共和主义相一致，但与后者无视个体价值、强调排他性不同的是，社群主义并不否认公民个人价值，并且倾向于自由主义普遍的公民观念。与此相类似的还有，新自由主义在认识个体与共同体关系上，虽秉承自由主义对个体价值和权利的重视，但同时也考虑共同体的利益，它走出孤立的个人主义，着力通过重叠共识和公共理性形成共同的利益和公共善，建构"陌生人的共同体"。多元文化主义则批判自由主义将社会视为同质化公民组合的观念，主张一种建立在少数族群权利基础上的"差异公民身份"，从而兼具自由主义和共和主义的部分特征。公民身份理论的发展客观上也使得当代西方公民身份认同教育在个体和国家关系上由分歧走向融合，实现个体对其所具有的公民身份在各个层面认同上的和谐统一。因此，现代西方公民身份认同教育，在强调个体自我身份认同的同时，更注重公民对国家共同体的深切认同和归属，在凸显个体价值的同时强化国家意识和国家认同教育。现代西方公民身份认同教育在个体公民身份与国家公民身份认同的教育问题上，体现出融合的发展趋势。

(三) 权利、责任与参与:教育内容的争议与整合

西方公民身份认同教育在个体与国家关系上的分歧,延伸至具体内容层面则反映为权利、责任与参与等的教育差异。

首先是权利和责任之间的争议。权利与义务是公民身份内涵的核心,公民权利和公民责任则是公民身份认同教育的基本内容。关于权利和责任的教育,不同理论流派的公民身份认同教育都有涉及,但在权利、责任教育的内涵、两者孰轻孰重及相互关系的厘定上,不同理论则各有侧重。共和主义公民身份认同教育基于其对共同体的重视以及共同体优先于个体的关系界定,认为应当侧重公民的责任意识教育。共和主义的公民身份生发于共同体与公共善的需求,以公共性为核心,这便决定了共和主义的公民必须对共同体负责,奉献于共同体和公共善。因此,共和主义公民身份具有明显的责任取向,强调公民对共同体所应承担的责任和义务,而这种责任主要地体现在公民个体对公共利益、公共善的维护上。共和主义还认为理想的公民应当积极参与共同体公共事务,把共同体放在第一位,将公共利益与公共善置于私利考虑之上,为共同体负责,对共同体尽义务,奉献于共同体及公共善的价值追求之中,这也是公民美德的体现。

与强调责任导向的共和主义不同,自由主义基于个体优先的立场,主张个体权利的主导作用,认为公民身份认同教育的重心在于个体权利意识与权利能力的培养。自由主义将公民身份视为一系列个人的权利,这些权利最重要的功能是为个人带来自主。一方面,权利为个人提供了空间,使得个人可以在免于其他个体或者共同体干预的条件下培养自己的兴趣和激发自己的潜能[①];另一方面,权利更为关键的作用在于保障公民免受不断扩张的国家权力的干预,以实现个人自由的最大化。个体与共同体之间对于个体权利的具体内容,洛克曾将其归纳为生命、自由和财产权利,并强调政府的目的就是为人民提供和平、安全和公共利益,除此之外,别无其他。

其次是关于参与的争议。共和主义公民身份理论强调公民个体对公共

---

① 参见〔美〕基思·福克斯:《公民身份》,郭忠华译,吉林出版集团有限责任公司2009年版,第47页。

事务的参与,认为参与是公民身份的成立要件之一。在共和主义公民身份理论中,共同体与公共事务参与是公民身份的两个基本方面,参与被视为公民身份的基础要件。亚里士多德曾旗帜鲜明地表示:"全称的公民是'凡得参加司法事务和治权机构的人们'……凡有权参加议事和审判职能的人,我们就可以说他是那一城邦的公民。"① 对于共和主义而言,参与伦理是公民身份的本质,公民身份参与公共事务的实践是公民全部生活的核心。参与公共事务既是一种政治的运行规则,也是一种生活方式;既是公民的权利,也是其应当履行的基本义务。因此,共和主义公民身份认同教育培养的重心也是参与公共事务、奉献于共同体的积极公民身份认同。但自由主义并不认为参与公共事务是公民所应承担的一种必需的责任和义务,也不以参与公共事务、践行公共美德作为判定好公民的标准,而是以是否纳税、守法、不侵害他人权利、不违反公共法律规范作为判断好公民的标准。这是一种建立在消极自由基础上的公民身份设定。不以公共事务参与作为好公民的判定标准,并非指自由主义公民身份认同教育无视公民的公共参与。相反,自由主义公民身份认同教育同样注重公民参与性和参与能力的培养,只是这种参与不以责任义务的强制属性为前提,而是由个体自由意志所支配,其目的在于维护个体的利益,以公共参与促进个体之间的合作以使个体权利得以更好地实现,而非单纯为了维护公共善和公共利益。因此,自由主义公民身份认同教育所着力建构的是一种"消极公民"的公民身份认同。

共和主义和自由主义公民身份认同教育所预设的"责任优先"和"权利优先"的不同立场与"积极公民"和"消极公民"的目标差异,曾长期主导西方公民身份认同教育发展的历史,并在公民身份权利、责任等层面形成虚假的对立关系。但应当注意的是,上述理论的争议并非单纯的相互否定。共和主义强调公民责任,并不等于否定个体权利;自由主义也并非认为个体不需要承担责任,无须参与公共事务。这仅是各自理论的侧重有所差异。当代西方公民身份认同教育在社会政治、经济客观发展,以及公民身份理论本身演化的影响下,呈现出从多重争议走向整合的发展趋势。新兴的社群主义、新共和主义与新自由主义虽然在权利、责任、参与等内容的优先性和必要性

---

① [古希腊]亚里士多德:《政治学》,吴寿彭译,商务印书馆 1965 年版,第 114、116—117 页。

等问题上仍有一定争议,但都明显吸收了对方的观念,呈现出不断融合的趋势。例如,新自由主义虽然强调个人权利,但同时也重视对社会或共同体的责任,避免自由的滥用;新共和主义不仅强调对共同体的职责和对公共善的诉求,还同时保持了对权利的诉求;社群主义虽然反对个人至上,但其目的在于改造不利于个人权利的倾向,可以为每个公民实现美善生活提供保证。从不同理论观点的侧重变化不难看出,公民身份理论在权利与责任问题上,也已经趋于融合。正如阿伦·布坎南所言:"恰当的公民概念要求权利与责任的平衡。"① 而对于公民参与和美德教育,无论基于何种理论,当代西方公民身份认同教育都将培养"能动的参与型公民"作为教育的主要侧重点和目标,着重培养公民个体参与公共事务和公共决策的能力。这种以参与型公民为重心的公民身份认同教育,将公民身份的参与行为从狭义的投票选举,拓展至更广范围的社会生活、社区事务等,体现出公民身份认同教育在内容整合上的广度与深度。

三、中国政治文化架构中的公民身份认同教育

一种共享的认同感必须要有一种共享的文化传统。这种文化传统或根植于历史,或形成于社会现实。对于公民身份认同而言,与之切合的历史文化传统的支持显得尤其重要。公民身份虽出现于西方社会民主政治的特定历史阶段,但它并非一整套统一的、同质性的社会安排。相反,"普遍的公民身份理论——作为现代政治生活的典型特征——要求从一个比较的和历史的视角来分析公民权利问题,因为公民身份的性质在不同社会之间有着系统的差异"②。公民身份所蕴含的自由、平等、民主、法治理念,及其所代表的个体—共同体价值关系具有普遍意义,但正如民主理念从来都不意味着同一种制度模式一样,公民身份价值理念的普遍适用性,也不必然等同于其制度、教育模式等表征性符号的标准统一。公民身份是一种开放性的价值体

---

① 转引自冯建军:《公民身份认同与学校公民教育》,人民出版社2014年版,第85页。
② 〔英〕布赖恩·特纳:《公民身份理论概要》,载郭忠华、刘训练编:《公民身份与社会阶级》,江苏人民出版社2007年版,第215页。

系,其发展必须与特定的社会历史文化资源和具体的历史场景相结合,这样才能获得稳定的生长基础和土壤。

按照马克思主义理论,公民身份认同教育本就应当深入历史文化与社会现实,以具体的历史和社会发展现实为依据,构建自身的目标、内容与方法体系。从文化与实践的角度看,公民身份认同教育在西方所面对的是一种建立在个人主义和个体价值至上理念基础上的社会文化环境,着重探讨的是如何在个体和国家之间建构一种基于权利和责任的平衡关系,以达成个体权利的实现与国家共同利益的维护。而对于中国社会而言,公民身份认同教育面对的则是以集体主义为主导的政治文化环境,以社会主义道德观为核心的价值标准,以及长久以来中国传统文化深刻影响下的中国政治文化。上述内容既构成了中国公民身份认同教育的文化基础,同时也是公民身份认同教育在理论、实践层面获取更广范围和更深层次发展所必须完成的文化适应性命题。

(一) 以集体主义为重点的公民身份认同教育

集体主义是当代中国的主导价值观,也是社会主义价值体系的重要组成部分,它构成了国家核心价值观的主要内核,成为人们行为的基本价值取向与行为准则。集体主义在中国作为一种普遍的价值标准,源起于中国近代思想的变革以及马克思主义等思想理论的传播,形成于中国新民主主义革命以及社会主义建设的具体实践中。在其发展过程中,集体主义的具体价值内涵也不断变化:从作为一种未成概念的思想,到成为与个人主义、资本主义相对立,强调无私奉献与自我牺牲的无产阶级道德和党性原则,再到强调集体利益主导下集体、个体利益的统一,集体主义的价值内涵随时代的发展而不断演化,成为以无产阶级为主体的人民整体的精神品格与道德规范,以及社会主义的基本道德原则。在此过程中,集体主义的基本价值、观念及内在结构受社会生产条件、组织形式、制度样态等多方面的影响,在具体内容与表现侧重上呈现出一定的差异。尽管如此,中国语境下的集体主义仍然保持着相对一致的价值结构和基本逻辑。具体而言,集体主义价值结构所解决的基本问题是集体主义原则及其基本价值对个体与集体、国家关系的调节,以及如何解决人民群众之间的利益关系问题与矛盾,保证集体主义的人民性与为民性。①

第一,以人民性与人民群众利益为核心的根本价值。集体主义以强调集体本位理念、集体利益主导为基本特征,主张集体利益高于个人利益。在中国这一具体政治、社会语境中,集体主义原则对集体的强调体现为以人民为主体的基本价值定位。在集体主义价值体系中,全体劳动人民整体作为社会主义革命与建设的主体,掌握着国家与社会权力,人民当家作主构成了社会主义政治的基本形态,人民的主体价值构成了集体主义的精髓所在。"集体主义的价值观是'人民本位'的价值观,这是历史唯物主义的一个根本指导思想。"②集体主义的目的在于实现最广大人民群众的根本利益。全心全意为人民服务,始终把实现好、维护好、发展好最广大人民根本利益作为党和国家一切工作的出发点和落脚点,不仅是立党的根本,也是立国的根本。从这一意义上讲,集体主义原则坚持的是以人民整体为中心的基本价值,其目的在于实现最广大人民群众的利益,建立符合人民要求和发展需求的制度形式与组织形式,实现人的最终解放与发展。

第二,集体价值与个体价值的内在互生结构。集体与个体关系是集体主义调和的关键内容之一,也是集体主义的内在基础。集体—个体关系的不同主张是界分集体主义、个人主义以及其他思想流派的价值标准。科学处理集体与个人的价值和利益关系,是保持集体主义生命力的关键所在,也是集体主义的根本要义。集体主义坚持"集体本位",主张集体高于个体,集体利益优先于个体利益。但这种主张并不以牺牲个人利益为代价,相反真正的集体主义强调对个体价值和个体利益的尊重,以个体的价值为前提。按照马克思主义理论,个体与整体是互为依托、对立统一的关系,个体依存于整体,而整体则以个体为存在前提。因此,集体价值与个人价值之间也构成同样的对立统一关系。个体价值一方面体现为个人的独立、自主人格,是人作为类存在的主要意义,另一方面则体现为个人身为一种社会存在对集体和社会的价值与意义。现代社会的主体建构策略旨在催生具有主体性、

---

① 参见刘波:《当代中国集体主义的价值结构与价值创新》,载《求实》2013年第8期。
② 刘林元:《集体主义是社会主义价值体系的灵魂》,载《江海学刊》2008年第6期。

理性和独立人格的现代个体,强调个体价值的彰显和自由发展。但个体的这种独立和自由并非是超脱于集体的,而是以集体为基础和根基,着力实现个体的个体性与社会性的统一。同样,集体价值则以个体价值的实现为前提,彰显了人的社会性和群体生存方式的价值。"在现代集体主义的框架内,集体是个体价值定位的前提和基础,个体价值与集体价值有机融合的关键点在于,个人是集体中的个人,个人不能脱离集体而存在。"①现代意义上的集体主义,摒弃了传统集体观中集体与个体之间单向性压倒的优势关系,以及对个人主义的简单化理解和绝对否定态度,着力建立集体与个体、集体价值与个体价值的内在统一,实现集体利益与个体利益的调和。"发扬社会主义的集体主义道德,绝不是抹杀劳动者的正当的个人利益和个人价值,相反,它要实现以个人为本位的私有制社会中无法实现的对每个劳动者的个人利益、个人价值、个人尊严的真正关心和重视,始终把每个人的自由发展看成是所有人自由发展的条件。"②集体价值与个体价值之间形成一种内在互生关系,各自价值的增进与发展都以对方为前提,并最终凸显人民的价值,实现人民的利益。③

第三,集体心理、集体观念与集体精神的意识结构。一般而言,价值观导向的不仅是人的认识和行为,还包含人们意识层面相应的内在结构,包括价值心理、价值观念与价值精神等。中国集体主义价值观是具有多层次与多维度的价值观体系。在这一体系中,集体心理是人们对集体价值的意识自觉,也是对集体的价值认知、体验和评价。集体心理表现为人们在集体生活中所形成的情感状态,这种情感状态是维系集体稳定的纽带。而各种具体的价值观念,包括"全心全意为人民服务""无私奉献""人人为我,我为人人"等,则是集体主义价值体系的集体观念。此外,追求人的全面自由发展、实现全人类的解放则作为集体主义价值观的最高表达,也即价值精神部分,统领着集体主义价值观的价值体系。

集体主义包含的上述价值结构,构成了当代中国集体主义价值观的核

---

① 鲁志美、邹佰峰:《集体主义框架下个人价值定位的历史演进》,载《学术交流》2010年第5期。
② 《邓小平文选》第2卷,人民出版社1999年版,第52页。
③ 参见刘波:《当代中国集体主义的价值结构与价值创新》,载《求实》2013年第8期。

心内涵,也是社会主义道德的基本原则和主导精神。长久以来,集体主义主导着人们的观念体系和具体行为,指导人们合理处理个人与社会、个人与国家的相互关系。在这样一种价值基础上,教育要培养人们成为符合国家、社会发展需求的"好公民",就必须在集体导向下引导公民认识其自身所具有的公民身份的价值意涵,以及与社会、国家的关系,将自身置于国家、社会整体之中,考量其主体地位与价值,权利、义务与责任,在国家与社会整体中认知和定位自我,达成个人的公民身份认同。

(二)以社会主义道德观为核心的价值标准

中国的政治文化虽不具有直接的、显性的公民身份传统,也未对公民身份及其认同教育进行体系化、系统性的规定,但其对于社会成员政治、道德等方面的价值规定和要求,已为中国社会主义制度下公民所应具备的基本素质设立了相应的标准,成为培育社会主义合格公民、形塑个体公民身份认同的基础参照。

社会主义道德观包含个体与国家、社会关系定位,个体应具备的基本政治素养和道德素养等多方面内容,体现着社会主义对个体道德与思想品质的基本要求,也是长久以来中国公民教育与培养所秉承的评价标准。《公民道德建设实施纲要》明确规定,要"在全民族牢固树立建设有中国特色社会主义的共同理想和正确的世界观、人生观、价值观,在全社会大力倡导'爱国守法、明礼诚信、团结友善、勤俭自强、敬业奉献'的基本道德规范,努力提高公民道德素质,促进人的全面发展,培养一代又一代有理想、有道德、有文化、有纪律的社会主义公民"[①]。这一规定丰富和拓展了传统社会主义道德观的内容体系,为社会主义合格公民设立了基本的价值标准。社会主义道德主要标准内容体现为:

第一,坚持中国特色社会主义共同理想,形成正确的人生观、价值观和世界观。社会主义道德观强调中国特色社会主义共同理想,将社会主义共同理想作为社会主义道德建设的主要导向,同时将共产主义理想信念作为

---

① 《公民道德建设实施纲要》,http://dangshi.people.com.cn/GB/165617/166495/10003360.html。

人们道德发展的最高目标，强调坚持和信仰马克思主义，将共产主义远大理想作为个人奋斗的终极目标；同时强调要拥护社会主义制度和党的领导，将共产主义远大理想落实到对国家、社会及其制度的热爱和拥护的实际行动中。这一道德标准为公民设置了基本的价值标准，是社会主义道德观的基础和前提。

第二，以为人民服务为核心，倡导大公无私的奉献精神和奉献意识。社会主义道德观将为人民服务作为人们道德评价体系的核心，坚持人民利益为中心，倡导人们树立大公无私的精神，为国家、为社会、为集体、为人民无私奉献。全心全意为人民服务、为人民利益无私奉献原本是中国共产党的根本宗旨，是无产阶级政党区别于其他政党的根本标志。随着社会主义道德建设的发展，为人民服务逐渐从党的宗旨要求拓展成为全社会成员所共同遵守的基本道德标准和基本行为准则，并随社会主义市场经济和改革开放的发展，拥有了新的内容和含义。为人民服务、无私奉献的精神在社会生活中，就是要尊重人、关心人、热爱集体、热爱公益、扶贫帮困，为人民、为社会多做好事，反对和抵制拜金主义、享乐主义、个人主义，对社会负责、对人民负责。

第三，以集体主义为原则，正确处理国家、集体和个人的关系。正如前文所言，集体主义是社会主义价值观的核心内容之一，也是社会成员应坚持和秉承的基本道德与行为准则。集体主义的道德观坚持国家利益、集体利益和个人利益根本上的一致，将集体主义作为调节三者关系的重要原则。倡导人们将集体主义精神深入社会生产和生活的各个层面，成为人们处理国家、集体、个人利益的基本价值导向。集体主义的道德观强调个人利益服从集体利益、局部利益服从整体利益，反对小团体主义、本位主义和损公肥私、损人利己，将个人利益融入国家、集体利益，将个人理想与奋斗融入广大人民的共同理想与奋斗之中。

第四，以爱祖国、爱人民、爱劳动、爱科学、爱社会主义为基本要求。社会主义道德观将"五爱"作为基本的道德标准和要求，每个公民都应当承担的法律义务和道德责任。"五爱"道德标准倡导人们要发扬爱国主义精神，提高民族自尊心、自信心和自豪感，将热爱祖国、报效祖国作为个人的最大光荣,学习科学知识、理论、思想和方法,继承和发扬艰苦创业、艰苦奋斗的优良传统,积极投身中国特色社会主义建设的伟大事业。

与此同时,社会主义道德观还形成以社会公德、职业道德、家庭美德为主体的道德标准体系和基本架构,规定公民在不同领域中所应遵循的道德标准和行为准则。总体而言,社会主义道德观是先进性与广泛性的结合,它将实现共产主义远大理想与社会主义初级阶段建设的近期目标有机结合,既坚持社会主义的原则和方向,又适应属于不同群体和层次的人的思想觉悟与道德水平,最大限度地联结、引导和团结不同民族、阶层的人们,体现社会主义道德观先进性与广泛性结合的基本要求。社会主义道德观是建立在以社会主义公有制为主体的经济基础之上的,反映了社会主义市场经济的主要特征与需求,是在无产阶级自发形成的朴素道德基础上,以马克思主义世界观为指导而发展形成的道德体系。社会主义道德观以为人民服务为核心,以集体主义为原则,以基本道德规范为主要内容,在为社会主义合格公民树立明确道德和政治标准的同时,也为公民身份认同教育设置了明晰的价值标准。

(三) 传统政治文化的传承与影响

传统政治文化是在传统政治体制和政治实践影响下所形成的人们对于政治关系的心理的和精神的反映,是传统国民在社会政治生活中对于政治的感受、认识和道德习俗规范的复杂综合,包括政治心理和政治思想两个层面。[①] 政治文化影响着人们的政治思想、政治意识、政治心理与政治观念的形成,并进而影响人们外在的政治行为。作为一个文明具有极高承续性的国家,中国的传统政治文化绵延千年,深刻影响着中国人的政治意识与心理。从某种意义上说,中国传统政治文化的主体思想与核心理念已溶于国人血脉,成为中国人政治意识与政治心理的"深层结构"。这些思想中具有恒久价值的精华部分对中国当代政治文化的发展发挥着正向的作用,有利于促进和维护中国社会形成稳定、积极的政治心理;而其中根植于封建专制

---

① 参见陈湘芝、宋新夫:《传统政治文化在马克思主义中国化中的效应分析》,载《中共福建省委党校学报》2003年第2期。

主义制度和王权统治的糟粕,也在一定程度上阻碍着中国现代政治文化的深入发展,消解着现代民主、法治等政治理念对人们政治意识的塑造效用。

"比较文化的研究表明,西方政治是典型的法理型政治,中国传统政治是一种伦理型政治,前者以法的形式化统治为写照,后者以'伦理政治化,政治伦理化'为特征。"[1]中国传统政治文化所秉承的"天下为公""天下大同"、施"仁政"、行"德治""德主刑辅""民贵君轻""民为国本"等政治伦理,在一定意义上仍发挥着积极的导向作用,具有恒久的正向价值。

第一,"天下为公"的大同理想。追求公平、平等、"天下为公"的大同理想在中国传统政治哲学中具有悠长而深厚的传统。从春秋时期到清末民初,从老子的小国寡民、孔子的"天下归仁"到近代康有为的"大同世界"、孙中山的"三民主义",都从不同层面或多或少地体现着"天下为公"的大同传统。正如《礼记·礼运》所云:"大道之行也,天下为公。选贤与能,讲信修睦,故人不独亲其亲,不独子其子,使老有所终,壮有所用,幼有所长,矜寡孤独废疾者,皆有所养。男有分,女有归。货恶其弃于地也,不必藏于己;力恶其不出于身也,不必为己。是故谋闭而不兴,盗窃乱贼而不作,故外户而不闭。是谓大同。""天下为公"描述了一幅平等和睦、合理共存的理想社会愿景,表达了中国历代先贤对于理想社会深沉而执着的追求,体现了中国传统政治哲学朴素的公平与平等观。"天下为公"具有两层基本含义:第一层含义表明天下为所有人共有共享,不偏私或偏属于某一部分人,这一含义引申出"天下为公"的第二层含义,即"崇公抑私"的道德观和公私观,号召人们要秉承公心而不唯私利——君主应以天下、社稷和百姓为重而不能只顾私欲,臣民则应以国家为准不能有私利。"天下为公"的大同理想成为中国传统政治文化的核心理念,以及传统社会背景下人们处理群己关系、公私关系、家国关系最基本的道德规范,也约束和规制了政治秩序与人们的政治行为。"天下为公"、追求大同的社会理想,激发和衍生出"先天下之忧而忧,后天下之乐而乐""天下兴亡,匹夫有责"的道德观念,成为古代社会人们舍私利而顾公益、舍小家而顾大家以及传承家国情怀最强有力的思想动力来源。经

---

[1] 任剑涛:《伦理政治研究——从早期儒学视角的理论透视》,中山大学出版社1999年版,第20页。

过几千年来连续不断的灌输和强化,这种以天下为己任的伦理思想已成为一种高尚的道德取向,并且内化为传统的国民精神素养,直至今天仍发挥着积极的精神感召作用。在某种意义上,"天下为公"所倡导的精神和理念,在一定程度上契合了社会主义集体主义关于公共利益优先的价值导向。

第二,德治天下的核心理念。中国传统政治以儒家伦理为基本的指导思想,主张施行仁政、以德治国。儒家以"仁义礼智信"为基本道德范畴的核心,以道德与政治互渗为手段,将道德伦常推崇为政治统治与政治行为的最高准则,从而实行道德的政治化和政治的道德化。孔子是德治的坚决主张者,他推崇西周的礼治思想,以仁释礼,援仁入德,突出德的政治意义,极力主张"为政以德",强调道德教化[1],认为"道之以政,齐之以刑,民免而无耻;道之以德,齐之以礼,有耻且格"[2]。强调德治有超乎为政和刑罚的重要作用。孟子将孔子的德治思想进一步发展为仁政说,并告诫统治者要依靠道德教育争取民众的支持和服从,认为"以德行仁者王……以德服人者,中心悦而诚服也"[3]。两汉时期,德治主张成为历代儒家一以贯之的思想传统,并进一步发展成为政治统治的主导思想。中国传统政治文化对德治的强调,并不局限于政治领域和政治范畴,而是扩展至伦理纲常所及的各个层面,使道德教化力量无限放大,成为民众处理与己、与人、与国之间关系的基本准则。传统政治文化中的德治思想形成"修身、齐家、治国、平天下"的伦理修养体系,并体现为一种由内及外、由己及人的递进式涟漪型的道德教化范式。中国传统政治文化中的这种德治传统,使得道德伦理成为传统社会中人们定位自我、认知和处理群己关系和人己关系的主要标准。

第三,"民惟邦本""民贵君轻"的民本思想。民本思想是中国传统政治文化的重要内容,如何认识和对待"民"的问题也是中国传统政治文化的主题之一。传统的民本思想萌芽于殷周时期"民惟邦本,本固邦宁"以及"民者,君之本也"等古训,后经历代思想家的阐述和解析,逐渐发展成为一种较为系统的政治思想,成为传统社会君主统治主要的价值观。对于民本思想,

---

[1] 参见张学强、滕志妍:《儒家"德主刑辅"政治文化的教育学意蕴及其现代性探析》,载《西北师大学报(社会科学版)》2004年第6期。
[2] 《论语·为政》。
[3] 《孟子·公孙丑上》。

传统政治文化中代表性的阐述如孟子"民为贵,社稷次之,君为轻";荀子"天之生民,非为君也;天之立君,以为民也",他将君民关系提升至立君为民的高度;贾谊"国以民为本,君以民为本,吏以民为本";王夫之"君以民为基""无民而君不立"等。由于历史条件的限制,传统社会所强调的"民本",其实质在于维护"君本",通过强调"民"对于国家兴亡和君主统治的重要性,强调统治者要重视并妥善处理人民与国家的关系,做到重民、贵民、爱民、富民,从而维护和巩固君主统治的稳定。尽管传统的民本思想是一种与君本位、官本位相对立的思想,但它与当代以最广大人民群众利益为根本、以尊重人民主体地位为核心的民本思想之间,无论在目的、思想本源还是人民的定位等问题上都存在着本质的差异。虽然如此,传统的民本思想对人民力量的重视、对民意与民生问题的强调等,在某种意义上还是与现代以民为本思想之间存在一定的相通性,体现了丰富的治理谋略和政治智慧,也在一定意义上揭示了深刻的执政规律。

中国传统政治文化中具有恒久价值的内容,对当代中国政治文化发展具有积极的正向效用,是当代政治文化的思想来源,同时也构成中国公民身份认同教育发展的文化语境。但是,传统政治文化毕竟是建立于封建君主专制的社会基础之上,其为公、为民、为德等的文化和思想根源都以君主专制统治为核心。因此,它在当代中国社会的作用发挥需要结合社会发展进行思想内涵的现代改铸,为传统文化注入现代内涵,同时摒弃其中与时代发展不相符合的部分,才能为中国公民身份认同教育发展提供可持续的文化传统与思想资源。

四、公民身份认同教育及其目标构建的维度、内涵与导向

尽管公民身份理论及其教育起源于西方,但随着现代性的全球扩张,公民身份理念、制度与教育早已超越纯粹西方的理论与实践论域,为世界绝大多数国家和文明所接受。因此,公民身份本身也应当超越西方文化传统的局限,成为一种更具包容性和整合性的理论范畴,获得更为宽广的视野,从而适应不同国家的历史与文化传统,形成更具本国特色的理论体系与实践

指引。同理,公民身份认同教育也应当具备更有张力的理论相容特性,与不同文化相通、与不同制度相容,从而形成符合不同国家文化特色的教育理论与实践。这也是当代公民身份认同教育发展的一种基本定位。从总体来看,传统视域中的公民身份认同教育,曾在西方共和主义与自由主义两种理论导向下,呈现出不同甚至于相互对立的教育侧重与特征。但随着现代性对人与社会的改造,以及现代政治重心的不断演变,公民身份各要素之间的内在矛盾正逐步走向消融。一种更具包容性、整体性的多元化公民身份正在逐步形成。与此相适应,公民身份认同教育在不同的政治制度和文化传统之下,也应凸显出公民身份的现实发展方位,体现出公民身份建基于不同社会制度和文化传统上的内容和要求。但总体而言,在现代性的导向作用下,公民身份认同教育无论基于何种社会现实与文化传统,都应当回应现代性对主体的基本诉求,体现出人作为主体本身的现代化特征和要求,在认同的价值、向度和内容上实现公民身份自身的整合功能,以个体、社会、国家等公民身份认同基本层级的价值整合为基础,形成公民身份认同在法律、政治和道德等不同向度,以及个体权利和社会责任等内容上的有机统一,从而培养和塑造一种完整意义上的公民身份认同。

(一) 公民身份个体、社会、国家价值理念的整合

公民身份是联结个体、国家的特殊纽带,跨越私人领域与公共领域两种空间,因而天然地具有个体性和公共性两种特性。其个体性在于,公民身份首先是公民个体所具有的政治社会身份,体现为公民个体化的权利义务行为。公民身份不仅是公民个体在政治关系中主体地位的体现,其最终实现也必须落实到个体的行为选择与价值取向上。公民身份的公共性则体现为公民超越私人化的生活领域,参与到国家政治及社会公共事务中,承担起追求共同善和利益的公共职责。公共性是公民身份的核心意义,公民身份最初产生的基础就在于对城邦公共事务的参与及共同生活责任的承担。因此,公民身份不能局限于私人领域,其价值必须在国家与社会的公共场景中才能得以实现。

从两种特性本身的属性来看,个体性是公民身份的基础,无论公民身份

如何演化,其最终的承担者都是公民个体,且是具备主体性的个体。而公共性的内涵则与个体所处的共同体环境相关,随共同体的演化而变化。从古希腊到现代社会,公民所处的公共生活环境从城邦到民族国家,公民身份外延的基础也从城邦共同体转为现代民族国家。德里克·希特曾据此将公民身份划分为"个体—州—国家—欧盟—世界"等不同层级;中国学者郭忠华则在此基础上对公民身份提出亚国家(包括城市公民身份、联邦单位公民身份)、国家(民族国家公民身份)和超国家(地区公民身份和世界公民身份)的层级划分。学者冯建军对上述两种划分方法进行考察,认为上述划分主要围绕的是政体的公共生活,缺少社会层面的政治生活,且其中关于州、联盟、城市公民身份等的界定与中国社会实际并不十分相符。冯建军进而提出个体、社会、国家和世界公民身份这四个层级,从而建构了一个相辅相成、有机统一的多元公民身份。

对于公民身份内涵与外延的上述理解,本书认为,由于公民身份主要是规制个体与国家间的相互关系,因而其生成基础和行为场域仍以国家为主。因此,本书在讨论公民身份问题时,仍以国家为其概念外延的主要界限。在这一前提下,个体、国家作为公民身份的两极构成其纵向维度的两个基本边界,即个体公民身份和国家公民身份。在个体与国家公民身份之间则是以社会公共生活为依托的社会公民身份。由此,个体公民身份、社会公民身份和国家公民身份共同构成了现代公民身份的基本层级。其中,个体公民身份即公民身份在个体维度的具体体现,强调了公民身份的个体意义,是公民权利与义务实体化的基础;社会公民身份主要指公民作为社会成员在社会公共事务与共同生活中的参与,是公民身份在社会中观层次的公共性体现;国家公民身份则强调个体的国民身份,突出个体对国家共同体的归属,是个体忠诚于国家的基础。

公民身份的个体、社会与国家三种层级相辅相成,有机统一地构成了公民身份纵向维度的总体架构,并为公民身份认同及其教育提供了基本的体系参照。现代公民身份认同教育着力于教育和引导个体对其公民身份三重意义与价值的内化与肯认。

在个体公民身份认同层面,首先,个体公民身份认同教育应着重进行个体独立人格与主体人格的培养,培养个体具有独立的思维能力与独立的权责能力,以及自我选择、自我判断和自我约束的能力,使个体能够在自主判断的基础上进行行为选择,并为自己的选择承担相应的责任和后果。个体公民身份认同教育应是一种主体教育,既以公民个体的主体性培养为目标,也以个体的主体地位为教育过程的主导和参照,尊重个体主体性。其次,个体公民身份认同教育还应是一种权利教育,教育公民知晓并认可自身所拥有的权利,在具有权利意识的同时也能自觉承担相应的责任。最后,个体公民身份认同教育还应是一种共生式教育,在培养公民成为认同自我主体地位的同时尊重他人的主体地位,成为尊重多样、承认平等的主体人格。

社会公民身份认同教育则注重对公民身份社会属性的教育,强调公民对于社会公共生活的参与意识和责任意识,摆脱个人的一己之私,着眼于社会公共利益、共同目标和公共生活。首先,社会公民身份认同教育要培养公民具有公共精神,认同社会的共同价值观和集体自我意识,具备社会公德。其次,要引导公民积极参与社会公共生活,在公共参与及合作过程中建立相互友爱、相互信任的互动关系,增强个体对社会共同体的归属认同,并树立个体的社会责任意识,以消弭现代社会个体意识过度强化所带来的公共性的弱化,以及人们相互之间的冷漠,重塑社会公共生活与共同价值。

国家公民身份认同则侧重培养公民对国家的归属感,以及对国家历史文化、政治制度等的认同。首先,国家公民身份认同教育应进行爱国主义教育,爱国主义是公民国家认同最核心的体现,也是个体对国家的热爱及其所表现出来的思想意识、价值观念和行为。爱国主义不只是一种情感表达,其中还包含基于爱国热情的忠诚、责任、义务以及对国家主权和利益的捍卫。其次,国家公民身份认同教育还包含政治认同的教育,也即对政府、政治制度、政治信仰等的认同教育。政治认同是人们在社会政治生活中产生的一种情感和意识上的归属感,只有在情感上接受并归属于一种政治,人们才有可能真正支持这种政治并以其要求自觉约束个人行为。政治认同是国家公民身份认同教育的核心,也是国家公民身份认同达成的必备要件。对一国国家公民身份的认同,不仅是认可自己身为该国公民的身份,同时也意味着承认和认可该国相应的政治制度。政治认同教育不仅是传授政治知识,更重要的是培养公民的政治情感。最后，公民身份认同教育还包括对民族及文化的认同教育，国家公民身份认同所指向的民族认同，区别于传统意义上的族群认同，它是一种超越族群而上升到国家民族的集体意向的身份认同。现代民族国家具有双重性，一方面，它是建立在民族地域、经济与文化基础上的民族共同体；另一方面，民族国家"不再只是单纯的血缘团体的地域性集合，而是预设了现代公民理念的政治共同体"①，以共同价值观和民主制度为特征要件。因此，民族国家及其文化既包含本民族自然生发的文化和情感部分，也包含理性建构的公民文化与制度成分。现代国家公民身份认同教育所指向的民族认同，就不能局限于狭隘的族群，而是要实现理性和制度、文化和心理双重结构的文化认同和情感归属。

公民身份认同的个体、社会、国家三个层面，构成了现代公民身份认同的基本层级，也是现代公民身份认同教育的基本结构。现代公民身份认同教育在某种意义上超越了传统教育对个体、共同体二元对立的立场认知，将个体、社会与国家相互统一起来，形成体系化的公民身份认同结构。同时，现代公民身份认同教育也传承了古典时期关于"世界主义"的理论内涵，在全球化的背景下不断拓展公民身份的世界价值，探索"世界公民身份"的塑造和培养，使公民身份的边界不断向外延伸。但无论其外延如何演化，公民身份的基础始终以民族国家为核心。因此，建基于国家范畴的个体—社会—国家公民身份认同，始终是认识和理解公民身份的基础，也是公民身份认同教育的关键所在。

（二）公民身份政治、法律与道德属性的统一

公民身份是制度化了的个体与共同体的政治关系，经由宪法与法律予以规制，并蕴含对公民个体在政治、社会等不同层面的伦理要求。因此，公民身份具有政治、法律与道德三重基本属性。

波考克曾在其《古典时期以降的公民理想》一文中，对公民从政治到法律的意涵演化进行了全面分析。他认为，在古典时期，亚里士多德基于人是

---

① 〔英〕德里克·希特：《公民身份——世界史、政治学与教育学中的公民理想》，郭台辉、余慧元译，吉林出版集团有限责任公司 2010 年版，第 269 页。

政治动物的假设,将公民界定为一种政治的、道德的身份设定。亚里士多德认为,人是生活于城邦的政治动物,只有投身于城邦的政治生活,参加议事和审判活动,才能真正实现人的潜能和德性。在亚里士多德看来,人类个体是一个认知的、主动的、道德的、社会的、思想的、政治的存在,而公民是共同体中同时处于统治与被统治状态的人。亚里士多德对人与公民的这一基本界定,明确了人的政治属性,也框定了公民身份最初的属性范畴。对于亚里士多德及其他许多理论家而言,政治本身就是一种善,公民在城邦中参与统治就是善的体现。因此,公民的品性和言行必须符合城邦对于善的规定和要求,也即必须具有相应的美德。在古典公民理想中,美德是公民身份的必要因素,缺少美德的支持,公民身份将难以实现。换言之,古典政治理想中的公民身份是一种政治与道德的集合,这一内涵界定在很长时间内都影响着人们对公民身份的认知和理解。而罗马法学家盖尤斯关于"人、行为和事物"的世界划分法,则为公民概念的新注解提供了法理基础,公民由此从作为政治的存在进入到作为法律的存在。[①] 公民身份也得以具备法律的属性,成为一种法律地位,拥有对某些事物(可能是所有物、可能是豁免权、可能是期望)的权利。个体成为公民的要件由政治的参与转化为对法律地位的占有,"一个'公民'开始成为某个根据法律自由行动、自由提问和预期可获得法律保护的人"[②],公民地位则表示"在有共享的或共同的法律的共同体中的成员身份"[③]。公民身份成为一种法律地位意味着,通过事物的媒介,公民个人所采取的以及其他人对他所采取的行动是有关法律的行动,如授权、占有、转让或诉讼、检举、辩护。公民身份由政治至法律的属性转变,同时也使得其道德内涵相应改变。公民身份的道德意涵从政治伦理体系中对共同体和共同善的绝对奉献,以及对公共参与的责任义务,转化为对共享的法律的遵守以及他人权利的尊重。公民身份无论从概念还是属性上,都完成了一种内涵上的转化。

尽管公民身份自古典时期以来经历了由政治向法律的属性演化,但并

---

① 参见〔英〕波考克:《古典时期以降的公民理想》,吴冠军译,载许纪霖主编:《共和、社群与公民》,江苏人民出版社2004年版,第37页。
② 同上书,第38页。
③ 同上书,第39页。

不意味着现今的公民身份只具有法律而不具备政治或道德属性。相反,政治、法律与道德以一种相辅相成、有机结合的关系模式统一于现代公民身份的价值体系之中,形成了一种立体化的价值结构,规定并体现公民身份的价值内涵。其中,公民身份的政治属性仍是其极为重要的内涵,规定着个体与共同体之间的相互关系,以及个体在政治关系中的地位与价值作用。在政治语境中,公民身份作为个体参与政治的体现,主要解决两个基础问题:一是公民个体何以成为政治共同体的成员,二是如何依据这种成员身份参与政治与社会资源的配置。上述两个问题涉及公民身份的构成与实践要件,是个体与共同体之间政治关系的逻辑基础。在现代民主法治社会中,政治所要解决的这两大问题皆由法律予以规制,后者是贯穿公民身份整体的主线。具体而言,个体获取公民身份的条件、程序皆由法律所规定,其主体地位以及与其他个体、社会组织、国家等之间的关系,也皆由法律所规制;个体依据法律行使权利、履行义务,并以此参与政治和社会资源的配置过程。法律既是公民身份的制度保障也是其运行规则。而在道德层面,公民身份则一方面体现为对现代政治中理性、独立、平等、法治等公共价值的追求,另一方面则仍传承了传统的忠诚、节制、参与以及与他者之间的友爱和合作等德性要求。

  公民身份的三重属性为个体的公民身份认同设立了基本的内涵向度,建构起政治公民身份、法律公民身份与道德公民身份的认同目标。教育所要达成的也正是建构在这样一种立体化价值结构基础上的身份认同:个体通过政治公民身份认同的达成,肯认自身作为政治主体的地位与价值,自主参与并影响政治过程,同时也意味着个体对所属国家和共同体产生政治认同;法律公民身份认同则是个体能够对自身法律主体角色及相应的权利义务进行内化,认可法律及自身的法律地位,遵照法律行事并独立承担行为后果;而道德公民身份认同则是个体要自觉承担自身所具有的道德责任,具备社会公德,形成现代公民所预设的公共理性与公共精神,尊崇并维护社会共同的价值观念和社会共识。

(三) 公民身份个体权利与社会责任的平衡

  正如前文所言,权利与义务是公民身份所蕴含的一组关键的核心要义,也是公民身份得以实现的根本所在。其中,权利作为公民身份的本质,于公民身份而言的重要性自不必多言;权利公民已是公民身份最为主要的现实表征。而作为公民身份另一重要组成部分,公民义务以及公民责任对于公民身份而言也具有同样重要的意义。公民的义务包含对国家、社会以及其他个体所应尽的责任,如忠诚于国家、献身于公共事务、尊重他人权利等。这些义务是公民享有权利的保障,也是共同体及社会得以维系的基础。但与臣民义务不同的是,公民身份义务具有突出的公共性,是基于国家、社会整体的一种公共属性的责任,建立在开放性的政治权力结构基础之上,与公民的权利地位相匹配且整体平衡统一。对于公民身份而言,权利公民与责任公民同等重要,两者共同构成公民身份完整的外在表征。因此,个体所要达成的公民身份认同,从内容上说包含着权利公民身份与责任公民身份的双重认同。

在权利维度上,首先,公民身份认同要实现的是个体对于自身权利的正确认知和理解,以及建立在法律基础上的个人权利的行使和运用。换言之,也即个体对其作为"权利公民"的主体身份肯认。其次,权利公民还意味着对普遍平等以及建立在这一观念基础上的他人权利的尊重,也即权利的"主体间性"。最后,权利公民身份的认同还包含以权利的相互对等作用为主旨的"契约精神"的塑造与培养。关于权利认同的具体内容,马歇尔等理论家从公民身份的权利谱系角度给予了丰富内涵。马歇尔将公民身份视为由民事(civil)的要素、政治(political)的要素和社会(social)的要素所组成。这些要素分别对应"公民权利""政治权利""社会权利",为公民身份建构了一个基本的权利框架,从人的生存、政治及社会生活三方面对公民身份进行了权利的界分。迈克尔·曼在此基础上分别将公民权利、社会权利分解为个人权利和集体权利、意识形态的和经济的两种亚类型,并将后者具体化为教育的权利、允许文化参与的权利、获得某种职位的权利以及直接经济生存的权利。本迪克斯将公民权利称作"合法的存在状态",将政治权利称为"合法的行动权利",认为前者意味着一个人拥有权利,处于被动状态,后者则意味着一个人拥有创造权利的超权利,是一个主动的过程。① 丹尼斯·汤普森也认

---

① 参见刁瑷辉:《当代公民身份理论研究》,复旦大学出版社2014年版,第18页。

为公民身份包含被动的生存权利以及现有的和未来的能影响政治的主动权利。雅诺斯基则在对公民权利、义务的研究进行整体上的考察后,将本迪克斯的公民权利进一步扩充为法律权利、政治权利、社会权利和参与权利四类。

在责任维度上,个体所要实现的是其对自身所应负担的社会责任的内化,对自身作为责任主体的认知和理解,包括对国家的责任义务、对社会以及他人的责任等不同层次。公民所具有的社会责任指公民在参与公共领域生活时所具有的责任。这种责任以社会公共利益和公共事务为导向,是个体社会价值的体现。关于公民责任,尽管近代以来关于公民身份的权利话语占据主导,但有关公民身份的责任问题仍始终存在于公民身份的话语体系中。不论是古典时期还是当代社会,热爱国家、遵守法律、缴纳税收、服兵役、参加选举及其他公共事务仍然是公民应当履行的义务内容。对于公民的义务与责任,雅诺斯基在结合其权利划分类型基础上,将公民义务划分为民事义务、政治义务、社会义务与参与义务四种类型。这些义务又可进一步归纳为:支持性义务,如纳税以及从事公益性工作;关怀性义务,如尊重他人、关怀儿童及老人、和睦家庭等;服务性义务,主要体现在志愿性服务上;保护性义务,包括服兵役、协助维持治安等。尽管上述区分在内容上有所重叠,但也基本上涵盖了公民在国家、社会、个体等不同层面所涉及的责任范围,为理解公民义务及责任提供了可参照的内容体系。

权利公民与责任公民构成公民身份的主要方面,也是公民身份认同的主要内容。个体对其公民身份肯认的核心就在于正确认知、理解和行使自身所具有的权利,同时积极承担相应的义务和责任,实现权利与责任的统一。在西方传统的公民身份理论视野中,两者之间在自由主义与共和主义各自的主导下,呈现出一种虚假的二元对立关系。但在现代政治语境与公民身份话语中,权利与责任则应当是作为一种相互统一与彼此平衡的关系范畴而共生。按照马克思主义权利义务观,权利与义务之间本就是对立统一的一组关系范畴,因而现代社会背景下的公民个体,所要实现的就是这样一种权利主体与责任主体并存的公民身份认同,而促成这种平衡统一的身份认同,也是当下公民身份教育最为核心的主线。

五、公民身份认同教育目标的实践路径与实践主体

公民身份是一种社会赋予的身份,但又不仅仅是一种身份,它代表着一种行为方式和一种生活方式。公民身份认同的达成依赖于教育所进行的知识传输,但更大程度上则与个体对生活实践的切身体悟有关。因此,公民身份认同教育不仅是一种国家主导的实践活动,也是一种个体主体作用发挥的过程;不仅涵盖学校内部系统化的知识教育,更包含着公共生活领域内个体的身份实践。因此,现代公民身份认同教育目标的实现,不但需要政府、社会组织与个人多重主体的作用结合,也需要具体教育过程中教师与学生在交往实践基础上的有效互动。公民身份认同教育目标的实践路径则应当建立在知识与实践教育两种途径、学校与社会两种场域的共通与合作的基础之上。

(一)知识与实践途径的教育协同

公民身份认同教育是以公民个体对自身公民身份的全方位肯认为目标的教育实践活动。与普遍意义上的教育活动一样,公民身份认同教育的结构是教与学双向过程的统一,其形态是教育与自我教育的统一。但无论哪个层面,都离不开公民身份知识的教授和学习。"由于知识是人类活动的结果,它把握并代表了现实,因而是构成教育活动得以进行的内在基础,凡是置身教育的人,都从事知识的获得与传递活动。"[①]因此,公民身份的知识教育是公民身份认同教育的基础部分,也是公民个体认知和了解自身公民角色,以及如何扮演好公民角色的前提。公民身份认同的知识教育主要针对公民个体对其身份理性认知的形成。因此,知识教育部分主要包括公民身份常识性知识和实践技能性知识,前者指公民身份价值理念、公民身份所赖以形成的国家政治制度及组织形式、公民身份的权利义务,后者则主要指围绕公民身份实践所应具备的技能等。

由于公民身份不仅意味着个体在政治过程中的一种权利义务地位,还

---

① 李朝东、王金元:《教育启蒙与公民人格建构》,中国社会科学出版社2009年版,第66页。

意味着个体在民主政治中的行为选择,因此公民身份认同不能仅停留于理性认知,还应当转化为个体的行为实践,在实践中体验和印证自我的公民身份。按照认同理论的分析理路,人对自我的认知是在社会互动过程中,通过角色扮演及与他人的交往活动逐步建立的,对所具有角色的感知和内化也是在社会互动的实践过程中形成的。因此,对于公民身份认同而言,实践具有更为关键的作用。正如亚里士多德对德性和技艺的分析一样,要先运用它们而后才能获得它们。"比如,我们通过造房子而成为建筑师,通过弹奏竖琴而成为竖琴手。同样,我们通过做公正的事成为公正的人,通过节制成为节制的人,通过做事勇敢成为勇敢的人。这一点也为城邦的经验所见证。立法者通过塑造公民的习惯而使他们变好。"①同理,公民也是在"做公民"的实践中学习如何成为公民。因此,教育不能仅限于知识的传输,而应当在知识教育的基础上,引导个体公民身份实践,并为个体身份实践创造条件,以帮助公民个体在更深层次和更广领域中肯认自我的公民身份,实现以公民身份为核心的自我认同。

因此,从公民身份认同教育的角度,应当建立起一种知识教育和实践教育共同作用的教育模式,实现知识教育与实践教育的双向互动。

首先,知识教育要以公民身份实践为导向。知识说到底是对实践经验的总结和反映,其最终目的在于实践应用和实践指导,因而任何一种知识教育都应当以作用和服务于实践为基本的导向。因此,有必要建立起以实践为导向的公民身份知识教育体系。建立该体系,一是要按照公民身份实践的要求选择公民身份教育的知识内容,明确个体在公民身份实践中可能涉及的领域,有针对性地设计公民身份知识教育内容,如美国《公民学与政府国家标准》就是以问题形式,按照公民个体身份实践内容明确了公民身份知识的不同板块,包括政治制度、民主价值观、政府权力责任及其运行规则、公民个体的角色及其作用方式等,内容设计具有较强的实践针对性和适用性,体现了知识与实践的良好结合。二是按照公民身份实践和个体发展规律构建公民身份知识体系,根据公民个体的身心生长规律及其不同阶段需要和能够体现出的公民身份实践内容特征,以个体公民生活为中心逐步拓展,形

---

① [古希腊]亚里士多德:《尼各马可伦理学》,廖申白译,商务印书馆2003年版,第36页。

成由简至难、由近至远、循序渐进的知识体系。中国目前中小学所开设的品德与生活、品德与社会课程，在内容设置上从儿童对自身生活领域逐步到社会领域，从其对自我的认知到社会认知，已体现出公民身份知识的这种规律性和层次性设置。

其次，实践教育要以印证和补充公民身份知识为目标。公民身份实践教育的功能主要在于帮助个体印证习得的公民身份知识和理论，通过实践中知识和理论的实际应用，进一步深化公民个体对知识的认识和理解，并将身份知识转化为身份实践能力。因此，公民身份实践教育的设计，与知识教育之间要具有对应性和联系性，要围绕知识教育的内容和具体教育目标，设计实践教育的形式和环节，并有一定的知识反馈机制。美国服务学习即采用了这种"知识—实践—知识"的教育模式，整个实践教育过程设计包括准备、合作、服务、课程统合、反思五个基本环节，通过学生自主或经由指导发现社区存在的问题并制定解决计划，与社区建立伙伴合作关系共同解决社区问题，在问题解决过程中运用课堂所学知识，以及对所开展的社区服务进行反思、讨论和撰写学习报告。这样一套完整的实践教育程序有效打通了知识学习与实践教育之间的有机联系，使得知识指导实践与实践反哺知识形成统一整体，为学生习得公民身份技能和公民身份能力提升创造积极条件。

知识教育与实践教育的这种双向互动和协同开展，能够有效避免知识教育的僵化和表面化，以及实践的随意性和目的模糊性，消弭知识与实践之间的隔阂，从而为个体达成公民身份认同提供更为全面的教育路径。

（二）学校与社会场域的优势互补

学校是公民身份认同教育的传统场域，但"争取一种真正开放的和批判性的教育的努力，必须远远不只是着眼于学校阶段的政治教育"[①]。事实上，在公民身份认同的教育问题上，社会场域也具有同样举足轻重的作用。两种教育场域都在不同方面发挥着各自的功能和优势。其中，学校教育承担

---

① ［英］德里克·希特：《公民身份——世界史、政治学与教育学中的公民理想》，郭台辉、余慧元译，吉林出版集团有限责任公司2010年版，第319—320页。

着系统开展公民身份认同教育的基本任务,是公民身份认同教育最基本的渠道。而社会教育是学校教育的拓展和延伸。这里的社会教育是一种广义上的概念,即与学校教育并行的影响个人身心发展的社会教育活动,当然也涵盖了狭义上社会文化教育机构对人们开展的文化和生活知识的教育活动。

学校教育的主要功能和优势体现为:第一,可以进行系统性、计划性的公民身份知识传授。学校教育通过开设课程,进行专门的体系化的公民身份知识教育,围绕个体公民生长规律设置针对性的教育内容,通过显性或隐性的教育活动,使公民个体能够逐步具备公民身份所要求的价值理念、知识、技能以及品性,并对其进行有指导的身份实践活动。第二,可以进行普遍性和集中性的公民身份认同教育。学校教育是一种有组织的教育活动,且具有较高的普遍性和集中性特征。由于现代社会教育的大众化和普及化,特别是作为一种法定义务的九年制义务教育的实施,中国绝大多数公民都能够接受最基本的教育和培养,这也就为公民身份认同教育的普遍开展创造了基本条件。在这种普遍的学校教育过程中,个体不论何种出身、地位、阶层、民族、信仰,都要接受统一的公民身份知识和实践教育,不同背景的公民个体因而都具有相对一致的公民身份认同基础,这有利于公民身份成为一种普遍的身份认知。第三,可以进行先期的公共生活训练。学校本身具有"准公共生活"的价值和功能,能够为公民个体提供进入社会前的公共生活训练。学生在学校内与他人交往、互动以及参与学校公共问题讨论和公共事务的解决过程中,可以预先演练如何作为公民参与公共事务,体验公民身份所包含的合作、沟通、宽容、理性等品质,训练公民身份技能和能力。

相对于学校教育而言,由于社会教育相对分散,其所面对的对象也具有一定的不确定性,因而社会教育在教育的组织性和集中性方面不如学校教育。但与此同时,社会场域的教育也具有学校教育所不可替代的功能和优势。首先,社会场域具有真正意义上的公共生活空间,是个体真正实践公民身份的主要社会场景。社会为公民个体提供了以公民身份参与公共事务的空间与平台,在这种公共参与过程中,公民个体通过与他人的讨论、磋商、交往,形成公共意见或开展公共行动,影响和左右公共事务的运行和公共问题的解决;并在切身参与和体验中进一步认识和理解公共事务的运行过程,学习如何消除分歧、形成共同规则和共识,锤炼公共精神和公民品质;并通过影响国家政治权力或公共事务运行获得政治效能感,从而深刻理解和认识公民身份的意义与价值。与学校"准公民生活"相比,社会场域的公共生活具有更为深刻的意义和更为广阔的空间。其次,社会场域的教育具有全方位和立体化的特征。现代社会是一个开放和流动的空间,尤其是大众媒体、互联网所带来的传播方式的改变,彻底重置了社会原有的时空结构,形成了一种全景式的信息生活样态。这种信息化的社会形态为公民身份教育提供了更多可能。一是公民身份知识得以超越学校教育在时间与空间上的限制,建立全天候和全领域的传播;二是有关公共事务和公共问题的参与空间得以延展,公民个体的公共参与和产生影响的成本降低,公民身份实践的可能性得到进一步拓展。

作为公民身份认同教育的两种基本场域,学校与社会之间应当形成一种互补和互通的关系格局,围绕公民的培养建立起协同性的教育合作关系。学校教育主要进行集中性和基础性的公民培养,传授公民身份知识,不断革新教育模式与教育方法,为公民个体认知和扮演公民角色提供更为有效的先期训练;社会教育则着力提供更多公民身份学习和实践的空间,政府需要为公民个体参与公共决策与公共事务运行构建更为多元和有效的制度化参与渠道,各类民间组织与社团需要发挥中间社群的公共教育功能,大众媒体与网络则需要提供更为广泛、深入的宣传引导,这样才能构建更为清朗和规范的公共空间,共同营造健康的公民文化氛围,形成公民培养的和谐环境,在更深和更广层次上提升个体的公民身份效能感,达致公民身份认同。

(三) 政府、社会组织与个人的主体作用结合

教育本身就是一个复杂的社会系统。而公民的培养作为关系国家、社会现代化的主体建构工程,其复杂和系统化程度显然更高,也具有更高的要求。它既包含知识的传输,也包含实践的训练;既有学校内部的系统化教育,也有社会场域中公共生活的真实训练。总体而言,公民身份认同涉及国

家、社会、个体三个层次,因而公民身份认同教育也同样涉及三类主体的作用发挥与相互结合。

在国家层面,政府作为国家政治和权力的代表,承担着教育资源统筹配置的公共职能,是教育特别是公民身份教育的主导者。首先,政府作为公民身份认同教育的主体之一,其主导性发挥取决于自身的职能属性。现代政治制度下,政府的职能主要体现在公共治理与公共服务上,举办公共事业、为大众提供公共服务是政府的主要职责。教育作为一种社会公共和公益事业,理应由政府主导,由政府进行教育资源的合理配置和教育规划的总体设计。其次,政府主导公民身份认同教育,还取决于公民身份本身的特性。公民身份是一种个体身份的国家制度设计,其建构过程本身就是国家意志的体现,凝结着国家、社会对个体的价值期待。因此,公民身份在制度上是一种国家建构行为,围绕公民身份所进行的教育活动也应体现政府主导,保证教育主旨的统一性。这也是公民身份认同教育社会整合功能实现的基础保障。具体而言,政府在公民身份认同教育中的主体作用主要体现为:(1)统筹规划与协调,制定公民身份认同教育发展规划,并将其纳入经济和社会发展的总体规划,以此确定公民身份认同教育在国家、社会发展中的地位,并保证其教育主旨与国家、社会发展相一致;(2)建立和完善政策法规,通过国家法律法规的建立和完善为公民身份认同教育提供良好的法律环境,同时通过制定教育政策和标准,明确教育的目标、内容和主导方式等;(3)办好公办学校,通过学校的系统化教育,推进公民身份认同教育;(4)建立健全投入和保障机制,为公民身份认同教育提供足够的资源保障;(5)建立和完善督导制度,做好教育课程、内容和效果的评估等。①

在社会层面,各类社会团体和社会组织是实践公民身份认同教育的重要主体,对开展公民身份认同教育、引导人们实践公民身份具有不可替代的作用。社会组织包含各种各样自愿组成的社团、公益组织等非政府组织和非营利部门。区别于代表国家权力的政府,社会组织具有平衡国家权力和市场影响力的功能,对于社会的健康发展具有重要的作用。社会组织对于公民的参与能力和公共理性培育能够起到一定的积极作用。首先,人们根

---

① 参见余兴龙:《试论政府对公民教育的主导作用》,载《理论学刊》2006年第7期。

据不同的目的自由结成社团或民间组织,在自主自愿基础上,达成一定的共识,形成相应的规则,这一过程本身就是公民身份民主、平等和自由理念的实践体现。其次,人们通过结社和参与结社可以锻炼自身的参与能力,经由社团表达自身利益诉求的行为本身也是行使自己合法公民权利的过程,是公民身份实现的主要表现之一。最后,不同社会组织常会出于各自利益、价值和观点而进行集会讨论,这种讨论如果涉及公共事务,其观点和主张就必须进入公共领域成为一种公共理性博弈的对象。而一旦进入公共领域,想要获得公众的一致承认,就必须给予足以使公众信服的理由,并通过公共讨论和协商达成。这样才能超越狭隘的特殊的利益限制,形成社会整体或局部的利益共识。这种过程对于公民个体而言就是一种最有效的实践教育过程。社会组织所具有的这些教育功能,使得其在公民身份认同教育中具有不可替代的作用。政府主导的教育多以自上而下的灌输为主,而社会组织的教育则是一种切实的身份实践体验。正如前文所言,社会领域为人们提供的是一种真实的公共生活场景,社会组织便是这种生活场景中最主要的教育主体,其本身社会功能的发挥、对教育有意识的参与,都将对人们体悟和实践公民身份、达成公民身份认同大有裨益。

尽管政府和社会组织在公民身份认同教育中具有不可替代的作用,但公民身份认同归根结底是一种个体的自我意识的建构,是个体主体性的体现。因此,对于公民身份认同教育而言,个体是其不可或缺的主体构成。在公民身份认同教育过程中,个体主体作用的发挥更具有关键性。对于公民个体而言,首先,公民在公民身份认同教育中的主体地位体现在其与教育内容之间的主客体关系上。公民个体的身份认同达成是其占有、理解、内化公民身份知识的过程,也是其依照公民身份理念与角色期待改造自身观念世界的过程。按照马克思主义理路,这种过程是人的主观能动性体现的过程,也是人作为活动的主体认识和改造客体的能动过程。而公民个体的这种能动行为是公民身份认同达成的关键环节,也是教育目标实现的决定因素。其次,个体作为公民身份认同教育的主体地位,还体现在其与公民身份认同教育实践本身的主客体关系上。现代教育主张受教育者和教育者之间平等的主体地位,二者共同组织建构教育过程。从这一意义上讲,公民个体既是教育的对象也是教育实践的组织者。公民个体作为主体参与到教育的组织过程，与施教者通过平等交流、共同协商教育实践的开展，体现的是其对教育过程的主动作用。

政府、社会组织、个体共同构成了社会场景中公民身份认同教育的主体结构。其中政府是主导，社会组织是关键补充，而个体则是基础，三者相辅相成、不可偏废。现代公民身份认同教育主导价值在于形成国家、社会、个人的价值整合，体现个体的主体性与社会性统一。这一目标的实现依赖于不同主体之间的密切配合与相互协调。

(四) 教师与学生主体的交往实践互动

政府、社会组织、个体三重主体作用的结合，体现的是对教育的宏观体系的整体考察。而从具体的教育环节着眼，学校教育作为主要的系统化的公民身份认同教育，其过程中的主体构成和主体关系，是公民身份认同教育具体实践考察的关键所在。按照埃里克森对人的认同的阶段性分析，人的成长过程中第一次真正意义上对"同一性"的思考与建构是在青少年时期。这一时期，人在经历了童年及其以前的自我概念发展之后，第一次有意识地思考"我是谁"这一问题，并开始对自身工作、价值观以及意识形态予以谨慎的选择和决定。这一时期也是人的自我意识真正形成的关键期。而从皮亚杰的认知理论视角上看，青少年时期也是人开始认知上的形式运算阶段，也即能够符合逻辑地解决抽象问题，形成更为科学的思维模式，关注社会问题以及自己身份的成长时期。因此，无论从认同的建构视角还是人的思维认知视角，青少年时期都是教育的重要阶段，是个体身份认同、价值观形成的关键时期。公民身份认同是关于人的自我意识和自我意象建构的问题，从这一意义上讲，关于公民身份认同的教育最集中也是最具影响力的阶段就是青少年时期的教育培养。按照人的生长阶段划分，这段时期大致可对应为中学至大学阶段，因而可以说，对个体的公民身份认同教育也应当集中于这一时期开展。这也是本书所主要关注的教育对象和教育阶段。

在这一时期的教育过程中，教师与学生共同构成教育的主体结构。关于二者的关系，教育学理论有不少论述。现代教育理论普遍认为，教师与学生之间的关系应当突破传统的"单一主体"模式,走向主体与主体的关系建构。教师与学生之间不再是生产实践中控制和被控制、改造和被改造的"主体—客体"关系,而是一种交往实践中人与人之间平等的主体间交流和对话关系。[①] 换言之,教师与学生之间是一种建立在交往实践基础之上的"主体间性"关系。从马克思主义理论视角看,交往实践是人的实践活动中不同于生产实践的、独立的社会实践活动,它是在以人的世界为对象的社会领域中,人的社会实践活动的主要形式。交往实践强调的是人与人之间的交往互动,是人对人的作用,也是一种"主体—主体"关系。交往实践观在教育理论中的运用,最主要的意义在于改变了过往将学生作为纯粹客体的教育观念,肯定了学生的主体地位,并在教师与学生之间形成"主体—客体—主体"的交往实践模式。其中,教师和学生均为教育实践活动的主体,而教育内容等为客体,教师与学生围绕教育内容,通过平等的对话和交流形成交往互动关系。

教师与学生之间以交往实践为基础的主体间关系,对于公民身份认同教育而言具有重要意义。公民身份认同教育本质上是一种主体性教育,是要通过教育引导,实现个体以其公民身份为主导的自我认同和自我建构。这一过程本身就是主体性实现的过程。因此,公民身份认同教育特别强调受教育者在教育过程中的主体地位和主体作用。教师与学生"主体间性"关系的建立,是建构学校场域中公民身份认同教育主体结构的基础。二者之间交往实践的主体间关系,在公民身份认同教育实践活动中主要体现为:(1) 教师与学生都为教育实践活动的组织者;(2) 教师与学生之间的交往互动是合作式的、平等的和民主的;(3) 学校的"准公共生活"特性为教师和学生的交往实践提供实践平台。教师与学生之间的这种交往实践,对于公民身份认同教育目标实践具有积极作用。第一,学生成为教育实践活动的主体,能够主动参与到教育实践活动的组织过程中,而非仅仅作为受教育对象被动接受知识和观念的灌输。学生成为教育实践活动的主体,也能在一定程度上激发和增强学生的责任感,体现其教育权利主体和责任主体的双重地位,在增进学生对教育本身认同的同时实现公民身份及其理念的认同。

---

① 参见张天宝:《走向交往实践的主体性教育》,教育科学出版社2005年版,第46页。

第二,教师与学生之间不再是自上而下的控制和被控制、管理和被管理关系,而是合作、平等、民主的交流互动,这种关系本身就是公民身份价值理念的体现和具体实践,有助于学生在交往实践中体悟公民身份的价值内涵。第三,学校教育在交往实践主导下,可以建构公共生活空间,使得学生能够参与学校公共治理,亲身实践公民身份,并在参与学校公共生活过程中习得公民身份意识和能力,从而推进公民身份认同的达成。

第三章

中国公民身份认同教育目标的
历史发展与现状

  国也者,积民而成。国之有民,犹身之有四肢、五脏、筋脉、血轮也。未有四肢已断,五脏已瘵,筋脉已伤,血轮已涸,而身犹能存者;则亦未有其民愚陋、怯弱、涣散、混浊而国尤能立者。欲其国之安富尊荣,则新民之道不可不讲。①

——梁启超

  我们从孩童时候开始就在心理存有一种美德教育,这种训练对成为一位完满的公民产生一种强烈的渴望,公民知道如何按照正义的要求去统治和被统治。我们认为我们应该把这种训练与其他训练区分开来看,并且只有它才能配得上"教育"的称号。②

——柏拉图

  历史是一切社会科学的基础。研究任何一个社会问题,最可靠和最科学的方法,就是从历史上对它的全部过程加以考察。中国公民身份认同教育发端于清末民初,肇始于西方国家的军事侵袭及与之相伴的文化冲击,并与中国的现代化进程相生相伴,其历史演化过程在某种意义上就是中国现

---

① 梁启超著,宋志明选注:《新民说》,辽宁人民出版社1994年版,第1—2页。
② 转引自[英]德里克·希特:《公民身份——世界史、政治学与教育学中的公民理想》,郭台辉、余慧元译,吉林出版集团有限责任公司2010年版,第1页。

代化的演进过程。作为一个有方向的社会变迁过程,现代化的本质在于从一个人身依附、个性束缚的传统社会,走向一个个体独立、个性自由的现代社会,而其中最为关键的因素即是人的现代化问题。在现代民主法治的论域中,塑造具有完整、独立人格的现代公民是人的现代化命题的集中体现。而这一目标也正是中国的公民身份认同教育在长期发展中所要解决的重大历史任务。从清末"新民""国民"身份意识的启蒙,到当下中国"四有"公民的培养,中国公民身份认同教育历经了萌芽、快速发展、低迷沉寂与意识复兴等不同发展阶段,其教育目标也呈现出不同的具体样态。尽管不同历史时期,公民身份认同教育的核心目标及其教育内容不尽相同,但其历史演进过程却呈现出一种相对一致和稳固的演化规律与特征,映射出中国近代以来社会变革的整体趋势,以及特定历史方位下社会发展的价值取向和现实追求。

一、近代中国的历史境遇与公民身份认同教育问题的凸显

"现代中国的命运是一个漫长而充满颠簸的'现代化'的进程。"[①]这一漫长且颠簸的过程构成现代公民身份认同教育的基础背景,也是公民身份认同教育源起并发展的直接动因。在近代中国内忧外患的背景下,打破传统臣民教化的窠臼,发展以公民身份认同为核心的现代教育,成为当时中国社会突出的现实问题。但在此之前,本书有必要对中国传统的身份认同教育进行回顾,以厘清其机理及其对中国社会发展的深远影响。

(一) 中国传统臣民身份认同教育及其影响

中国传统的身份认同教育以臣民身份认同为核心,以培养服从于君主的臣民、顺民为目标。这一教育体系为封建社会维持皇权权威以及君主与臣民之间建立牢固的人身依附关系,为实现维系皇权专制与政治控制目的提供了有力保障。中国传统臣民身份认同教育绵延千年,对中国社会文化及心理结构发展具有深远的影响。

---

① 〔美〕费正清:《伟大的中国革命(1800—1985)》,刘尊棋译,世界知识出版社 2000 年版,第 80 页。

中国传统的臣民身份认同教育的目标,其核心在于建构人们对其臣民身份以及子民、草民等同类身份的自我认同。这种认同以忠孝仁义等道德规范为内核,以宗法礼制等外在的制度规约,构成了臣民身份完整的伦理标准和行为规则,进而也构成了以臣民伦理为核心的中国传统社会身份认同教育目标。围绕臣民身份,中国传统社会身份认同教育特征首先反映在以"忠""孝"为核心的道德教化上。陈独秀曾指出:"忠、孝者,宗法社会封建时代之道德,半开化东洋民族一贯之精神也。"[1]忠孝观念体系在中国传统思想教化中具有根本性地位,忠与孝相辅相成,构成传统道德的根本系统。其中,孝道为道德系统的基础,是其他道德伦理规范的根本所在。"百善孝为先","夫孝,德之本也,教之所由生也"[2]。孝是中国传统文化中人的原初德性和道德的起点。不仅如此,孝道还由家庭伦理范畴扩展至社会政治伦理,上升为君臣之间的"忠",并与"礼""义"等共同构成中国传统的社会、政治伦理体系,规范和约束人们的社会行为。在儒家传统中,忠和孝事实上是相互贯通的伦理规则。孝是忠的德性基础,而忠则是孝的范畴转化。在传统伦理观念中,有孝德的人在处理个人与国家、社稷关系时,会通过道德角色转换完成"移孝行忠",将家庭范畴中的孝意识转换为忠诚观念。因此,"忠"实际上是个人在社会生活中表现出的对国家社稷的一种"大孝"表现。忠和孝在道德上相互贯通,共同形成中国传统的身份意识教化的基础内容。这些内容的教化融入整个教育体系中,贯穿人们从幼年至成人的整个生长过程,成为人们根深蒂固的思想意识,形塑并强化人们的臣民身份认同。

忠孝伦理的这种互通建立在中国传统社会"家国同构"的政治理念基础上。家国高度一体化的伦理政治是中国传统社会政治的根本特征。在这种以伦理秩序为本体所构建的政治管理结构中,以血缘关系为基础的"家"与以政治关系为核心的"国"之间高度重合,家即是国的缩影,国则为家的放大,国君乃是本国拥有最高权威的家长,而臣民皆为这一大家庭的成员,是天子的子民。统治阶级以这种家国一体理念为基础,依托分封制、世袭制等

---

[1] 转引自柳俊杰:《"家国一体"与中国古代伦理政治分析》,载《内蒙古社会科学(汉文版)》2006年第6期。
[2] 《孝经·开宗明义》。

政治制度,将血缘关系与政治关系紧密联结,使血缘关系全面渗透入政治生活领域,把政治关系网络转变为以宗族、家族式管理为核心的血缘关系网络,形成"家天下"的政治统治模式。这一政治模式一方面将私人生活领域"公共化",使得原本属于私人领域的家庭生活,与理应为公共领域的政治生活合二为一,为臣民身份认同构建了一种全方位和全天候的教化空间;另一方面,则使个人在家庭中因血缘关系而具有的父子等"私有"身份,与政治关系中的君臣等"公共"身份高度重合,使得个体臣民身份与血缘一样,成为人们终生无法更改和抹杀的身份烙印,也使这种身份认同融入人们的血液,化为人们思想和意识的组成部分。

与此同时,封建统治阶级还以一整套严密的宗法礼制作为臣民身份教化的制度基础,使忠孝等教育内容固定为臣民思想的教化系统。统治阶级建立了以君臣、父子、夫妻等为核心的人伦关系、社会等级体系,以及以仁、义、礼、智、信为基础的道德标准和规范体系,即所谓的三纲五常。三纲五常是封建礼制的核心内容,也是其基本制度,规定了人们在政治、社会、家庭中的主从、高低和尊卑身份定位。在这些等级序列中,君臣、父子、夫妻等身份建制之间,都有明确的伦理责任和道义要求,如父慈、子孝、兄良、弟悌、夫义、妇听、长惠、幼顺、君仁、臣忠等。处于相应等级的人必须严格遵守与其身份相适应的道德与行为规范,下级则必须服从于上级,即所谓的君为臣纲、父为子纲、夫为妻纲。这种严格的身份等级规范不仅体现在道德与行为的具体规范中,还"通过繁复的礼法和固定的样式,定名分、成制度,规定人们在社会生活各个领域所必须恪守的准则"①,对人们的日常生活包括服制、仪式、车旅、建筑等在内都进行了严格的等级性制度规定。这就使得臣民身份的教化充分渗透于日常生活,与衣食住行、言行举止相融合,成为人们生活不可分割的组成部分。

中国传统臣民身份的教育通过上述忠孝一体、三纲五常及宗法礼制等政治伦理与政治制度,从思想教化与制度约束两方面形塑了个体以臣民身份为中心的自我建构,并在相当长时期内,有效维护了封建宗法体制下的社会等级结构,稳固了封建王权的安全运行。臣民身份认同教育形塑了中国

---

① 李冰:《当代中国政治社会化中的公民认同研究》,中国社会科学出版社 2013 年版,第 72 页。

封建专制社会下人的政治心理结构,使封建传统政治文化能够不断传承并持续强化,形成中国独特的政治文化符号,其所包含的忠孝观、家国观以及礼仪观教育,有利于形成稳定和谐的社会秩序,教育人们形成优良品性和德行。正如前文所言,中国传统政治文化中有相当一部分内容具有恒久价值,对人的德性塑造和社会整体凝聚具有正向和积极作用。但其作用发挥的前提是将教育理念的价值内核建立在尊重和承认个体独立性,形成个体与国家、社会和谐关系的基础上,而非以传统王权政治制度下抹杀个体、强化个体对皇权的依附性和附属性的政治关系为基础。因此,作为特定政治文化的产物,中国传统臣民身份教育对中国社会个人心理结构也具有极大的负面影响,具体体现为:

第一,个体性的消弭。中国传统的小农经济生产方式以及相对封闭的地理环境、生活方式,孵化和孕育了高度的集体意识,以及融合天命、道在内的"大一统"的观念。这种"大一统"的观念逐渐演化成为哲学层面的"总体性/整体性"思维。这种思维反映在社会现实领域即是君主、国家、社会、族群、家庭以及政治、经济、意识形态的综合;该思维进一步扩展则是人与自然的有机统一。无论在哪种层面中,人的存在都只是一种"类属"而非个体,个人的生存意义只存在于与之相关的整体之中而不在于其个体本身。臣民身份认同教育进一步强化了人的这种被整体化的存在特性,它以系统的道德规则以及严格的制度规范将个体固定于家国结构及其身份等级体系之中,通过不断教化人对于国家、社会、宗族的归顺及认同,使个体让位于整体,也使"每一个个体都成为某一个'伟大'目标的构成因素,为一个宿命的洪流所激荡、所裹挟"①,人的个体性则在这种整体性文化中不断隐退甚至消弭。

第二,公共性的缺失。公共性建立在公私领域严格区分、个体主体性确立的基础之上。然而正如上文所言,中国传统社会"家国同构"的政治伦理,虽然也孕育出"天下为公"的道德品质和精神追求,但由于其本质仍是以维护封建皇权统治为目的的,因此中国封建皇权制度下的"家国同构"并不能真正孕育出现代意义上的公共性与公共精神。某种意义上,传统封建社会体制

---

① 李宪堂:《先秦儒家的专制主义精神——对话新儒家》,中国人民大学出版社2003年版,第35页。

下的"家国同构"使得私人领域与公共生活领域高度重叠,原本应当私人化的家庭生活通过王权与父权在意识形态上的联姻被无限放大至整个政治领域。家庭生活政治化和政治生活血缘化相互结合,形成以君王王权(某种意义上也为政治领域的"父权")为中心的"家政治",君主私人化的生活领域吞并了大众的"公共"生活,使得整个社会上下都处于一种被无限扩展了的"私人"空间之中。处于这种社会结构中的人,其本身也因与君主及政治之间的隶属关系而具有了某种私有性。所谓"溥天之下,莫非王土;率土之滨,莫非王臣",政治领域的公私不分、个体身份属性的私有化以及主体性的缺失,直接消除了中国传统社会个体公共性及公共精神产生的可能。而作为传统社会主要的身份教化途径,臣民身份认同教育则进一步强化了个体身份的私有属性,通过塑造个体之于国家、社稷及君主的臣民、子民身份认同,教化人们遵从并内化封建宗法礼制及其伦理规则,由此建构对自我及自我身份的认知。在这种背景下,传统社会中人们公共性的缺失便成为一种必然。

第三,关系伦理的强势作用。中国传统臣民身份认同教育具有较强的人伦关系取向,这一点突出反映在其对君臣、父子、夫妻、兄弟、朋友等人伦关系及相应伦理规则的教化上。在这一教育体系中,个体身份被建构为不同关系中对应的角色,并被赋予相应的责任和义务,被要求遵从相应的道德和行为准则。个体对自我的身份认同及其社会认同均建立在这种人伦关系体系中,并以相互关系作为自我认知和自我建构的基础。历史学家孙隆基对此有过精彩论述,他表示,在中国文化中,"'人'是只有在社会关系中才能体现的——他是所有社会角色的总和,如果将这种社会关系都抽空了,'人'就被蒸发掉了"[①]。这种关系取向的伦理观念,扩展至政治领域即是血缘化政治和"家政治"的体现。关系伦理教育带来的直接影响是人们以"关系"为核心的思维和行为模式的形成,其表现是人们以关系作为主要的标准来认识、理解、判断社会事务及采取相应社会行为。在某种意义上,中国人国民性中所存在的依赖人情、亲情及裙带关系,缺乏法治意识甚至蔑视法制,依靠血缘亲疏关系而非正常法制程序获取社会资源等特征,都是这种关系伦理强势作用的体现。

---

① 孙隆基:《中国文化的深层结构》,广西师范大学出版社2011年版,第26页。

（二）中国近代社会变迁及身份认同教育的重构需求

传统社会的臣民身份教育以培育臣民身份认同为核心，在相当长一段时间内充当了封建政治传统维系与意识形态教化工具的角色，为封建王权统治提供了思想意识和心理结构上的支持和保障。这种教化模式深刻影响了中国身份认同教育，成为中国传统社会身份教化的主要形式。但随着社会历史的变迁，特别是鸦片战争以后，中国社会急剧动荡，传统臣民身份认同教育的社会和文化基础也发生了改变，人与社会的共同现代化成了时代主题，同时这种变迁也对身份认同教育提出了转型与重构的客观要求。

鸦片战争之前的中国社会长期处于封建专制统治中，自给自足式的个体小农经济和家庭手工业构成了封建社会的经济基础，整个中国社会处于以农村为主体、城乡一体化的传统生活空间结构之中。人们的生活空间相对固定，个体的身份依托于固化的社会生活结构，始终以臣民身份依附于专制王权，呈现出一种凝固的状态。但鸦片战争后，西方的坚船利炮以及随之而来的政治、文化与思想的冲击，使得旧有的经济、政治、社会及文化结构都面临前所未有的挑战。中国社会随之发生一系列社会变革。这些变革使中国面临史无前例的民族危机，迎来"三千年未有之大变局"，同时也彻底改变了中国社会原有的发展轨迹，使得由传统向现代的转型成为中国在相当长一段时间内所要面对的时代主题。

在这种社会背景下，中国人传统臣民身份赖以存在的社会基础从根本上被撼动，个体身份的建构在制度与思想层面都发生重大变化，这些变化主要体现为：

第一，个体身份依存的社会宏观建制发生改变。政治上，鸦片战争的失败以及一系列丧权辱国条约的签订，使得中国主权不断被蚕食，中华民族面临生死存亡的巨大危机；而战争失败、主权丧失也使清政府威信扫地，皇权的神圣性遭到质疑，维持传统君主专制的封建纲常伦理、宗法关系也受到严峻挑战。传统封建政治制度的合法性开始动摇，封建王权对社会的整体控制逐步松动，个体与统治阶级之间以"臣民"身份为载体的依附性关系趋于瓦解。而与此同时，中国现代意义上的民族国家开始形成，这成为个体身份的转型的基础。经济上,鸦片战争后清政府被迫割地赔款、开放通商口岸、增加对外商品贸易,西方国家商品和资本得以大量涌入,这使得中国传统自给自足的自然经济被破坏,以小农经济和家庭手工业为主体的经济制度逐步走向瓦解。与此同时,新的产业变革逐步显现,原来单一型的农业经济形式,开始转变为农业、工业、商业等经济形式并举。自然经济解体与产业结构的变化,改变了个体作为臣民所具有的依赖性生存方式,工业、商业等经济形式的飞速发展则进一步打破了农业经济时代个体之间的依赖关系,使个体独立身份和地位的建构逐渐获得经济基础条件。社会结构上,经济基础与产业结构的变化,为新社会阶级的出现提供了可能。原来从事农业和家庭手工业的人员因自然经济的瓦解,开始向工业、商业等产业转移,打破了传统社会以士、农、工、商为标志的等级划分,使社会逐步呈现新的社会阶级样态。在资本主义经济的催化下,中国工人阶级及民族资产阶级逐渐生成。

第二,与身份意识相关的思想认识不断更新。鸦片战争促使中国人的世界观发生变化,改变了以往自居为世界中心以及"天朝上国"的自我幻想,开始"开眼看世界",认识到中国只是世界众多国家中的一员,在中国之外还有很多国家,且拥有远远先进于中国的军事和科学技术。思想认识上的这种变化,使得很多先进知识分子的世界观由"天下"走向国家,逐渐形成现代民族国家意识。与此同时,先进知识分子为寻求挽救危亡的社会政治方案,引入了大量西方国家政治文化与思想,这使得现代民主、法治、自由、平等等观念得以传播,并在相当大的范围内为人们所接受。而戊戌变法以及一系列立宪运动的发生,更加快了这些观念传播,加深了其对人的思想意识的深层影响。在这种观念改变的作用下,中国人的主体意识和自我意识逐渐觉醒,并开始重新审视自我与社会、自我与国家之间的相互关系。尽管此时封建社会传统的宗法礼制与思想观念的影响仍普遍存在,但思想层面中的上述变化,已在相当程度上推进了人的自我身份意识的转化。

社会及思想层面的这些变化改变了中国人传统臣民身份存在的基础,这就使得个体身份的转型成为一种必然趋势。而与此同时,上述变化也为中国人个体身份的转型提供了必要条件。中国先进知识分子在追寻治国济世的良方、推进中国社会现代化发展过程中,也逐渐意识到人的发展问题的关键性,并提出应当培养中国人成为现代公民的命题。这也就在实际上引出了中国人个体身份由臣民向现代公民转化,以及与教育有关的相应重构议题。事实上,作为一种有方向的社会变迁过程,现代化在人的发展问题上所指向的是一种具有独立、自主人格及理性思维的现代人的形象。这种现代人在政治民主、法治与市场经济这些现代性符号所构成的社会框架中,是也只能是具有主体意识、法治意识、公共意识的现代公民。这些公民被赋予参与社会公共事务的权利并承担公共责任,不被传统政治和文化所束缚,能够自主、独立行使自身的合法权利,热心于国家、社会公共利益,并能够批判而理性地认识政治与社会事务,在保有自身权利的同时尊重他人的权利。而中国几千年来的臣民身份教育注重培养的是缺乏个体性、独立性和公共性,以关系伦理而非法治伦理为主要思维方式的传统臣民,这些习惯于依附和屈从权威、缺乏权利意识与能力、醉心于私人事务的臣民,难以承担起中国现代化转型的宏大任务,无法彻底改变中国近代以来的衰败局面。同时,以维护封建统治秩序、维持王权权威为导向,以封建宗法礼制、三纲五常为基础和内容的传统臣民身份教育,在事实上也已不适应在新的时代背景下对人的教育和培养。因此,重构中国的身份认同教育,建立以培养现代公民及公民身份意识为主导的教育模式,便自然而然地成为新形势下教育发展的时代主题。

二、历史镜像中的中国公民身份认同教育及其目标演变

19世纪中后期,中国的历史境遇使得中国臣民身份认同向公民身份认同教育的转型成为一个历史性课题。但中国公民身份认同教育的确立和发展过程并非一帆风顺,而是经历了多重曲折与反复探索。这一过程既有对中国传统教育观与人才观的反思,也有对近代历史境遇下中国发展路径的思索。总体而言,中国的公民身份认同教育从清末民初萌芽起,经中华民国时期的尝试和探索,到中华人民共和国成立后的政治化发展以及改革开放后的意识复兴,期间经历了不同历史时期和社会条件下的探索和尝试,并在

不同阶段发展期间,因其所处历史阶段和社会环境的差异,体现出不同的具体形态,反映了相应阶段政治与社会现实的特定需求及制度设计。

(一) 中华人民共和国成立前"国民""公民"身份认同教育的更新与转型

中华人民共和国成立前的中国公民身份认同教育经历了清末时期的萌芽、民国初期的制度化尝试、中期的飞速发展以及后期"党化教育"影响。在这一时期,公民身份观念在中国的影响逐步扩大,相应的教育制度初步形成。

1. 清末"国民"身份认同的教育启蒙

清代末期,中国传统文化心理结构中以皇权和华夏文明优越地位为中心的"天下"格局,在民族危机的作用下日趋瓦解,取而代之的是现代地缘政治意义上的国家概念和相应的国家意识。与此同时,现代意义上的国民观念也开始涌现。中国一批先进知识分子在西方政治思想的影响下,开始批判反思中国传统的"国""民"观念及国家与个体关系,倡导培养具有新时代特质的国民,并提出了相应的教育理念。其中尤以严复、梁启超的思想最具代表性。

严复通过翻译《天演论》等著作将"物竞天择,适者生存"等西方思想理念引入中国,并借以对中国时局进行分析。他认为,几千年封建君主专制统治使人民处于"奴虏"一般的社会地位,造成中国"民力已苶,民智已卑,民德已薄"的状态,而一个国家强弱存亡取决于其民力强弱、民智高下和民德好坏。"盖生民之大要三,而强弱存亡莫不视此:一曰血气体力之强,二曰聪明智虑之强,三曰德行仁义之强。"[①]严复由此提出"鼓民力""开民智""新民德"的"三育救国论",主张通过发展体育提高人们的身体素质,废除八股取士制度,引进西方现代自然科学和社会科学,以西方民主、自由、平等启发国人务实、自主、自利的权利意识。梁启超则明确指出,国与国的竞争实质上是民与民的竞争,强国的关键在于培养具有新道德、新思想、新精神的新型国民。

---

① 严复:《原强》,https://wenku.baidu.com/view/26a5a78e6e1aff00bed5b9f3f90f76c660374c5d.html。

这种新型国民不是传统意义上"国事非民所能过问"的被动取向的臣民,而是能"治一国之事,定一国之法,谋一国之利,捍一国之患"的国家主人,是以"自由""自治""进步""自尊""合群"为思想基础,具有"爱国心""社会公德""权利思想""义务思想"及"政治能力"的权利主体,他们有责任和义务关心国家前途,推动国家进步。① 梁启超系统地提出"新民说",对中国现代意义上的国民概念进行了相对完整的诠释,塑造出现代政治发展取向下国民的基本形象,为当时中国社会国民观念和意识的形成进行了理论建构。

除严复、梁启超外,当时的其他知识分子也都对国家及国民思想进行了阐述并通过创办报纸、开办学堂、创办学会等方式,介绍、宣扬这种新国民思想,以达到祛除封建愚昧、唤醒国民意识的目的,培养国人对现代国民的身份认知和认同。除了民间推行的各类教育活动以外,清政府迫于社会形势和舆论压力,也在形式上推出了一系列教育变革措施。1902年至1904年年初,清政府建立"壬寅学制"和"癸卯学制",开设修身科,进行以孝为首的封建纲常伦理观念、个人修养与国家社会观念的培养,在传统经学教育内容外还增加了具有现代色彩的政治知识与国民知识的教育;1906年,清政府还拟定"尊君、尊孔、尚公、尚武、尚实"五项教育宗旨,在其内容中也体现了对国民公共心、国家观念、身体素质和生活技能等方面进行培养的要求。这些措施在一定程度上体现了时代特征与进步特征,但其实际仍是为维护封建王权的稳定统治。

综观清末的中国公民身份认同教育,这一时期公民身份认同教育的最主要的发展就在于打破了臣民身份教育的旧有框架,建立了公民身份认同教育的初步架构。但此时,中国社会对教育的关注焦点还主要集中于国民身份的构建,公民身份无论在制度上还是思想上尚未成为中国人个体身份的主要构成,在教育内容上也以道德为主,对公民身份相关知识及实践教育涉及较少。尽管如此,清末时期臣民向国民教育的转化仍然具有划时代的意义。此外,思想界对"国民"概念的具体阐释,在实际上已经包含权利、参政、公共性等公民身份所具有的特质,这说明中国的知识界在这一时期是将

---

① 参见叶瑞昕:《从臣民到国民:晚清救亡危局中的国民道德谱系建构》,载《高校理论战线》2010年第9期。

国民与公民作为同等或近似概念予以理解,这也在客观上为公民身份及其认同教育的下一步发展奠定了思想基础。

2. 民国初期"国民"身份的进一步发展及教育的制度化尝试

辛亥革命胜利后,中国国民身份在制度上和思想上都得到进一步发展。1912年颁布的《中华民国临时约法》规定:"中华民国主权在民,全体国民一律平等,依法享有选举、参政、居住、言论、出版、集会、信教等权利。"[1]这是在中国历史上第一次以法律形式明确规定了国民的权利,使得国民身份得以经法律正式确立。同时,该法也为国民身份教育奠定了制度基础。

民国初期的国民教育深受蔡元培教育思想的影响。1912年,时任教育总长的蔡元培在其《对于教育方针之意见》中首次明确提出"五育并举"的教育思想,主张实行军国民教育、实利教育、公民道德教育、世界观教育和审美教育,以培养国民具有健全人格,养成共和精神。蔡元培认为,"五育"当中,尤以"公民道德教育为中坚",并不止一次强调,"五育以公民道德为中坚,盖世界观及美育皆所以完成道德,而军国民教育及实利主义教育,则必以道德为根本"[2]。这说明在蔡元培的观念中,公民道德教育是世界观和美育的最终目的,而军国民教育和实利主义教育则以公民道德为核心。对于公民道德的具体内涵,蔡元培明确表明就是法国大革命所确立的自由、平等、博爱思想。蔡元培的教育思想具有鲜明的民主共和精神,对民国初期教育改革产生了深刻影响。

在教育实践上,南京临时政府于1912年颁布《普通教育暂行办法》《普通教育暂行课程标准》等教育法令,废除"忠君""尊孔"等旧的教育宗旨,提出"注重道德教育,以实利主义、军国民教育辅之,更以美感教育完成其道德"的新教育宗旨,强调通过德、智、体、美等方面教育养成共和国国民的健全人格,培养既有资产阶级思想又有近代科学技术知识的人。同时还通过一系列具体教育法令、规程,对国民身份的具体开展做了详细规定。例如,

---

[1] 檀传宝等:《公民教育引论——国际经验、历史变迁与中国公民教育的选择》,人民出版社2011年版,第130页。

[2] 高平叔编:《蔡元培全集》第2卷,中华书局1984年版,第263页。

《中学校令》规定:"中学校以完足普通教育、造成健全国民为宗旨"①;《中学校令施行规则》及课程标准还对具体课程进行了设定。中国公民身份认同教育完成了初步的制度化尝试。

3. 20世纪20年代"国民"身份向"公民"身份的教育转化

清末民初的"国民"身份教育是中国公民教育的开端,但正如前文所述,此时的教育重点集中于"国民"身份观念及素质的培养,主要通过修身科这一德目课程进行公民道德的教育培养。随着教育的发展,突出公民教育的呼声也越来越强。有学者曾撰文称:"共和立宪之国民,果当以如何方法以养成乎? 则余敢直截解答曰:'非实施公民教育不可'……舍公民教育,决无有当者也。"②在这种呼声下,民国政府于1916年公布《国民学校令实施细则》,规定修身科内兼授"公民须知",进行政治组织、立法行政等主要知识的教育,公民身份相关的教育内容由此进入课堂,实现从无到有的转变。1922年,壬戌学制公布,将小学原有修身科改为公民科,初中修身科改为社会科,进行公民身份有关的知识教育。公民科由此被确定为一门独立课程,这同时也标志着中国公民身份教育真正成为学校教育系统化教学体系中的组成部分,公民身份认同教育由此正式发展。

这一时期的公民身份认同教育主要围绕与公民相关的知识教育开展,包括社会生活及组织、宪政原则、中华民国之组织、经济生活、社会问题、国际关系及道德问题等,力图培养学生了解自我与社会的关系,启发改良社会思想,养成现代生活方式与习惯,成为健全公民。相较于以公民道德教育为中心的初期发展阶段而言,这一时期的公民身份教育内容则更为广泛,在培养目标上也明确了公民的培养指向。除学校教育外,社会范围内也广泛兴起公民教育运动的热潮。20世纪20年代,中国不少地方省市自发开展社会性的公民教育活动,如江苏省教育会组织公民讲习会,通过制定"公民信条"在自治能力、互助精神、遵守公共义务等方面明确好公民的标准。部分地方

---

① 檀传宝等:《公民教育引论——国际经验、历史变迁与中国公民教育的选择》,人民出版社2011年版,第126页。
② 台湾师范大学学术研究委员会主编:《明日的公民教育——教育的回顾与展望》,幼狮文化事业公司1983年版,第34页。

还定期组织公民集中学习与参与教育体验活动。以晏阳初、梁漱溟等为代表的教育家还自发推行"平民教育",在乡村平民群体中传授公民身份相关的知识,普及公民常识,培养一般平民的自治能力与法治精神等。上述内容都使得公民身份教育思想得以在实践中落实并飞速发展。

4. 国民党的"党化教育"

党化教育是国民党为推广其政治理念,以三民主义教化民众而推行的一种教育手段。1927年,广州国民政府提出:"一切教育措施皆依三民主义之精神,对于各级教育尽量灌输以党义,称之为'党化教育'。"[1]1927年,蒋介石成立南京国民政府后,开始在全国范围内强力推行这种党化教育。党化教育以三民主义、建国方略、建国大纲及国民党历次大会宣言和决议案为依据,并将其作为教育内容的重要组成部分。作为配套措施,国民政府还颁布了一系列教育法规法令,明确规定党化教育的内容及要求。《各级学校增加党义课程暂行条例》及《大学规程》规定:"各级学校除在各课程内融会党义精神外,须一律按本条例之规定增加党义课程。"[2]同时国民政府还对党义课的讲授内容及课时进行了详细规定,并声明党义课程"一应以阐扬孙中山先生全部遗教及本党政纲政策及重要宣言为主要任务。二应以理论事实,证明三民主义为完成国民革命、促进世界大同之唯一的革命原理。三应依据三民主义,比较批判其他社会主义学说"[3]。这些法令条例为党化教育提供了制度保证,使得党义成为各阶段学校教育的固定内容。

党化教育在很大程度上破坏了刚起步的中国公民身份教育。但值得注意的是,党化教育推行期间,国民党除在1930年至1933年期间短暂停止公民课程外,并未完全取消公民身份教育。在后期的教育课程设置中,党化教育与道德、政治、法律、经济及社会伦理等共同构成公民课程内容,将党化教育与公民身份教育融合起来成为公民身份教育的重要内容。这一时期,由于抗日战争的爆发,国民党在公民身份教育中加重了军事训练与公民责任

---

[1] 卢毅:《事与愿违的党化教育——以1949年以前的国民党为例》,载《福建论坛(人文社会科学版)》2014年第5期。
[2] 同上。
[3] 同上。

意识教育,并恢复中国传统"旧道德"培育,强调爱国心、团结心以及服从精神的培养,特别强调对国民党的服从和对党义的遵从。公民身份所蕴含的自由、平等、权利等精神教育则被忽略,这也在一定程度上弱化了公民身份所应具有的意义。

(二) 中华人民共和国成立初期"无产阶级革命事业接班人"的培育

中华人民共和国成立初期,中国的公民身份认同教育理念与核心发生重大变化。这一时期的中国公民身份认同教育延续了此前以革命斗争为主的教育伦理,体现出极强的政治属性和政治价值导向;个体身份认同教育的目标也建构为极具政治意涵的培养"无产阶级革命事业接班人",着力通过政治与思想教育主导的模式,培养个体对"接班人"身份的自我认同。

从狭义角度讲,这一时期的身份认同教育并不能完全算作现代意义上的公民身份教育,而是一种革命伦理取向的教育;人的身份认同也不能算作一般意义上的公民身份认同,而是一种建基于阶级区分与政党伦理的"特属"身份认同。之所以仍然将这一时期的教育纳入中国公民身份认同的整体发展历程进行考察,除了出于对教育发展研究的整体性考虑之外,还因为从广义角度来看,中华人民共和国成立后的学校中确实存在公民身份观念和公民教育理念,只不过这种公民身份观念和教育理念被转化为"人民"(无产阶级战线革命者)的理念,而公民身份认同教育也成为一种具有浓厚革命伦理色彩的教育。[1] 之所以肯定公民身份教育的存在,一是因为1954年《中华人民共和国宪法》明确规定:"中华人民共和国公民有受教育的权利。"这说明《中华人民共和国宪法》作为国家根本大法,已肯定了公民身份观念和以公民为教育对象、目标的教育理念的存续。二是苏联教育家苏霍姆林斯基、马卡连柯等所创建的以集体主义为核心的苏联公民教育模式,在这一时期成为中国教育的模仿对象,这一教育模式经过本土性转化,成为"人民"导向的身份认同教育。[2]

---

[1] 参见李艳霞:《公民资格视域下当代中国公民教育的历史与逻辑》,载《浙江社会科学》2010年第10期。

[2] 参见叶飞:《公民身份认同与公民教育理念的嬗变》,载《高等教育研究》2011年第3期。

正如前文所说,中华人民共和国成立初期,教育中存在的革命伦理取向使得这一时期的身份认同教育,无论在目标设定还是在教育过程上都具有鲜明的政治导向特征,"政治挂帅"无论是在个体身份认同目标的建构,还是认同教育内容与过程中都是最为主要的价值导向。此时的身份认同教育表现出两大特征:一是个体身份认同目标的政治化;二是身份认同教育本身的政治化。

1. 个体身份认同目标的政治化

个体身份认同目标政治化最直接的体现是"无产阶级革命事业接班人"培养目标的形成。早在中华人民共和国成立前后,中国共产党便已产生了培养"接班人"的想法。这一时期的"接班人"概念主要以"先锋队""带头人""保卫者""建设者""后备军"等话语表述形式出现,其立意主要是为培养革命事业和党的发展的领导者、主力军和生力军。进入20世纪50年代中叶,以毛泽东为核心的中国共产党基于社会主义建设的需要,特别是对当时苏联政治当局全盘否定斯大林、推行"修正主义"路线的反思,和以美国为首的西方国家对中国和平演变企图的洞察,明确提出了"接班人"概念。毛泽东指出:"帝国主义把'和平演变'中国的希望寄托在我们党的第三代、第四代身上。我们一定要使帝国主义的这种预言破产……为了保证我们党和国家不改变颜色,我们不仅需要正确的路线和政策,而且需要培养和造就千百万无产阶级革命事业的接班人。"[1]毛泽东还将培养"无产阶级革命事业接班人"置于关系党和国家前途和命运的生死存亡的高度,表示要普遍地、经常不断地注意培养和造就革命事业"接班人"。这一思想提出后,"无产阶级革命事业接班人"迅速成为教育领域人才培养的核心。

对于"无产阶级革命事业接班人"的培养标准,中国共产党也十分清晰地指出,"无产阶级革命事业接班人"务必是真正的马克思列宁主义者、务必是全心全意为中国和世界的绝大多数人服务的革命者、务必是能够团结绝大多数人一同工作的无产阶级政治家、务必是党的民主集中制的模范执行

---

[1] 中共中央文献研究室编:《建国以来重要文献选编》(第十九册),中央文献出版社1998年版,第125页。

者、务必富于自我批评精神。① 这就在政治思想上明确了"接班人"身份认同的核心,同时也进一步说明了这一身份建构的政治属性。事实上,无论是"无产阶级革命事业接班人"还是"先锋队""后备军""劳动者",这一时期的身份建构始终围绕政治这一核心导向,体现了身份认同上的高度政治化与革命伦理化。

2. 身份认同教育本身的政治化

与身份认同目标的政治化相对应,中华人民共和国成立初期的身份教育本身也体现出高度的政治化和革命伦理化特征。首先,这一特征反映在教育的政治功能定位上。这一时期复杂的国内外形势及社会主义建设的需要,强化了政治思想教育的必要性。党和政府因而延续了革命时期思想政治教育的传统,强调在各类学校进行政治与思想教育的重要性,并逐步建立了思想政治教育工作制度。1958年9月,中共中央、国务院发布《关于教育工作的指示》,明确指出:"党的教育工作方针,是教育为无产阶级的政治服务。"②教育的政治功能被进一步强化。其次,在教育内容上,这一时期的身份教育进一步加大了政治教育的内容和比重。中华人民共和国成立后,接管了国民党及帝国主义留下的学校,收回了教育权,取消了公民课和宗教课,并开设马克思主义政治理论课。1949年第一次全国教育工作会议还强调了政治与思想教育的主要工作,表示要有计划、有步骤地在教师和青年学生中进行政治与思想教育,而其目的就在于逐步建立革命人生观。1950年,教育部发布《关于全国高等学校马克思列宁主义、毛泽东思想的课程指示》,规定开设新民主主义论、政治经济学等课程,1953年规定各类学校一律开设马列主义基础136学时,1956年规定各专业一律增开中国革命史。政治教育在教育体系中所占分量逐步加大,这说明党对政治思想教育的重视。最后,在教育方法和教育活动的具体开展上,这一时期的身份教育与政治、社会领域的发展相适应,在课程教学的同时也开展了各类政治运动式的教育

---

① 参见中共中央文献研究室编:《建国以来重要文献选编》(第十九册),中央文献出版社1998年版,第350页。
② 中共中央文献研究室编:《建国以来重要文献选编》(第十一册),中央文献出版社1995年版,第490页。

活动。特别是 50 年代中叶后,整风运动、政治思想改造运动、阶级斗争、"四清""五反"运动等在学校中广泛开展,并要求从教师到学生都要参与。这种政治运动式的教育方式在 60 年代政治重回阶级斗争路线后不断被强化,并在"文化大革命"中被异化至极致。

总体而言,中华人民共和国成立初期至"文化大革命"之前这段时间的身份认同教育,延续了革命伦理的教育模式,强化政治教育和思想教育,着重"无产阶级革命事业接班人"的身份认同培养。在中华人民共和国成立初期,面对复杂严峻的国际形势及百废待兴的国内情势,这一教育模式起到了统一思想和认识、激发和调动人们发展和建设社会主义积极性的作用。但其后教育的过度政治化以及革命理想化实际上已经偏离了原初的教育设计,与现代性的公民身份教育理念更是大相径庭。这种价值取向导致了教育的非理性发展,最终在"文化大革命"中被严重异化。而公民身份教育中个体主体性、独立性、公共理性以及权利、自由等价值理念更是被严重破坏。

(三) 改革开放后"四有"公民的培养

改革开放冲破了"左倾"思想的禁锢,扩展了中国社会对政治、教育问题的认识视野,为公共理性的回归提供了思想基础。市场经济、民主法治的不断发展,也为公民身份理念发展提供了更多物质与文明基础。改革开放后,公民身份教育的意识随社会发展逐渐回归,并显现出更多的理性成分。有关公民身份的认识也有所变化,公民及其教育问题不再是与社会主义对立的资本主义产物,"培养社会主义公民""养成社会主义的公民意识"等内容也陆续出现在党的政策文件和教育方针中,逐渐成为社会政治、文化发展的共识。

1982 年,五届全国人大五次会议《关于中华人民共和国宪法修改草案的报告》中指出:"按照社会主义、集体主义原则来处理公民个人同国家和社会的关系、同其他公民的关系,建立同社会主义政治制度相适应的权利义务观念和组织纪律观念,养成社会主义的公民意识,正是在全社会建设社会主义精神文明的重要内容。"[①]这从宪法的高度重新肯定了公民身份的基本理念。

---

① 中共中央文献研究室编:《十二大以来重要文献选编》(上),中央文献出版社 2011 年版,第 220 页。

1986年,《中共中央关于社会主义精神文明建设指导方针的决议》(以下简称《决议》)明确提出要"培育有理想、有道德、有文化、有纪律的社会主义公民"①,并将其作为社会主义精神文明建设的根本任务。这不仅是中国第一次明确提出要把培养社会主义公民作为教育的目标,也是新时期适应社会主义现代化建设的需要。《决议》同时还为公民设定了中国社会主义语境下的基本价值标准,即"理想""道德""文化"与"纪律"。其中,"有理想"居于核心的位置,公民个体首先要具备的就是对中国社会主义事业共同理想的肯认和自觉追求,这是对社会主义公民最首要的政治要求。"有道德"与"有文化"则是对公民个体基本素质的规定,"有纪律"是公民个体对社会共同规则的自觉遵守。这一标准体现了社会主义公民素质的整体要求,其话语表述与价值指向极具中国特色,在某种意义上是中国独特的政治文化与西方公民理念的结合,体现了新时期中国对公民身份观念的本土化思考。

"四有"公民的提出,为改革开放后公民身份认同教育提供了新的目标建构框架,培育"四有"公民也成为教育在人才培养上的核心之一。"四有"公民被列入各阶段学校教育的培养目标,关于公民的基本知识也成为德育及思想政治教育的基本内容。国家还一度在初中阶段开设"公民"课程,并组织编写公民教育的教学大纲及教材。在教育内容上,主要包括祖国和人民利益高于一切的观念、集体主义观念、自觉遵守纪律的观念、劳动观念、热爱科学、培养审美情操、珍惜时间观念、社会主义社会人与人的新型关系以及培养良好的个人品德。从上述内容不难看出,公民课的主要内容在于道德教育,与强调民主、平等、权利与义务平衡的公民身份教育仍有一定的差异。再加上公民教育整体社会氛围及实践经验的缺乏,这一时期的公民教育实际上并未能够真正实行,公民课也逐渐被隐性取消。尽管如此,有关公民以及公民身份知识的内容还是被保留在德育或思想政治教育的内容体系中。1995年,国家教委颁布的《中学教育大纲》将公民教育列为德育的组成部分,这突出了公民权利和义务的统一,对公民责任感和义务感的培养成为贯穿其中的侧重点和核心内容。

随着改革开放的深入,尤其进入新世纪后,社会主义市场经济、民主法

---

① 中共中央文献研究室编:《十二大以来重要文献选编》(下),中央文献出版社2011年版,第220页。

治以及全球化、网络化等方面的发展,及其影响下的生活方式,都为公民身份教育做了最重要的制度提供与精神形塑。现代社会发展过程中,由社会生活、政治生活、经济生活的内在变迁所引发的对实践主体新的人格特质要求向教育进行迂回,这种迂回直接导致了相应教育领域培养目标和课程理念与课程内容的修正。① 这一时期,"四有"公民的具体表述逐渐发展成为"社会主义合格公民",并与"社会主义事业接班人"共同构成教育的培养目标。在培养内容上,进入新世纪后的公民身份教育体现出更多现代性的内容和理念,其标志性的事件有两件:一是 2002 年《公民道德教育实施纲要》的颁布,二是十七大报告关于公民意识教育观念的提出。前者以政府名义提倡公民道德教育,强调在公共生活领域个人道德的培养。后者则明确提出要"加强公民意识教育,树立社会主义民主法治、自由平等、公平正义理念……扩大社会主义民主,更好保障人民权益和社会公平正义"②,并强调要实现公民政治参与有序扩大。2017 年,党的十九大明确宣告中国特色社会主义进入新时代,中国社会发展迎来新的历史方位。十九大报告对中国社会主要矛盾的新论断,以两个一百年奋斗目标的确立,统筹推进"五位一体"的总体布局,协调推进"四个全面"战略布局等一系列新的战略举措,成为新的历史方位下社会政治、经济、文化及教育发展的新的理论依据和参照,同时也对新时代人这一主体的培养提出新的要求。这些内容为中国公民身份教育以及公民身份认同的达成提供了强有力的支持。而社会现实中各类非政府组织的发展,网络公共空间的扩展,以及公民个体对自身权利的主张,对社会公共事务、政治事务的积极参与,都反映了公民身份认同及教育在更广范围、更深层次的发展。

总体而言,改革开放后的中国公民身份认同教育最主要的特征在于超越了国民伦理和革命伦理导向,而最终选择了以公共伦理的主体性、公共性与法理性作为其精神核心和伦理导向。③ 尽管在具体的教育内容和理念中

---

① 参见王颖:《当代中国公民教育历史性复兴的现实反思》,载《教育理论与实践》2003 年第 2 期。
② 《十七大报告辅导读本》,人民出版社 2007 年版,第 25、29 页。
③ 参见叶飞:《公民身份认同与公民教育理念的嬗变》,载《高等教育研究》2011 年第 3 期。

仍未彻底摆脱传统伦理和教育思维的影响,但已经体现出以下几方面的显著进步:

一是肯定了公民身份的法理性和制度性。改革开放后的公民身份教育明确强调了中华人民共和国公民就是具有中华人民共和国国籍的人,公民的基本权利由宪法与法律规定和保护,公民享有国家宪法和法律规定的权利,同时也应当履行宪法与法律所规定的义务。这一理念旗帜鲜明地肯定了公民身份的平等性和普遍性,公民身份的获得以取得中华人民共和国国籍为依据,而不因阶级、出身、信仰、民族、社会等级等有所区分。同时,公民身份教育还表明了公民身份的法律与制度属性,教育人们在法律规定范围内行使权利和履行义务,这一观念本身已是巨大进步。

二是凸显了对形塑公民公共理性和公共人格的关怀。改革开放后的公民身份认同教育认为,公民具有共同的道德理性,应当知道何为公共善与公共恶;在教育过程中必须让学生在道德行为上遵守公共的伦理规范,服从公共的道德理性,以维护公共秩序的健康和稳定。教育应当培养学生形成自觉遵守公共伦理规范、关怀公共福利与社会整体利益的公共人格。对公共理性和公共人格的这种关怀,涤除了过往强烈的革命伦理和过激的教育言行,使教育回归社会与人的本体发展需求。

三是肯定了公民的主体性和主体权利。这一时期的公民身份认同教育首先肯定了公民作为权利主体所具有的选择和行动的自由,在不侵犯、不违背公共伦理的情况下,公民有权选择自己的生活方式和价值观念。[①] 这种以培养公民身份意识、扩大公民有序政治参与为导向的教育,在理念上凸显了对公民主体地位和价值的肯定。这使得公民主体性、权利原则和公共性逐渐成为基本准则,伦理的灌输和强制越来越为人们所批判,有违公民主体权利地位的教育内容和行为逐渐减少。

三、当代中国公民身份认同教育现状

当代中国公民身份认同的教育引导,嵌入在思想政治教育体系中,其主要着力点在于理想信念、爱国主义与基本道德规范的教育,通过这几方面的

[①] 参见叶飞:《公民身份认同与公民教育理念的嬗变》,载《高等教育研究》2011年第3期。

教育引导实现个体公民对其政治公民身份、国家公民身份以及道德公民身份的认同建构。

(一) 当代中国公民身份认同教育的基本模式

当代中国公民身份认同教育主要依托于思想政治教育课程体系。该体系将公民身份有关的知识教育归入思想政治及德育课程内容中，在思想政治教育总体框架和模式下，进行公民身份有关的知识与实践教育，以实现社会主义公民身份的认同目标。其主要教育模式呈现以下特点：

第一，在总体目标设置上，社会主义合格公民、社会主义事业"建设者"和"接班人"并存。中国公民身份认同教育目标既包含合格公民的角色预设，也包含社会主义事业"建设者"和"接班人"的身份定位。这种角色及身份设定同时体现了两种话语体系特征，一是公民身份的话语，二是思想政治的话语。这两种话语表达形式同时存在于公民身份教育中，显示出中国公民身份认同教育在个体身份认同的建构上的政治属性特征。

第二，在教育内容上，以公民道德为重心，兼顾公民意识。改革开放后，中国公民身份在教育的重心上曾经历公民素质中心、公民道德中心以及公民意识中心三阶段变化，从最初对公民科学、文化素质的培养，到公民道德素质的培育，再到公民法治意识、民主意识、责任意识和主体意识的教育培养，这是一个对公民身份及其教育在认识上由浅至深的递进过程。从目前中央主要文件精神及各级学校教育大纲所规定的内容看，中国公民身份认同教育着重进行的是公民道德素质教育，同时还会与社会主义民主法治建设相适应，进行法制宣传教育和法治精神的弘扬，从而加强公民意识教育。十九大报告明确提出要深入实施公民道德建设工程，推进社会公德、职业道德、家庭美德、个人品德建设，激励人们向上向善、孝老爱亲，忠于祖国、忠于人民，加大全民普法力度，建设社会主义法治文化，树立宪法法律至上、法律面前人人平等的法治理念。《教育部关于培育和践行社会主义核心价值观进一步加强中小学德育工作的意见》规定，要"加强公民意识教育，培养公民美德，发扬社会公德，增强国家认同，引导广大学生了解公民的基本权利与义务"[①]。这

---

① 《教育部关于培育和践行社会主义核心价值观进一步加强中小学德育工作的意见》，http://www.shmec.gov.cn/html/xxgk/201406/411052014001.php。

些内容显示出当前公民身份认同教育的着力点在于公民道德与意识的培养。

第三,在课程载体上,以思想品德课、思想道德修养、政治理论课等课程为主。在公民身份教育的课程载体上,中国目前未设置专门的公民课,教育内容主要通过思想品德、思想道德修养以及政治理论课等课程进行,包括社会主义政治制度、法律知识、公民权利义务等。目前各阶段教育所涉及的思想品德等课程,都设立了公民知识、公民技能与公民价值等的教育内容。21世纪初的国家课程改革对社会科课程进行了调整,在小学阶段设立品德与生活、品德与社会,初中阶段设立历史与社会等课程,并以公民身份教育定位课程标准。《历史与社会课程标准》规定:"历史与社会是……对学生进行公民教育的综合文科课程。"①《品德与社会课程标准》规定品德与社会课程旨在"培养学生的良好品德,促进学生的社会性发展,为学生认识社会、参与社会、适应社会,成为具有爱心、责任心、良好行为习惯和个性品质的公民奠定基础"②。上述课程内容还体现了普遍公民身份的特质,如《思想品德课程标准》在课程目标与内容标准中明确了"领会现代社会尊重人权的意义,增强民主和法制观念,关心祖国和人类的命运……激发关注和参与社会生活的热情……依法行使公民权利和义务,树立民主与法制观念,增强社会责任感"等要求;在内容上则规定要"学习经济、政治、文化方面的基本知识,了解参与社会生活的方式和途径……发展感受、观察、体验、参与社会生活的能力"等,体现了现代公民身份教育的基本特征。③

第四,在教育途径上,以理论知识教育为主,兼有实践教育。从目前整体情况看,当代中国公民身份认同教育的途径以课堂知识传授为主,通过课堂系统讲授公民身份、公民技能及价值观相关的理论知识,使学生了解和认知自身的公民身份及其意义。在传统的知识讲授基础上,当代中国公民身份认同教育也开始尝试和探索实践性或以实践为导向的教育方法和教育途

---

① 教育部基础教育课程教材专家工作委员会组织编写:《义务教育历史与社会课程标准(2011年版)解读》,北京师范大学出版社2011年版,第1页。
② 教育部基础教育课程教材专家工作委员会组织编写:《义务教育品德与社会课程标准(2011年版)解读》,高等教育出版社2011年版,第5页。
③ 参见教育部基础教育课程教材专家工作委员会组织编写:《义务教育历史与社会课程标准(2011年版)解读》,北京师范大学出版社2011年版,第3、5页。

径,如在学校公民身份教育中引入争议性问题学习、合作学习等策略,通过引导学生对争议性问题进行讨论或合作,培养学生的批判精神、思考能力以及合作能力。除此之外,还积极探索实践性教育模式,引导学生参与社区、社会实践,实践自身公民身份。

总体而言,当代中国公民身份认同教育,已逐步形成以公民身份理念为中心的教育模式,并在一定程度上体现了现代公民身份所应有的价值观念,也反映出在现代性语境下,中国公民身份认同教育的发展向度。

(二) 当代中国公民身份认同教育的主要目标与内容

当代中国公民身份认同教育的上述发展,体现了公民身份教育对现代化发展要求的积极回应,是教育在人的现代化发展问题上的思维转变。就整体而言,当代中国公民身份认同教育已在一定程度上体现了普遍公民身份的基本价值要求,但同时也具有身处中国具体政治、社会条件下的相关特点,体现为以理想信念为核心的政治身份认同、以爱国主义为重点的国家公民身份认同和以基本道德规范为基础的道德公民认同的培养。

1. 以理想信念为核心的政治身份认同培育

政治是公民身份的核心价值,体现公民在国家政治过程中的主体地位与价值,体现公民对政治过程的影响和作用。公民身份的政治维度又称"政治公民身份",是一个国家赋予其社会成员的最主要的角色期待和身份预设,也是个体与国家关系最集中的体现。正如前文所述,当代中国对个体的身份和角色设计,存在社会主义合格公民和社会主义事业"建设者""接班人"两种目标设定,两种具有不同话语特点的身份表征共生于当前中国政治文化语境,既体现普遍公民身份的价值理念,也具有在中国具体政治、社会条件下个体身份设计特点。

从教育角度看,当前中国主要是通过理想信念教育,强化个体对社会主义政治制度与文化的认同,以达到个体对上述身份的自我认同。这种理想信念的教育包括几个基本层次内容:一是马克思主义理论教育,通过马克思列宁主义、毛泽东思想、邓小平理论、"三个代表"重要思想、科学发展观、习近平新时代中国特色社会主义思想等理论教育,个体得以树立以马克思主义为指导的世界观、人生观和价值观,形成认知和理解自身及外在世界的基本价值体系;二是国家政策、纲领、路线教育,通过加强国家现行政策、基本纲领、路线和发展经验的教育,强化个体对国家政策的理解和认同;三是社会主义政治制度及其发展过程的教育,包括中国革命、建设和改革开放发展史,以及中国国情和社会发展形势等内容的教育,使个体能够充分认识社会主义政治制度,形成对社会主义政治制度的理解和认同。理想信念教育的核心在于使个体树立坚定的中国社会主义共同理想,将自身发展和自身理想融入社会主义共同理想之中,作为个体自我价值认知和判断的基本依据。

理想信念教育旨在为个体自我认知和自我建构提供主要的价值标准,通过共同理想的确立,一方面强化个体对社会主义政治的价值归属感和情感皈依性,确立以社会主义公民、社会主义事业"建设者""接班人"角色为主导的内在价值体系;另一方面则以之规范个体的外在行为选择,形塑个体的行为模式,从而为个体的政治身份认同提供基本的依据和助力。

2. 以爱国主义为重点的国家公民身份认同塑造

国家公民身份是公民身份的基本层次,是个体隶属于国家、作为国家成员的基本身份表征。国家公民身份的认同是个体公民对其作为国家成员的身份确认,是其对于国家归属感形成的前提。在中国当代公民身份认同教育中,塑造个体对国家公民身份的认同,最为主要的方法是爱国主义教育。爱国主义是公民个体对国家之爱及其所表现出来的思想意识、价值观念和行为表现,不仅是一种爱国情感的表达,而且是基于情感所表现出的对国家的忠诚、责任、义务,对国家主权和利益的捍卫,甚至是为国家利益而不惜牺牲自我。爱国主义教育就是培养人们对国家的认同感、归属感和爱国情感,并促使其转化为爱国行为的过程。

中国目前的爱国主义教育存在两条交叉并存的基本线路,一是以政治国家为基础的爱国主义教育,二是以民族国家为基础的爱国主义教育。

以政治国家为基础的爱国主义教育,侧重对社会主义政治制度与法理认同的培育,教育内容聚焦于两方面,一是有关社会主义政治制度与宪法知识等内容的教育,二是中国革命传统、社会主义发展、改革开放精神等内容的教育,同时通过公民这一社会角色及其规则进行权利与义务教育,形成以法治、民主、公平、正义等公民身份价值观念为基础的爱国、忠诚等情感,并为公民爱国提出行动准则和具体要求,引导公民将爱国行动自觉落实在具体的社会活动中。如《思想品德(八年级·下册)》明确表述:"我国宪法规定的公民义务是公民的基本义务。……这些规定,是我国法律向公民提出的爱国的具体要求。自觉履行这些义务,是我们的'天职',也是爱国的重要表现。"①

在民族主线上,爱国主义教育则注重历史与文化教育视角,强调中华民族这一共同身份基础的认同,着力构建中华民族共同体,将中国的不同民族纳入中华民族这一统一整体,强调中华民族成员身份的共同性,在教育过程中以中华文化为媒介,进行共同情感的熏陶与培养,增强各民族成员对中华民族这一命运共同体的自豪感和忧患意识,从而形塑以中华民族共同体为基础的身份认同。习近平总书记曾明确指出:"弘扬爱国主义精神,必须尊重和传承中华民族历史和文化。……要以时代精神激活中华优秀传统文化的生命力,推进中华优秀传统文化创造性转化和创新性发展,把传承和弘扬中华优秀传统文化同培育和践行社会主义核心价值观统一起来,引导人民树立和坚持正确的历史观、民族观、国家观、文化观,不断增强中华民族的归属感、认同感、尊严感、荣誉感。"②民族主线的爱国主义教育十分注重民族精神的培育,以民族精神这一象征性符号将民族身份与民族情感之间的纽带进一步升华为稳定价值,使之成为中华文化精髓,成为民族国家认同教育的核心。2012年,习近平提出中华民族伟大复兴的"中国梦"概念,这为爱国主义教育提供了新的载体。"中国梦"以中华民族伟大复兴为理想目标,在价值维度上超越了不同阶层、政党、民族、地域及群体之间的差异,打破了不同价值观之间存在的壁垒,形成一种强大的精神力量,将不同主体范畴的个体

---

① 课程教材研究所思想品德课程教材研究开发中心编著:《思想品德(八年级·下册)》,人民教育出版社2008年版,第16页。
② 《大力弘扬伟大爱国主义精神 为实现中国梦提供精神支柱》,载《人民日报》2015年12月31日第1版。

团结于同一价值目标中,凝聚成强大的情感感召力,从而有效增强了不同范畴主体对于中华民族共同体的认同。

政治与民族两条主线共同构成了当前中国爱国主义教育的基本脉络,从政治—法律与文化—心理两方面型构个体对其国家公民身份的认同。前者强化个体之于国家共同体政治隶属关系与国民身份的认同,将这种认同建立在政治与法律基础之上,形成法理上的国家公民身份认同。后者则突出个体作为中华文化共同体的一员,与共同体之间休戚与共的情感联系。两者相互结合,通过情感与理性的双重机制、政治与文化的双重因素,实现个体的国家认同与国家公民身份认同。

3. 以基本道德规范为基础的道德公民培养

公民身份的道德向度是公民个体所应具备的道德品质,既包含忠诚、节制、勇敢、友善等一般道德品质,也包含自由、平等、法治、权责意识等政治品质。道德向度是公民身份的主要支点之一,也是公民个体作为道德主体的基本体现。

正如前文所言,公民道德教育是当代中国公民身份认同教育的重心。从严格意义上讲,道德向度的公民身份认同教育是中国系统开展公民教育最先推进的领域。2001年,中共中央颁布《公民道德建设实施纲要》,以政府名义推动公民道德建设工程,在以往社会主义精神文明建设的基础上,系统进行公民社会公德、职业道德、家庭美德和个人品德的教育,通过公民道德建设的不断深化和拓展,逐步形成与发展社会主义市场经济相适应的社会主义道德体系,从而开启政府主导的公民道德教育。公民道德建设不仅是教育的重要内容,更被视为国家建设的一项策略,被纳入依法治国与以德治国方略的内容体系中。十八大进一步强调了公民道德素质建设的重要性,并提出包含国家、社会、公民三层次在内的社会主义核心价值观,为公民道德教育提供了新的时代内涵。

从教育内容来看,当代公民道德教育包含上述社会公德、职业道德、家庭美德和个人品德四大教育领域的基本道德规范培养内容:社会公德主要对全体公民在社会交往和公共生活中的行为准则进行规范性教育,包括文明礼貌、助人为乐、爱护公物、保护环境、遵纪守法等内容,涵盖人与人、人与社会及人与自然的相互关系;职业道德主要针对从业人员在职业活动中的行为准则进行教育培养,包括职业观念、职业态度、职业技能、职业纪律和职业作风的规范引导;家庭美德则主要包含家庭生活中公民个体应具有的尊老爱幼、男女平等、勤俭持家等基本道德规范的教育;个人品德则着重进行"爱祖国、爱人民、爱劳动、爱科学、爱社会主义"的教育,弘扬集体主义与社会主义精神,加强个人层面"爱国、敬业、诚信、友善"的社会主义核心价值观教育。

公民道德教育内容涵盖了公民的私人生活领域、公共生活领域及国家政治领域,包含了对公民个体行为与道德品质的基本规范,同时也具有与理想相关的要求。当前占据公民身份教育重要地位的公民道德教育,旨在为个体提供社会道德主体认同的教育和引导。

四、中国公民身份认同教育目标演进的特点与实践方式

公民身份认同教育在中国经历了曲折发展,在不同的阶段呈现出不同的发展势态,体现出相应阶段政治与社会现实的特定需求和制度设计特征。尽管不同阶段的公民身份认同教育在具体发展重点和目标侧重上表现出一定的差异,但在总体的发展路径上,仍显示出一定的共同性,如教育目的上的工具主义倾向,教育目标上以国家建构和政治需求为主导,以及教育路径上的单向性知识传输等。这些特征根源于中国近代以来特殊的历史境遇,贯穿于中国公民身份认同教育的整个发展历程,并集中体现在现阶段中国公民身份认同教育模式之中,反映了当前中国公民身份认同教育的主要理论和实践导向。

(一) 工具主义的价值导向

中国公民身份认同教育发展过程与中国现代化的基本导向和逻辑密切相关。不同于西方原发性的现代化发展,中国的现代化是一种后发性、外生

性和规划性的现代化。这种后发外生性的现代化,"常常使人产生强烈的生存危机感,这或因列强的政治指责出现,或由某种分合循环的政治信念所致,或直接从政治欠发展的危机感应中酝酿而来"①。出于对这种危机感的应激反应,中国公民身份认同教育一开始就将目标聚焦于挽救民族危亡,应对中华民族亘古未有的民族危机;在解决民族独立的问题之后,又转向适应和解决现代民主法治发展与社会转型的矛盾问题。因此,中国公民身份认同教育的发展与现代化一样,并非是一种自主自觉的行为,而是在社会历史巨变下的被动选择。中国公民身份认同教育的发展实际上是一种"挑战—回应"的时代产物,其目的在根本上是为了解决国家与社会发展的现实问题,这种目的上的现实性就决定了中国公民身份认同教育发展具有一种强烈的工具主义特点。

这里所谓的工具主义,是指将某些措施或者手段看作是达成其他目标的工具。中国在公民身份教育与观念的引进与发展过程中,体现出一种急切而又浓烈的工具主义思维。这种工具主义思维特征,一是反映在公民身份及其教育理念上;二是体现在公民身份教育发展过程中,在现实政治需求与教育目标、核心之间的决定与被决定关系上。但无论是在哪种层面,国家富强始终是中国公民身份教育的核心价值。公民身份观念与教育理念引入中国,最初就是为了培养具有现代公民素质和能力的"新民""国民",以促进国家振兴、挽救民族危亡。因此,中国公民身份认同教育一开始就着眼于社会发展需求而非人自身的发展,从这一意义上讲,人是作为手段而非黑格尔所讲的目的本身。这是中国公民身份认同教育工具主义价值导向的表现之一。在其后的发展过程中,随政治局势的变化,公民身份认同教育在具体教育目标上也发生了转化,教育所着力形塑的人的身份认同也由政治以及政党依据现实需求予以建构,个体在身份认同上的变化充分体现了政治在不同阶段现实诉求的变化。这在某种程度上也印证了公民身份认同教育的"工具"属性,即为现实政治服务。这种工具主义特征的形成有其特殊的历史和社会文化背景,在一定意义上也是在当时复杂的政治背景下的无奈选择。从现实的角度讲,一方面,这种工具主义思维主导下的选择在特殊时期

---

① 任剑涛,《权利的召唤》,中央编译出版社 2005 年版,第 15—16 页。

为中国社会危机与困境的解决提供了新的视野和思路,也为中国从传统走向现代提供了新的理论与实践支持。另一方面,也使得人们在引进公民身份与教育理念时,有意或无意地忽略了其内蕴的价值及其所依赖的文化土壤,只引进或采用了公民身份观念及其理论的表层内涵,忽视了其所蕴含自由、民主、平等等价值理念背后所指向的商品经济、民主政治、个体权利与主体地位等一系列物质与精神基础。而公民身份理念及其教育在中国长期未能得到真正意义上的实现,这种工具主义思维所导致的学理上的认识与重视不足,毫无疑问也是重要原因之一。

具体到当前中国公民身份认同教育,这种工具主义的价值导向作用仍或隐或现地存在于公民的教育与培养过程之中。一方面,公民培养目标的设定主要是以社会发展的需要为依据,服从和服务于国家、社会的需求。无论是"四有"公民还是合格公民,公民身份认同教育对公民个体生长所给予的期待,都建立在强烈的社会本位特征之上,公民的培育是中国现实政治、社会稳定发展及社会现代转型的基本手段之一,而理应作为目的的人的个体化生长则相对被忽视。这一认识在某种意义上,使得教育乃至整个社会发展的视野都聚焦于社会的现代化发展,忽略了人自身作为现代化的主体所需要完成的相应的现代化发展使命,未能充分体现出人作为社会主体的价值和地位。另一方面,教育对合格公民的定位和评价,也体现出鲜明的社会导向。教育以国家和社会发展为主要的评价标准,忽略了人本身生长和发展的自有规律,在一定程度上使得教育目标、内容和方法与人的心智、生理发展的真实过程相脱节,无法真正体现人作为主体的现实需求。

(二) 国家政治及个体道德的目标主导

除价值导向上的工具主义外,中国公民身份认同教育所呈现出的另一突出特点是,始终以国家政治及个体道德认同为主导目标。

与工具主义的特征一样,中国公民身份认同教育从一开始就显现出以国家政治主导和个体道德为中心的特征。李泽厚先生在其《中国现代思想史论》中提出:"每个时代都有它自己中心的一环,都有这种为时代所规定的特色所在。……在近代中国,这一环就是关于社会政治问题的讨论:燃眉之急的中国近代紧张的民族矛盾和阶级斗争……把注意力和力量大都集中投放在当前急迫的社会政治问题的研究讨论和实践活动中。"①这种对社会政治问题的高度聚焦也同样反映在中国公民身份认同教育中。近代以来中国面临着强烈的国家与民族危机,以及由传统向现代整体转型的艰巨任务,现实与理想、国内与国外的双重压力,使得高度统一的国家认同和政治认同成为社会发展的必然需求。因此,中国公民身份认同教育自萌芽以来,即肩负着塑造与维护个体对国家和政治的认同,建构个体的国家公民身份认同的现实任务。不同时期,公民身份认同教育所呈现出的具体表达方式虽不尽相同,但其实质都是国家与政治认同的体现:清末民初时这一特征具体表现为教育对国人"新民"和"国民"身份认同的形塑,以及现代国家观念的培养;民国时期身份认同教育虽以形式上的公民身份的认同教育呈现,但其内涵价值仍然是个体在面对国家危亡时所应具备的国民意识与对民族国家认同的培养;中华人民共和国成立后,公民身份认同教育转化为对"无产阶级革命事业接班人"身份及社会主义政治制度的认同教育;改革开放后,公民身份认同教育核心则转向对"四有"公民及社会主义合格公民的培育。从演进历程中不难看出,中国公民身份认同教育在认同目标建构上,国家公民身份与政治公民身份的认同始终是教育培养的核心;国家与政治既是公民身份认同教育发展的主线,也是其发展和演化最主要的决定因素,至今仍主导着中国公民身份认同教育的发展和变化。

在个体公民身份认同层面,尽管当代中国已在制度上肯定了公民身份的法理性和制度性,但在具体的教育问题上,仍凸显出道德主体取向的身份认同建构特征。当前中国公民身份认同教育注重以基本道德规范为核心的公民道德教育,提升公民道德素质,以推进社会主义道德建设。公民道德教育侧重通过对公民个体进行社会公德、职业道德、家庭美德、个人品德的教育,引导人们自觉履行法定义务、社会责任、家庭责任等,以树立时代新风,形成良好的社会道德风尚。由此可见,当前中国的公民身份认同教育在公民道德主体培育上,侧重公民个体道德品质的培养。事实上,公民身份本身虽具有道德性的基本属性,包含对个体忠诚、勇敢、诚实、节制等道德品质上

---

① 李泽厚:《中国现代思想史论》,生活・读书・新知三联书店2008年版,第2—3页。

的要求，但公民的道德属性并不止于这些一般意义上的道德和伦理元素，它还包含现代政治中关于自由、平等、民主、法治、独立等价值成分，这些元素才是公民身份具有决定意义的组成部分。换言之，公民身份的德性必须建立在自由、平等、民主等政治价值基础之上，否则将沦为一般意义的道德品质，从而远离公民身份本身应有的意义和价值。在中国公民身份认同教育实践中，公民身份之所以被赋予更多道德意义，原因在于公民身份观念作为舶来品最初是作为应对国民与民族危机的"工具"引入中国，中国社会并不具有与之对应的原初文化土壤与制度根基，因而自由、平等、法治这些需要制度资源支持的价值，虽然已包含在政治理念与教育方案的设计中，但在政治现实与教育实践中却往往因基础的缺乏而难以得到真正贯彻。相比之下，公民身份内涵中的某些道德成分则最易在中国本土文化中寻找到可以匹配的原初资源，并借之以与中国文化及社会现实建立联系，而这一部分也是最易被中国政治、社会所接受的。因此，道德取向的公民身份认同便成为当时中国社会现实下个体身份认同建构的首选，并对中国公民身份认同教育影响至今。这实际上也是工具主义和国家政治主导下选择的结果。

（三）单向传输的基本路径

公民身份认同教育的过程是公民身份建构的过程。公民身份是国家共同体对个体身份的一种制度设计，其本身蕴含了国家及社会所赋予的角色期待和价值体系。按照个体身份的国家设计理论，个体身份是一种双向建构的过程，一方面是国家通过制度、意识形态、法律规范以及伦理道德等方面形塑个体身份及其秩序，另一方面则是个体自身在心理认知和行为实践中积极认识、理解并内化身份及其价值体系。在这种双向建构关系中，后者具有决定性作用，是身份及其价值体系和角色期待内化为个体自我意识的关键。由于中国社会并不具有与公民身份理念相对应的文化土壤与制度基础，个体无论在政治还是社会生活中都不具有公民身份相关实践的切身体验和经验参照，因而难以自动萌生公民身份的观念。而作为一种工具主义导向下的外来概念，公民身份及其理念在中国本身就是一种理性建构而非自主萌生。这也决定了公民身份及其价值理念要融入普通民众的思想意识,成为其对自身的一种身份定位和价值自觉,就必须依赖于自上而下、由外向内的思想灌输。这种灌输最直接的体现就是教育的知识普及和观念传播。这也是中国公民身份认同教育发展过程中知识与观念单向传播特征形成的主要原因之一。

在早期中国公民身份认同教育的知识传播过程中,存在两条作用主线:一是政府主导的系统化的学校教育,二是精英知识分子群体主导的民间教育以及思想运动。前者主要依托于在学校系统内开设的与公民身份相关的课程,如早期以道德素养为主导的修身科、后期的公民科等,其特点是以理论化、知识化的公民身份教育形塑个体身份意识。而精英知识分子作为社会群体和社会力量,其对公民身份的教育和传播方法主要是:发动文化和思想运动,建立民间学校或教育组织,倡导自由、民主、权利等公民身份理念,普及公民身份知识,如五四新文化运动以及部分知识分子发起的平民教育等。这些教育活动对中国现代政治理念和身份意识的形成发展起到了积极的推动作用。但与此同时,受历史文化等条件限制,作为受教育对象的普通民众在上述教育过程中大多仍扮演被动接受者的角色,其作为自主主体的作用未能完全体现。中华人民共和国成立后教育的政治化倾向则在一定程度上强化了这种教育上的单向传输倾向,身份教育的知识化、政治化成为一种普遍的教育模式,深刻影响了中国公民身份教育的后续发展,使得改革开放后很长一段时间,公民身份教育知识性的内容占据了主导地位。

现阶段中国公民身份认同教育,在实践方式上依然具有较为突出的单向传输特征。这主要体现为:其一,教育形式以理论传授为主,主要通过公民身份理论知识的课堂传授进行公民身份认同教育,通过课堂系统讲授与公民身份、公民技能及价值观相关的理论知识,使学生了解和认知自我公民身份及其意义;其二,在教育途径上通过思想政治理论课、品德课等课程进行公民身份有关的知识教育,并未建立系统的公民身份课程及教育内容,且实际教育活动中常以政治教育取代公民身份的教育。一方面,中国公民身份认同教育存在的上述特征,未能真正体现个体在教育过程中的主体作用,显示出公民个体在教育中的主动性不足,与教育者及教育活动本身的互动性和参与性不强,这影响了个体自身对公民身份的深入理解,使得个体对其公民身份的认同不足。另一方面,教育活动中以理论知识单向传输为主的形式,使得公民个体缺乏对公民身份的实践性体悟,难以从公民身份的切身实践中感知、理解和习得公民身份理念、知识与技能,阻碍了个体身份认同的达成。

第四章

中国公民身份认同教育目标与实践的问题解析

教育者,则立于现象世界,而有事于实体世界者也。故以实体世界之观念为其究竟之大目的,而以现象世界之幸福为其达于实体观念之作用。①

——蔡元培

公民身份有着多种含义。但是政治参与、社会权利与享受福利的权利、共同的认同感以及公共责任的观念,如果没有清楚明确的公民身份与法律身份……作为强有力的支撑,就不会变得如此深入人心。②

——德里克·希特

公民身份认同教育的核心在于促进个体对其公民身份的肯认,以及在此基础上对公民身份价值和角色期待的自觉内化。公民身份认同教育关乎个体的自我建构,其本质是个体主体性在个体—国家关系中的实现,其具体内涵虽在不同的历史时期有所差异,但核心价值与主旨仍具有相对一致性和统一性。概括而言,完整意义上的公民应该是政治意义、法律意义与道德

---

① 蔡元培:《蔡元培选集》,中华书局1959年版,第178页。
② 〔英〕德里克·希特:《公民身份——世界史、政治学与教育学中的公民理想》,郭台辉、余慧元译,吉林出版集团有限责任公司2010年版,第350页。

意义的合一,是建立在身份平等基础上的,具有公共生活品格和公共精神,以正确的方式、高度的责任感和自觉意识主动投身于公共生活和社会公共事务的人。当代中国公民身份认同教育着重于培养爱国及高度政治认同的社会主义合格公民,但在具体的教育实践中,仍存在目标分化及路径单一等问题。这些问题的存在与中西文化、制度和教育理念上的差异密切相关。

一、中国公民身份认同教育目标构建的社会背景分析

马克思在《〈黑格尔法哲学批判〉导言》中指出:"理论在一个国家实现的程度,总是取决于理论满足这个国家的需要的程度。"[1]这就要求我们在研究任何理论问题时,都必须深入该理论产生的社会环境,与社会环境相结合分析和阐释理论以及理论的适切性问题。按照马克思主义理论分析,公民身份认同教育的实践依据是具体的历史传统与社会现实。因此,中国公民身份认同教育的现实考察也必须以客观的社会实际为基点,将公民身份认同教育置于当代中国社会转型及其所带来的个体化生活趋势、个体主体性与权利诉求彰显以及全球化、信息化发展构成的社会场景之中,进行全面且深刻的思考。

(一) 转型下的社会结构变化

当代中国社会处于转型期已是普遍共识,这一跨越不同领域的社会整体转型,为中国社会政治、经济、文化、价值理念等各方面带来深刻变化,深度影响着国家、社会与人们的现实生活。学者李培林曾对社会转型进行过探讨,认为:"社会转型的主体是社会结构,它是指一种整体的和全面的结构状态过渡,而不仅仅是某些单项发展指标的实现。社会转型的具体内容是结构转换、机制转轨、利益调整和观念转变。在社会转型时期,人们的行为方式、生活方式、价值体系都会发生明显的变化。"[2]一般而言,社会转型主要是从传统社会向现代社会、从农业社会向工业社会、从封闭社会向开放社

---

[1] 《马克思恩格斯选集》第1卷,人民出版社2012年版,第11页。
[2] 李培林:《另一只看不见的手——社会结构转型》,社会科学文献出版社2005年版,第7页。

的变迁，以及随之而进行的政治、经济文化的现代化过程。中国现代化进程所具有的"共时性挤压"这一特殊性，使得传统、现代、后现代等本应是历时性的社会发展特征，在当下中国社会以一种共时性的形态呈现。中国社会正经历前所未有的社会整体变化。

首先，在经济上，市场化和工业化成为主要的发展趋势，国家经济结构和经济体制整体调整，市场逐渐成为调节经济运行的关键因素，生产资料等资源配置通过市场优化组合推动生产方式的变革。其次，社会主义制度不断发展健全，社会主义法治不断强化。与此同时，政治价值观也发生相应变化，原有一元化政治被开放的政治民主所取代，高度集中的一体化行政管理体制向分散型、多元化治理转变，政府职能调整、行政权力下放，民间组织和社团逐步发展壮大，中国政治结构更加开放多元。最后，社会生活、文化形态及其价值理念更加多样。近年来，城镇化进程的加快，人口流动的频繁，打破了以传统"差序格局"为基础的社会人际关系模式，中国由传统的"熟人社会"向"陌生人社会"迈进，伦理主导的社会价值体系逐步向现代意义上理性、法治的观念体系转变，而全球化、信息化、网络化的强势影响也在根本上改变着人们的生活和互动方式。与此同时，人们的价值观念也产生相应变化，个体主体意识和权利意识逐步增强。

中国社会整体结构变化预示着新的社会关系与秩序的形成，它所引发的另一重深刻影响是中国社会生活的个体化趋向。作为现代社会的重要特征之一，市场经济的发展将独立个体推向前台，要求个体作为商品生产者与消费者应具有独立自主意识、独立权利能力和行为能力、独立利益诉求。市场经济使人在成为经济活动主体的同时也成为政治生活主体。社会的"基本单位不再是群体、行会、部落或城邦，它们都逐渐让位给个人"[1]，"个人在自己的社会生活中以个体的身份、性质和地位，自己选择自己生活、自己决定自己人生命运"[2]。理性、独立成为个体应有的重要属性，社会关系也不再以理性化和契约化为应有的主要特征。市场经济和现代民主法治的推动，

---

[1]〔美〕丹尼尔·贝尔：《资本主义文化矛盾》，赵一凡等译，生活·读书·新知三联书店1989年版，第61页。
[2] 尹岩：《现代社会个体生活主体性批判》，上海人民出版社2009年版，第82页。

使得人与人之间的关系不断突破传统的人身、地域依附,从马克思发展阶段论中以共同体为中心的"人的依赖关系"走向"物的依赖关系",从而获得人的独立性,并逐步向人的全面自由发展。转型中的中国社会正经历这样的"个体化"生活转变。但是,由于中国近现代以来独特的历史际遇,中国的社会转型呈现传统农业社会与现代工业社会、消费社会多元交织,传统性、早期现代性与后现代性等多时空特性混杂的特征,这使得中国的个体化进程成为一种"不完整"的个体化之路:一方面,改革开放后单位制的弱化、"去集体化"生活削弱了旧有的总体性社会机械控制方式,给个体公民提供了更多流动、选择、自主和价值多元化以及创造个人生活的可能。另一方面,与个体化相适应的制度保障与文化支持并未完全建立,以现代理性、法治为核心的新的社会秩序尚未完全稳固。与此同时,集体生活的消解也使得人的集体身份逐步削弱,传统文化格局中人与人之间的情感维系相对弱化,价值领域中个体性的诉求与集体主义导向之间的和谐关系尚未真正形成,自我认同与社会认同、个体性与社会性之间相互矛盾且冲突不断。

(二) 全球化下的多元社会语境

全球化作为一种不可抗拒的社会发展趋势,与现代化和社会转型一样,成为分析和探讨当代社会问题时无法回避的时代背景。同时,它为分析和探讨公民身份认同教育等议题提供了新的视角和可能。关于全球化的内涵与特征,学界已有多种论述,本书不再赘述,而是将全球化及其影响下的社会变化,作为分析问题的视角。按照康帕涅拉的论述:"全球化不是一种具体、明确的现象。全球化是在特定条件下思考问题的方式。"[①]全球化的观念提醒人们要将问题置于世界一体化联系的视野中予以分析,以一种开放、普遍联系的视角探讨和研究问题,而非以封闭、局部化的眼光看待当今社会的发展与进步。因为"全球化使世界范围内的各种社会关系的联系被强化了,它把彼此相距遥远的地域连接了起来"[②]。全球化是"时空分延"(Time-Space Distanciation)的最高体现,使"在场"和"缺场"纠缠在一起,让遥远的

[①] 〔意〕M.L.康帕涅拉:《全球化:过程和解释》,梁光严译,载《国外社会科学》1992 年第 7 期。
[②] 〔英〕安东尼·吉登斯:《现代性的后果》,田禾译,译林出版社 2011 年版,第 23 页。

社会事件和社会关系与地方性场景交织在一起,形成一种社会"共在"现象。在这一新的社会语境下,人们赖以生长的文化环境超出民族和国家的界限,人们的生活与精神世界都不可避免地处于一种普遍的世界联系之中,无论是政治、经济还是文化、思想、价值观念,都受到来自世界其他地方文化的影响。正如马克思、恩格斯所预言的那样:"过去那种地方的和民族的自给自足和闭关自守状态,被各民族的各方面的互相往来和各方面的互相依赖所代替了。物质的生产是如此,精神的生产也是如此。"①

全球化为人们带来更为宽广的视野,进一步丰富了人们认识和理解世界所依据的经验、思想和文化,改变了人们惯常的社会生活方式乃至自身的存在方式,使得人们处于一种范围更大也更为复杂的社会场景之中:一方面,在全球化所扩大的交往空间中,不同文化、观念能够更加自如地相互交流,世界不同地区的人们相互联系得更加紧密,相互吸收优秀文化成果、学习和借鉴先进经验具有更多可能。另一方面,全球化使得人们旧有的认识发生改变,打破了传统的身份认同。全球化所带来的一体化与多样化交叉、文化的交融与文明的冲突同在等特征,也使得人们在拓展视野、丰富思想文化的同时,面临外来不同文化、观念、思潮的多重冲击,左右和影响着其原有的价值观与身份认同。

在全球化的多重影响下,多元化成为社会、文化的一种必然发展趋势,随之带来的还有价值的多元化。由于人类作为主体本身具有多样化的生产条件和生产方式,因此人们具有多样化的生活形态和存在方式。不同主体在各自生产和生活条件下体现出不同的生存状态、社会地位、利益需求,因而产生不同的价值标准。全球化的发展则通过不同民族、国家、地域的文化碰撞,加剧了社会的多元特性,使得人们在现实生活和实践活动中拥有更多的选择。文化、思想、价值观念不再禁锢于单一或统一的评价标准,而有了更多的选择空间和可能。伴随这种多样性和多元化特征的强化,"现代国家的文化出现了支离破碎。这些成员由于种族关系、宗教信仰、个人道德观、价值观、艺术品位、音乐品位等差异,其个人认同正在变得千差万别。在这

---

① 《马克思恩格斯选集》第 1 卷,人民出版社 2012 年版,第 404 页。

些领域里,人们不再像以前那样,存在一致性了"①。戴维·米勒的评论虽有些绝对,但也在一定程度上揭示了全球化和现代化下,文化的交错发展以及人的认同的变化。的确,全球化以及现代化所带来的个体化倾向,在一定意义上打破了传统社会中相对整齐划一的生活方式、思维方式和行为方式,为人们物质与精神生活提供了更多的选择,使多元价值与个体自由成为社会发展的显要特征。但是,它同时也冲击和破坏了已有相对稳定的文化、思想、价值观念体系以及人们的自我认同。各种外来文化、思想、观念与本土思想、文化、观念之间的交锋,也使得价值观发生巨大变化,呈现出从单一到多样、从封闭到开放、从传统到现代的转变特征。这种转变必然会造成价值观之间的冲突,而价值观之间的冲突是社会变革的先导,既能推动社会发展的进程,也会在一个时期内引起人们思想观念上的混乱。② 与此同时,社会转型带来的经济、政治、文化和思想观念等领域的结构性变化、现代化发展形成的个体化趋势等,也冲击和影响着人们的认同世界。市场化、理性化和功利化的价值选择成为一种显性的现象,市场的趋利性深入人们生活的多重领域,个体的利益诉求呈现多样态势,社会主流价值观的整合作用在多元化趋势下被削弱,社会共识更难达成。这就为公民身份认同教育提出新的挑战:如何在当下中国多元化社会场景中构建一种稳定的身份认同,最大限度地发挥公民身份及其理念的整合作用,将人们多样分散的价值观念汇聚成社会共同和共享的价值观念认同? 这成为公民身份认同教育无法回避的现实命题。

(三) 信息化、网络化下的现代生活

"计算机网络的建立与普及将彻底改变人类生存及生活的模式。谁掌握了信息、控制了网络,谁就将拥有整个世界。"③阿尔文·托夫勒的预言精准地道出了信息化、网络化发展带给人类社会的发展变化。信息技术,特别

---

① 转引自王邦佐等:《执政党与社会整合——中国共产党与新中国社会整合实例分析》,上海人民出版社2007年版,第220页。
② 参见北京师范大学价值与文化研究中心《价值与文化》编委会:《价值与文化(1)》,北京师范大学出版社2002年版,第30页。
③ [美]阿尔文·托夫勒:《第三次浪潮》,朱志焱等译,新华出版社1996年版,第192页。

是互联网技术在社会生活中的广泛应用和渗透,不仅改变了人们的生存及生活模式,颠覆了传统的文化和价值观念,也挑战着现实社会的权力结构和权力关系,为政治与社会文化生态注入全新的变革因子。

从人的生存与生活方式看,以互联网为代表的信息技术的飞速发展,彻底打破了物理空间上的有形界限,无论是国家还是地区界限,都在互联网的勾连下趋于消弭,全球性的网络空间为人们提供跨国界、跨地区的生存空间。与此同时,新的传播技术的发展实现了时间上的同步性,"时空凝缩"(Time-Space Compression)进程加快,"在场""缺场"与"参与""互动"无关,人的存在彻底突破时空的阻隔,虚拟世界和虚拟生活成为一种常见的存在状态。这一变化带给人们的影响首先是互动方式的变化,人与人之间无须面对面即可进行实时性的交流与沟通,时空概念的模糊使得更广范围的参与成为可能;其次是网络的普及提升了信息互联的程度,为人们获取信息和知识提供了更为便捷和自主的方式。在网络社会中,人人都是信息的传播者,人人也都是信息的制造者。传统媒体时代公共话题的议程设置权限已从媒体的手中转至普通受众的手中,知识和信息消费的成本大幅降低,人们足不出户便可知晓世界各地所发生的各种事件,不必假手他人即可获得各类专业性知识。

网络化和信息化的飞速发展,不只是改变人的生存方式,同时也改变着社会权力和权力的结构形式。一方面,这种权力结构的改变体现在权力来源的变化上。互联网时代信息成为一种权力,在某种意义上掌握信息以及掌握信息的主导权和主动权,就掌握了影响和左右社会公共事务发展的权力。信息媒体作为独立于立法、行政、司法之外的"第四种权力",其功能也在互联网的作用下被不断放大,在更广范围内影响社会机制的运转。另一方面,互联网也改变了权力的作用和运行机制。权力不再为传统的政治权威和政治上层所垄断,而是随信息的流动以一种离散的方式扩散至广大民众之中。互联网的出现和发展,为人们对政治和社会公共事务的参与提供了崭新的技术手段,普通人得以通过互联网更自如地参与到公共事件的讨论之中,并汇聚成网络舆论,影响公共事件的发生和发展。这种开放性和扩张性的参与形式,使得传统意义上的权威力量不断消解,普通人开始行使自己的权利,实实在在地影响社会。从心理学意义上讲,网络所带来的这种变化是一种心理赋权的过程,与传统赋权过程不同的是,网络打破了赋权作为一种行为特征的自上而下、由强向弱的阶层性藩篱,激发了一种作为关系特征的由他者被动赋予向自我主动赋权的能动性力量,形成了一种作为新权力要素的在传播过程中把各种微小力量聚合起来的能力。① 网络在某种意义上起到了心理赋权和权利意识启蒙的双重作用。

网络时代还带来新的公共领域和公共空间形态,并将权利意识和参与意识扩散到社会各个层面,推动了社会民主化的进程。哈贝马斯在论述公共领域时将其作为"政治权力之外,作为民主政治基本条件的公民自由讨论公共事务,参与公共政治的活动空间"②予以界定,认为公共领域作为社会生活的一个领域,是一种开放的空间,公民个体能够参与其中并在社会交往中形成对社会公共生活的公共意见。尽管互联网在技术政治和权力政治之间构筑的崭新公共空间与哈贝马斯论述的公共领域既有重合又有错位,但互联网作为一种权力空间,其社会性功能也相对清晰。在互联网所创造的新的生存空间中,人们通过互联网的交互传播特性形成相互关联的关系网,并就各种公共话题进行开放、平等、理性的表达与辩论,通过网络的迅速传播发展成规模性的公共讨论,形成网络舆论。这种网络舆论往往能够超越意见表达的个体性,展现出一定的公共意识、独立思想和理性批判精神,产生一定的社会影响,对公共事务决策产生重要影响。因此,某种意义上,网络也是现代公民的演练场,为公民成长提供了更为便捷的实践空间和舞台。

在文化形态与价值理念上,网络同时发挥了解构和再造的双重功能。一方面,网络所具有的去中心化、离散性等特征,使得不同文化和价值观念都能在网络空间中找到自己的生存和传播平台;另一方面,网络提供了更多的价值选择,一定程度上消解了传统主流价值观念的主导作用,个体意识和个体选择越发成为一种显见的趋势。在泛娱乐化倾向和个性表达诉求的作用下,原有正统的文化叙事被娱乐式消费,传统的主流价值也可能被边缘化,网络空间似乎成为混乱、无序的同义词,呈现出各种不同的世态"乱象",

---

① 参见蔡文之:《网络传播革命:权力与规制》,上海人民出版社 2011 年版,第 22 页。
② 转引自冯道军:《哈贝马斯"公共领域"理论的当代论域及其归宿》,载《求索》2014 年第 8 期。

进入哈罗德·孔茨所描述的人工信息的"丛林时代"。这种"丛林时代"意味着文化危机,网络正在破坏一些文化根基,甚至影响我们最为复杂的情感深度。① 但是,实际上,互联网从一开始就有着自创性功能,以其自身的方式生长自己的规则,蕴含着自律、平等、参与、共识等特征,不断形成一定的机制支持自身的运行。这一过程中,现实世界中的传统价值标准和道德规范与网络自身的共享、共有、共建精神相融合,形塑出网络社会的共同价值和规范,约束和引导人们的网络行为。网络所具有的这些特殊且复杂的特性,为公民个体生长提供了新的文化环境,同时也为公民身份认同教育建立了新的社会基础。

(四) 全面依法治国推导下的社会发展愿景

法治是现代社会制度所具有的基本要素之一,也是现代社会发展本身所蕴含的价值追求。党的十八届四中全会明确提出,要全面推进依法治国,并与全面建成小康社会、全面深化改革、全面从严治党一起形成当前社会发展的战略布局,从而为当下中国社会的未来发展确定了清晰的发展图景。全面依法治国,建设法治国家、法治社会,进一步成为中国特色社会主义发展的主要战略方向。

从法治建设视角看,全面依法治国是要将"有法可依、有法必依、执法必严、违法必究"转换为切实可见的场景,成为社会运行机制的基本依据以及人们交往实践和行动的基本遵循。

按照党中央的总体设想和人民对社会未来发展的期待,首先,全面依法治国意味着一整套科学完备的社会主义法律体系的建立。这一法律体系包含着国家、社会及人民对法制体系的共同价值期待:一是社会主义法律体系必须坚持和反映社会主义本质,体现人民主体思想,恪守以民为本、立法为民理念,将社会主义核心价值观融入法律体系,使每部法律都能反映人民意志、维护人民利益,符合社会主义本质要求。二是完善以宪法为核心的法律体系,实现和保障宪法作为国家根本大法的核心地位,健全宪法实施和监督机制,依宪立法、依宪治国、依宪执政、依宪行事。三是实现法制从立法内容

---

① 参见蔡文之:《网络传播革命:权力与规制》,上海人民出版社 2011 年版,第 110 页。

到立法程序的科学性和民主性。一方面要尊重和体现经济、政治、文化、社会、生态建设与发展的客观规律,提高法律对于改革稳定安全发展这一现实需要的适应性,提高法律作为利益关系协调准绳的针对性、及时性、公正性与有效性,体现国家治理体系、治理能力现代化对于良法、善治的价值追求,实现科学立法要求;另一方面要坚持人民主体原则,通过完善立法机制、创新公众参与立法的方式与渠道,综合采取座谈、听证、评估、草案公布等多重手段,扩大公民有序参与立法的途径与渠道,贯彻民主立法原则,回应与落实社会和人民关切的问题。

其次,全面依法治国意味着行政和司法过程的合法和公正。习近平总书记曾强调,中国特色社会主义法律体系形成之后,法治建设重点是保证法律的实施。"法律的生命力在于实施,法律的权威也在于实施"①,依法行政是法律实施的基本过程,公正司法则是法律实施的主要保障,两者共同构成社会主义法律体系实施的全过程。从法律执行的角度,政府承担着主要的公共责任,因此"加快建设职能科学、权责法定、执法严明、公开公正、廉洁高效、守法诚信的法治政府"便自然成为法治中国建设的核心要点之一。所谓法治政府,简而言之即将政府运行机制全部纳入法治轨道,依循法律法规实现职能履行、决策制定与执行。要达到这一建设目标,除依照法治原则完善政府职能设置和决策机制外,还需要深化行政执法体制改革、强化行政权力的制约和监督,以实现严格规范文明执法。与依法行政同步,司法公正作为法律实施的重要保障,其核心目标就是通过司法管理体制和司法权力运行机制的改革与完善,规范司法行为,加强司法监督,建设"公正高效权威的社会主义司法制度",更好地发挥中国司法制度特色,促进社会主义公平正义。

最后,全面依法治国战略目标还包含对全面法治社会形成的愿景与期待,这也是依法治国最为重要和基础的内容。在全面依法治国的内涵体系和习近平总书记的法治思想中,"法治国家和法治社会是互为依存、相辅相成的两组概念范畴,法治国家引领法治社会,而法治社会则为法治国家构筑

---

① 《中共中央关于全面推进依法治国若干重大问题的决定》。

坚实的社会基础"①。因此,法治社会对于全面依法治国的实现具有重大现实意义。法治社会建设包含几重价值预设:其一是全社会法治意识的树立。"法律的权威源自人民的内心拥护和真诚信仰"②,没有人们对于法治的理解、向往和自觉遵循,法律的规定就只能停留在文本和纸面。法治意识和法治观念是法治社会主体建构最基本的素质要求。法治不仅意味着"已成立的法律获得普遍的服从"③,更意味着法治扎根人们的心理与行为模式,成为一种基本的思维模式和理念信仰。因此,要加强法治教育和法治宣传,大力弘扬社会主义法治文化,"调动人民群众投身依法治国实践的积极性和主动性,使全体人民都成为社会主义法治的忠实崇尚者、自觉遵守者、坚定捍卫者,使尊法、信法、守法、用法、护法成为全体人民的共同追求"④。其二是实现社会多层次、多领域的依法治理。一方面党和政府要坚持依法治理社会,通过系统治理、依法治理、综合治理、源头治理,提高社会治理法治化水平;另一方面要发挥人民团体和社会组织的积极作用,健全社会组织参与社会事务、公共利益等治理与维护的制度化渠道,实行广泛的社会自治,构建全民共建共享的社会依法治理格局。其三是通过建设完备的法律服务体系,完善社会矛盾纠纷多元解决机制,强化法律在维护群众权益、化解社会矛盾方面的权威地位,引导和支持人们理性表达诉求、依法维护权益,实现社会和谐和平安稳定。

上述内容构成全面依法治国战略的主体内容,在表达国家、社会发展建设的美好期待的同时,也对社会主体的建构和培养提出更高的要求。全面依法治国要求培养公民具备法治思维、弘扬法治精神、树立法治信仰,成为具备现代法治观念和思维,知法、懂法、守法的合格公民。在这一政策语境下,当代中国公民身份认同教育如何做好自我定位,围绕全面依法治国主线,培养符合社会主义法治要求的现代公民,实现公民个体对公民身份内在价值与外在行为的全方位认同,是必须要面对和解决的问题。

---

① 张文显:《习近平法治思想研究(下)——习近平全面依法治国的核心观点》,载《法制与社会发展》2016年第4期。
② 《中共中央关于全面推进依法治国若干重大问题的决定》。
③ 〔古希腊〕亚里士多德:《政治学》,吴寿彭译,商务印书馆1965年版,第199页。
④ 习近平:《加快建设社会主义法治国家》,载《求是》2015年第1期。

二、中国公民身份认同教育目标构建的现实困境

当代中国社会转型所带来的结构性变化、全球化以及网络化、信息化的发展，共同构成了公民身份认同教育新的社会背景，在为当代中国公民身份认同教育带来机遇的同时，也带来不可回避的现实困境。中国社会现代化发展所带来的个体化发展趋势以及相伴而生的个体权利诉求的高涨，使得原有集体主义、义务本位文化传统下的公民身份认同教育受到极大冲击，主流价值观的整合作用弱化，公民社会责任和法治意识薄弱，与法治社会建设目标定位之间形成巨大落差。上述问题既是当代中国公民身份认同教育所面临的困境与挑战，也是其必须面对和着力解决的现实问题。

（一）个体性与社会核心价值取向的折冲

由于现代性的发展伴随着个体主体性的觉醒和彰显，因此现代化的过程本身蕴含着一种个体化的发展趋势。这种个体化的发展特征在中国社会的现代发展过程中体现得尤其明显。中国文化结构中存在一种天然的整体主义倾向，这种整体主义的文化—心理结构倾向于以整体或总体性的思维界定人与社会关系，并将人的存在嵌入社会或群体整体性的存在中。孙隆基在其《中国文化的深层结构》一书中曾对此有所分析。他认为，中国文化对人的设计是以社会关系为基础的，在这一文化定义中，不受任何人伦和集体关系"定义"的个体是不存在的。这种由社会关系定义个人的方式，在传统文化中体现为以"家"定义个人，在现代则扩充为以"国家"定义个人。换言之，在中国这种群体本位的文化传统中，群体的和谐是其文化的皈依，人与我、人与自然、人与社会都处在一种本体和谐的同一性之中，个体缺乏独立意义，其存在依赖于群体和社会关系，因而在中国的群体本位文化传统中，绝对的个体概念并不存在。近代以来，这一现象随着中国现代化进程的加速发展逐步被打破，个体主体性及其个性的发展与现代性同步成为一种社会发展趋势。特别是在改革开放以后，社会经济、政治、文化的全方位转型为个体生长提供了更多的空间和可能，个体自由、个体意识、个体价值逐

步成为显要的社会趋势。在这种趋势下,个体逐步从集体化的生存和生活中脱离出来,成为一种独立的主体存在;个体化的生活方式和行为取向勃兴;法律、制度、理性取代民俗、乡约、情感,成为约束人们行为的主要规范;个人的价值、地位、生存空间被尊重和保护,个人可以按照自己的喜好选择生活方式,可以在承担相应责任的基础上享有权利。社会的个体化使得个性满足得到充分实现,社会成为达到个人目的的手段,个体化的思想和思维成为人们行为与行事的主导,整体性观念不断消解,自我需求逐步成为人们行为选择考虑的主要因素。

个体化的社会发展提升了人们个体性张扬的需求,使得个体主体性和主体意识更进一步发展。但是,人们在实现个体性的同时也感受到了个体化所带来的孤独感。人们在享受现代化生活带来的丰裕的物质条件时,也体会到传统精神家园的失落。个体性解放的同时带来的是集体感的缺失以及人与人之间情感联结的弱化;个体性张扬的同时带来的是人与人之间的冷漠、公共道德和责任的淡漠以及自我认同的危机。

从社会发展的视角看,个体性的过度张扬势必影响社会核心价值的主导地位和引领作用。在个体性张扬需求不断增强的现实条件下,社会主流价值观念和核心价值取向对人们思想和行为的约束作用逐步降低,多元价值选择的出现使得社会整合比任何时期都困难。这一现象为公民身份认同教育带来新的困难和挑战。

从公民身份认同的视角看,中国独特的个体化进程带来的是公民个体身份诉求的不断增强,但相应的社会责任和共同体意识尚未完成同步增长。有学者曾对此作出评论,认为"日渐崛起的中国个体已显示出过于强调权利而忽视义务和他人个体权利的趋势,自我主义盛行于'无公德的个人'之间的交往之中"①。个体化的生活趋势、多元化的社会文化和价值体系也在一定程度上影响着公民对于国家、社会共同体的归属与认同。同时,中国本身多民族、多族群、多文化形态乃至制度形态的特征,某种意义上也加重了公民个体有关公民身份认同达成的复杂程度。中国社会整体转型过程存在的

---

① 刘小峰:《个体化时代与中国生活体验——读保罗·霍普〈个人主义时代之共同体重建〉》,载《学术界》2015年第4期。

这些特征与问题，也对当代中国公民身份认同教育提出了新的挑战和要求。当代中国公民身份认同教育所面对的一个亟待解决的议题，即是如何应对社会转型期间个体的认同危机，促进个体多元价值诉求与社会共享价值的融合，实现公民个体、社会与国家不同层级之间的认同整合，从而弥合个体与整体身份认同之间的矛盾与冲突。

（二）公民权利诉求高涨与社会责任意识的淡漠

权利与责任是公民身份的核心内涵，也是公民身份区别于传统社会中人所具有的臣民等社会身份的关键之一。相较于一般意义上的权利和责任，公民身份内涵中的权利和责任有其特殊意义。其中，权利是公民主体地位得以体现的关键，也是现代民主法治社会背景下个体与国家、个体与政治之间新型关系的体现。与之相对应，公民身份的责任内涵具有公共性特征，是个体在社会公共事务和公共生活中所应承担的义务形式，其核心在于参与公共事务、维护公共利益、关注公共福祉，从而区别于人在私人生活领域中所具有的责任和义务，体现公民个体的公共属性。

无论是公民权利还是公民责任，对于中国社会发展而言都具有极为显著的意义。中国社会现代化进程自开始之日起，就包含个体主体性和个体权利的价值诉求。打破传统社会以义务本位为主导的社会规范体系，扭转权利与义务之间的不对称关系，一直都是中国社会现代化的核心议题之一。改革开放以来，市场化、全球化、信息化等趋势在解构原有社会"集体化"生存形态和"差序格局"的同时，带来生活方式的个体化和价值观念的多元化发展，也在更广范围内催生了人们主体意识和个体权利意识的觉醒。个人价值、个体权利在很长一段时间内成为社会价值观念领域的主流话语，而在人们的意识层面上，对权利的强调和追求也成为一种显性的价值诉求。这种权利诉求体现在人们积极参与听证、法律意见征询等社会公共决策，在涉及自身或公共利益的事务中关切或质询政府及行政机构的决策行为，在社会交往中注重对个人权利的保护等具体行动中。与此相对应，社会制度层面也具有明显的发展进步，一系列法律法规的制定，保障了公民权利的行使。例如，1986年4月12日，第六届全国人民代表大会第四次会议通过并颁布了《中华人民共和国民法通则》，对包含公民人身权、财产权等在内的基本权利予以进一步规定，明确国家公权力与公民私权利之间的界限，将公私两大权力/权利领域区分开来，保障公民的个体权利；2007年3月16日，第十届全国人民代表大会第五次会议通过并颁布了《中华人民共和国物权法》，进一步明确公民私有财产权，使得宪法这一根本法所规定的公民权利能够落实到具体的法律实践中。

意识和制度的双重发展催化和印证了公民权利意识与权利诉求的高涨，维护个人权利成为公民普遍关注的议题，这一现象本身就意味着人的主体意识的觉醒，体现着社会整体的发展进步。这一转变也正是国人从马克思主义人学意义上的"群体依赖"走向"个体独立"的过程。按照马克思主义关于人的权利与义务、个体性与社会性对立统一的原理，权利增长的同时需要有责任的同步增长，这样才能保持二者的平衡，也才能实现人的整体发展。虽然公民权利诉求高涨的同时人们的社会责任意识也应有相应的增长，但相比对权利的关注，人们对社会责任的关切却远远落后。从某种意义上而言，中国个体化与个体权利意识的觉醒，在很大程度上伴随的是个体对社会、集体心理归属的衰落，以及个体公共性和社会责任意识的缺失。人的个体性与社会性、权利意识与责任意识之间形成新的不平衡关系，不断消解着集体主义传统、社会核心价值观的社会整合和共识凝聚作用。社会责任意识的失落，也使得人们更多关注自身权益，忽视甚至于漠视对社会公共利益以及他人合法权益的维护。此前曾引发社会广泛关注的一系列社会事件也都从不同侧面反映出这一问题。例如，长江大学学生勇救落水者光荣牺牲，黑心船主却挟尸要钱；四川公交车上乘客看见扒手行窃后见义勇为，被歹徒刺死却无人救援。再如，南京彭宇案所引发的"扶不扶"社会问题，"小悦悦"事件所激起的社会道德大讨论，以及三聚氰胺事件、"黑砖窑"事件所体现的企业社会责任缺失等。以上这些例子不断拷问着人们的社会公共道德水平和社会责任意识，同时也警示着中国公民社会责任意识教育的不足。

（三）公民法治意识的薄弱阻滞法治社会建设

党的十八大、十八届四中全会明确提出要全面推进依法治国，将依法治国作为"四个全面"战略布局中的重要环节,并明确了全面依法治国的各项重大任务。党的十九大在此基础上进一步强调,全面依法治国是中国特色社会主义的本质要求和重要保障,要把党的领导贯彻落实到依法治国全过程和各方面,坚定不移走中国特色社会主义法治道路,完善以宪法为核心的中国特色社会主义法律体系,建设中国特色社会主义法治体系,建设社会主义法治国家,发展中国特色社会主义法治理论,坚持依法治国、依法执政、依法行政共同推进,坚持法治国家、法治政府、法治社会一体建设,坚持依法治国和以德治国相结合,依法治国和依规治党有机统一,深化司法体制改革,提高全民族法治素养和道德素质。上述要求和理念为当下中国的法治建设提供了更加清晰的发展思路。其中,全民法治素养和法治观念的增强是依法治国的重要内容,也是依法治国目标实现的关键。要推进全面依法治国的真正实现,建设法治社会,首先就要有公民良好的法治意识作为基础和保障。

"法治意识是法律意识的最高形态,是人们对法现象的观念、心态、认知和对社会法制体系认同的主动性的统一意识。"[①]公民法治意识是推进法治建设的思想观念前提,是经济社会发展的必然要求,也是建设法治文化的重要内容。法国思想家卢梭在《社会契约论》中指出,一切法律之中最重要的法律是铭刻在公民内心里的。法律要发挥作用,需要全社会信仰法律,形成牢固的法治意识和法治理念,自觉遵循法律法规,以法治思维认识、理解和判断自我行为以及与他人和社会的相互关系,自觉依法行事。从这一意义而言,公民具有较高的法治意识是法治能够实行的重要保障,实现法治社会必须以社会成员具有法治意识作为基础和前提,培育公民法治意识为实现法治社会提供指引。"民众的法治意识能够最为直观地反映一个国家、一个社会、一个群体和一个时代的性格特征与精神状态,形成法治意识的群体才能拥有较高的道德水平,法治文化建设才能对道德建设提供保障功能。"[②]法治意识水平的高低关系着法治社会建设目标能否真正实现,全面依法治国是否能够真正落实。

[①] 焦艳芳:《国家法治现代化与公民法治意识的培育》,载《人民论坛》2014年第14期。
[②] 同上。

从当前公民整体法治意识的现状看,中国公民整体存在法治意识薄弱的问题。公民对法律知识的认识和理解不足,法治思维和法治观念不强,在社会实践中存在大量与法治理念和法治要求不相符的行为和现象,如公开买卖选票、网上"人肉搜索"、非法倒卖他人身份信息、各种严重刑事案件的发生等。中国学者冯建军曾主导一项面向中小学生的公民身份认同状况调查,围绕公民身份不同层级相关的公民知识、公民意识、公民道德和公民行为等,对全国10个省、自治区、直辖市及特别行政区的中小学生开展问卷调查。调查显示,受调查学生对法律知识的知晓度仅有41.7%。[1] 公民法治意识的薄弱使得"法律纸面化"成为一种突出的现象,法律法规难以真正落实到公民个体的实际行动中,转化为人们行动和行为的规范指引。英格尔斯在其《人的现代化》一书中表示:"如果一个国家的人民缺乏一种能够赋予这些制度以真实生命力的广泛的现代心理基础,如果执行和运用这些现代制度的人自身还没有从心理、思想、态度和行为上都经历一个现代化的转变,失败和畸形发展的悲剧是不可避免的。再完美的现代制度和管理方式,再先进的技术工艺也会在一群传统人的手中变成废纸一堆。"[2] 同样,法律能够真正发挥作用,成为人们的行为指引和规制,法治社会建设能够真正达成,社会法治文化能够真正形成,依赖于人们法治意识的提升和法治观念的确立。这也对公民身份认同教育提出了更高的标准和要求。当代中国公民身份认同教育理应加强对公民法治意识的培育,促进公民法治思维的形成和法治精神的树立,达成对自我法律主体地位的高度认同,自觉以法治理念规制自我行为选择,依法行使权利、承担义务,成为符合社会主义民主法治发展要求的合格公民。

三、公民身份认同教育目标的分离与脱节

现代性对公民身份的建构要求是发展形成一种多元化、整体式的公民

---

[1] 参见冯建军:《公民身份认同与学校公民教育》,人民出版社2014年版,第132—136页。
[2] [美]阿历克斯·英格尔斯等:《人的现代化》,殷陆君编译,四川人民出版社1985年版,第4页。

身份结构,包含个体、社会与国家多层次以及政治、法律与道德多维度在内的身份结构。当代公民身份认同教育应当建立在完整意义的公民身份的基础上,培养出具备独立人格与公共精神、权利与义务统一意识的现代公民。受传统国家政治主导和个体道德主导等教育理念的影响,中国公民身份认同教育主要以国家公民身份的认同为重心,着力强化公民的政治认同和国家认同,对公民个体自身主体意识的培育以及权利义务的理解与内化则相对忽视。在公民身份本身的认识和理解上,中国公民身份认同教育倾向于集体化的"人民"政治身份认同和以基本道德为主的道德身份认同,在关于公民身份的政治、法律、道德属性及其关系的认知上存在一定偏颇,对公民身份的权利和责任教育也存在事实性失衡的问题。

(一) 传统理念与公民身份认同教育价值取向的偏差

公民身份是个体、社会、国家三种层级的有机统一,公民身份认同包含对个体公民身份、社会公民身份与国家公民身份的肯认。通过对上述三种不同层级的公民身份的认同,个体得以建立完整的公民身份意识,在肯定个人主体地位的基础上实现其对社会、国家所负责任,以及对国家和社会共同体的归属。

但是,综观中国公民身份认同的历史演化及现状,教育对公民身份所包含的国家价值理念强调较多,突出对公民认同和忠诚于国家、达成国家公民身份认同的教育目标,而公民身份所内蕴的社会和个体价值理念相对较弱。公民身份教育萌芽初期,受所处历史方位和现实影响,中国公民身份认同教育是以挽救民族危亡为核心目标,国家与民族整体利益是公民身份教育的主旨所在;现当代发展阶段,中国公民身份教育又以推进民主法治、维护社会稳定等现实目标为最终目的。教育实践存在的上述特征显示,中国公民身份认同教育始终以国家富强为核心。在这一目标主导下,中国公民身份认同教育无论是在教育方案设计还是在目标建构上,都显示出鲜明的国家和社会本位特征,始终围绕国家、民族、社会整体的现实需求进行。将国家富强作为阶段性目的本身并不是错误,问题是在它成为新的图腾之后,个人身份和地位将被置于何处。① 公民身份归根结底要落实在个体公民身上,体现为公民个体在共同体中的权利义务,并以公民身份为介质建立个体与共同体的和谐关系。对国家导向的重视,使得中国公民身份认同教育长期以国家整体为要旨,对个体价值与主体地位的建构则相对忽视,对国家公民身份强调有余,而对个体公民身份重视不足。这具体体现为在教育实践中注重对个体进行国家认同教育,强化国家公民身份意识和自我认同,而对个体所应具有的主体作用,以及其享受的权利和承担的义务,则未给予足够重视。一方面,对个体公民身份认同教育的忽视,会导致个体对自身作为公民的身份认知不足,对个体应享有哪些权利、如何行使这些权利以及个体负有哪些义务的知晓度不高,个体主体性未能得到完整和充分实现;另一方面,个体公民身份认同的缺失,也在一定程度上影响了公民个体公共性的培养和社会责任的实现。在前文所提到的中小学生公民身份认同状况调查中,在个体公民身份层面,受调查学生认同个体独立意识的比例仅为30.7%,对公民身份的理解也远未达到预想比例。② 这也在一定程度上说明了中国个体公民身份认同及其教育的相对缺失。

从公民的公共性角度看,个体所具有的社会公民身份是其在社会领域中主体作用和价值的体现,主要表现为个体通过社会组织或其他途径,参与社会公共事务,服务公共利益与公共福祉。社会公民身份是个体公共性的集中表现,在现代社会中具有十分重要的作用。受全能国家主义的影响,国家与社会之间是一种强国家、弱社会的力量结构,国家相对于社会处于优势和强势地位。在这一结构中,社会的自治和自主功能相对较弱,社会事务的管理和决策依赖于政府主导,民间社团及组织等的主体作用相对较弱。这种社会结构也在一定程度上影响着公民身份认同教育,使得个体作为社会公民身份的价值和功用不具有充分的发展空间和实践场所。中国公民身份教育对国家公民身份认同的强化、对个体和社会公民身份认同的相对忽视,也导致公民在个体公民身份和社会公民身份层面的认同相对较弱,对个体

---

① 参见周金华:《新公民论——当代中国个体社会政治身份建构引论》,中国社会科学出版社2010年版,第179页。

② 参见冯建军:《公民身份认同与学校公民教育》,人民出版社2014年版,第132—136页。

和社会公民身份的具体意义和价值认识不足。

(二) 公民身份法律主体认同教育的弱化

公民身份包含政治、法律与道德的维度,三者辩证统一于公民身份的价值体系中。其中,政治公民身份是对个体与共同体关系的规制,体现个体在政治关系中的地位与价值,个体通过政治公民身份进入政治与社会资源配置过程,影响和作用于政治决策与政治事务的管理;法律公民身份体现公民的法律主体地位,通过法律规定,公民得以行使法定权利、承担法定义务;道德公民身份规制着公民在道德和社会伦理关系中的主体地位,体现为现代政治对公民应具有的理性、独立、平等、法治等公共价值追求,以及忠诚、节制、参与、友爱与合作等德性要求。现代公民身份认同教育包含上述三重向度的教育培养。

但是,由于中国政治文化传统以及公民身份认同教育发展过程中存在突出的国家政治和个体道德取向特征,因此中国公民身份认同教育对个体公民身份的政治和道德属性强调较多,注重对个体政治身份认同的教育以及个体思想品德和道德品质的培育。相对而言,公民作为法律主体的教育则较弱。与此同时,公民身份所具有的政治、法律、道德属性,在教育过程中也未能很好地实现有机统一,主要体现在以下几方面:

第一,忽视对公民个体作为独立自主的法律主体的培育,法律公民身份教育相对缺失。当前,中国公民身份教育高度重视以理想信念、政治信仰等为核心的政治身份教育,而对公民作为法律主体的身份认同教育相对缺失。公民身份教育包含公民基本的法律权利和义务知识,也进行一定的法律基础知识教育,但相对于教育对个体政治身份认同的强调而言,当代中国公民身份认同教育对公民个体作为法律主体的教育无论是在强度上还是力度上都较弱,对公民开展的法律知识、法律精神、法律人格等的教育也较不足。在已有的个体政治身份认同教育和法律教育之间,前者以集体化的"人民"概念为基础,后者以个体化的"公民"概念为基础,两者似乎并不处于同一种语境。同时,公民作为法律主体的身份认同与政治主体认同之间也未能建立起良好的互通渠道,政治与法律两种身份认同的教育之间也未能实现相对顺畅的互动机制和统一。

第二,在政治身份教育上,中国教育虽就人们的政治身份教育给予充分重视,但这一政治教育总体建立在集体化的"人民"身份基础上,突出集体取向的"人民"教育,相对忽视个体导向的"公民"教育。同时,在所开展的具体公民身份教育实践中,虽然设定了培养合格公民的基本目标,但培养聚焦于以理想信念为基础的政治认同和国家认同,对公民个体在现代政治过程中的价值和作用,以及如何实现这种价值、发挥个体对政治过程的影响作用,则相对教育不足,具体表现为:各级学校的公民身份教育虽包含有关于公民个体与国家关系、公民身份及其权利义务、政治制度与政治组织等的教育,但大多限于知识和理论范畴,教育内容并不具有可操作性,教育过程也缺少政治实践,使得教育仅停留于书面知识,难以帮助个体真正实现政治公民身份的认同。

第三,道德公民身份教育侧重的是基本道德素质的培养,对公民身份公共性与公共精神培育不足。事实上,作为公民身份的基本要件之一,公民道德与一般道德之间存在一定的差别:公民道德是建立在公共性基础上的道德品质,规制的是个体作为公民在政治和社会过程中所应具备的公民德性。从公民身份的价值内蕴及其内涵体系看,公民道德是建立在统治与被统治基础上的德性要求,是以政治和法律为基础的道德品质,体现的是个体在公共生活和公共领域中的品质和德性要求。一般道德则不以公共性为要件,主要规制的是个体在私人领域中的品质和德行。但是,中国公民道德教育侧重的仍是个人的一般道德品性,对公民作为道德主体在公共领域中的特性,强调和凸显的程度尚嫌不足。

总体而言,当代中国公民身份认同教育所进行的合格公民培养,未能真正将公民身份所具有的政治、法律和道德属性完整统一在公民的角色引导中。同时,对公民法律主体身份认同培养的忽视,以及相应法治教育的不足,也在一定程度上影响了公民法治意识的培育和提升。

（三）公民身份权利与义务教育的失衡

权利与义务的平衡是公民身份的核心内涵，"权利公民"与"责任公民"是公民身份的两个基本面向，两者内在地统一于公民身份内涵体系之中，是公民权利与义务相统一的价值体现。"权利公民"在公民生活领域建立了公民权利的原则，并在实践中努力践行这些原则，从而推进个人自由合理有效的实现；"责任公民"则提供了社会责任和义务的基本框架，是公民公共性与公共精神的体现。公民身份认同教育过程的核心在于培养人们从"自然人"成长为"社会人"再到"政治人"，是人的自我认知、认同与社会认同合一的过程，其间既有公民身份知识的普及、公民身份价值理念的引导，更有公民身份权利与义务观念的培育。现代公民身份认同教育既包含权利公民的培养，也包含责任公民的塑造，两者相互统一、彼此平衡，共生于公民身份认同教育的内涵体系。

近代以来，在公民身份制度有关权利—义务关系中，权利占据主导地位成为公民身份认同的核心。正如查尔斯·泰勒所言，现代西方文明中的权利概念已经成为法律体系以及道德思维的核心。权利以及对权利本身的尊重是现代道德思维的基本内容。但是，中国传统文化与之不同，更强调义务取向。在中国传统文化中，人与人、人与社会之间的关系维系更多的是依赖道德义务的作用；在封建社会体制下，个体与国家之间更是形成个体义务—国家权力的单向度作用关系，国家权力拥有至高无上的地位，个人几乎没有拥有权利的可能。这种个体义务—国家权力格局对中国政治、社会、文化、心理都造成深远的影响。一方面，义务本位的思维模式在上述领域中仍占有一定的市场，单向"服从、顺从"等义务本位的思维魔咒在一定范围内仍对公民人格塑造产生着负面影响，公民身份教育实践中对正确行使权利的教育引导存在不足。另一方面，长期的义务本位取向与现代性激发的权利思维之间，在某种程度上形成了一种"错位"的对应关系，公民群体中只争权利而不履行义务者，与只受义务思维主导而不知权利为何物者同时存在，本应对立统一的公民权利与义务处于事实上的分离状态。

公民权利与义务失衡这一现象也体现在中国公民身份认同教育的实践

之中。这种现象体现在以下两个层面:

第一,在教育的内外互动层面上存在教育的义务基调与社会现实中权利诉求的分化现象。一方面,公民身份认同教育侧重公民伦理教育,强调公民对国家尊崇和承担相应义务,而对如何正确认识和行使权利的实践引导则相对较弱;另一方面,现实生活又出现了重权利、轻义务的观念和现象,强调自身的权利诉求而忽视个体存在的义务,对教育应当侧重权利导向的主张也越来越强。教育的侧重点与社会现实的偏离和矛盾,是当前公民身份认同教育目标分化的表现之一。

第二,在教育的内部结构中,也存在权利教育与义务教育的分离现象。有学者曾指出,在公民身份认同的具体教育过程中,权利与义务存在相互分离现象,体现为公民虽然有极强的权利意识,但是义务意识却十分淡薄。这种状况与公民身份教育塑造教育对象权利义务观的理念有密切的关系。中国公民身份认同教育以集体主义为主导价值取向,其特征之一在于对国家神圣和集体神圣的强调。这一观念虽然有助于强化人们的国家意识和集体观念,但在权利义务观的教育问题上却产生了两方面影响:一方面,国家通过强调法律的"国家神圣"性,使学生经由对国家的敬仰而达至对义务的理解,也赋予了义务以神圣的色彩。这主要是受集体主义取向的影响。另一方面,通过强调法律是维护自身权益的武器,使学生经由对利益的体察而达至对权利的理解,从而也赋予权利以功利的色彩。这是受功利主义取向的影响。仔细分析,我们会发现这两方面似乎并不在同一层面上,认识义务时强调法律的地位,而认识权利时强调法律的功能。在一个不断被利益浪潮侵蚀的社会中,人们常常对神圣而外在于个体的事务避而远之,对利益却趋之若鹜。权利与义务脱节,不能在完整的权利与义务体系中被教育对象认识和接受,如此树立起来的义务观对教育对象所产生的实际影响是个体与义务的疏离,使得义务被漠视;这样树立起来的权利观造成了权利与个人主义的合流,使得权利被高举。这也在客观上导致,虽然公民教育旨在透过法律意识的建立树立起个体的权利与义务观,但实际上又在无意中高扬了个人主义;而这种个人主义与我国公民身份认同所依托的集体主义之间,又未能形成有效的结合与有机统一关系。在社会实践中,过度张扬的个人主义在一定程度上形成了对现代社会的"拆解",也在一定程度上阻碍了完整意义上公民身份认同的达成。

四、公民身份认同教育路径单一

如前文所述,当代中国公民身份认同教育在很大程度上尝试和探索了现代普遍公民意义上的认同教育,在教育途径上也进行了一定的革新与尝试。但是,由于公民身份教育传统的缺失,中国公民身份认同教育在路径及方法体系上整体较为单一,教育效果也不甚理想。

(一) 公民身份知识与实践的疏离

依据认同理论,个体公民身份认同的实现依赖于其心理认知与行为实践的双重作用,而教育的功能即是以身份知识传授为基础,引导公民个体将知识转化为身份实践,在实践活动中通过运用知识来深入感知、理解其公民身份的基本价值与核心意义。知识对于公民身份认同的达成具有基础性作用。因此,在公民身份认同教育过程中,关于公民身份知识的传递和学习无疑是重要的。其中,向学生传授基本的公民知识,鼓励学生掌握基本的伦理道德规范,是公民身份认同教育的基础使命。但是,教育的进行、知识的传授必须要与受教育者的反思和内化结合才能有效果、有价值,进而达到培养人的目的,否则教育将失去它存在的本真意义。正如希特所言:"关于公民身份的知识如果没有导致态度的形成以及技能的获得,其用处是片面的。"[①]知识要为受教育者所反思与内化,就依赖于实践的桥梁作用。公民个体通过教育习得的公民身份理论知识,还必须在理论知识基础上通过实践运用才能转化为自我的内在价值。

反观当前的公民身份认同教育,知识与实践的疏离仍是其中存在的明显问题之一。这一问题有以下两方面的具体表现:

其一,知识教育与实践教育的疏离。在当前的公民身份认同教育中,以

---

① 〔英〕德里克·希特:《公民身份——世界史、政治学与教育学中的公民理想》,郭台辉、余慧元译,吉林出版集团有限责任公司 2010 年版,第 482 页。

知识为中心的教育模式仍占较大比重,知识被当作最重要的教育内容,知识传授也被视为最主要的教育方式。这一过程中,公民身份实践常被忽略,公民身份认同教育成为一个理论与实践、知识与行动相疏离、相分裂的过程。① 个体虽然获得公民身份知识,但未能得到实践与参与能力的锻炼。公民身份于个体而言仅仅是一些抽象的、概念化的知识与理论符号,并不能真正引发个体内在的深层共鸣。实践的缺失也使得个体难以有效掌握公民身份的实践技能,从而无法在现实的公共生活中扮演好公民的角色,有效履行公民身份的权利与责任。这种知识与实践的疏离,最终将导致公民身份仅仅停留于抽象的知识符号或概念化的法律文本,难以实现向政治与社会现实的转化。

其二,公民身份知识本身与实践的疏离。"知识是人类运用理性法则所获得的关于世界的经验认识,是关于'是什么'的问题,它以客观对象的真实性把握为目的,必然要求在思想上遵守逻辑规则,重视思维活动的客观性和合理性,强调概念和命题的可证实性和可证伪性。"②因此,知识必须能够与实践相联系,反映客观现实并为现实所印证。公民身份知识是包含公民身份精神价值、公民权利义务、国家构成、政治及其运行规则等在内的知识体系。这种知识的价值需要经由公民个体在客观实践中的实际运用来印证。但是,从中国公民身份认同教育来看,公民身份知识与实践之间似乎仍然处于脱节的状态。一方面,由于政治现实中公民参与公共政治渠道的整体缺乏,以及公民参与实践本身的不足,公民身份知识难以在社会实践中有效转化为公民个体行为,并在行为实践中得以验证。同时,知识与实践之间未能形成通畅的相互联系,个体在教育过程中习得的知识不能真正转化为其切身实践从而得以深化和升华。另一方面,公民身份认同教育内容中存在的道德精英式的教育指向与内容,因其客观上存在的过于"远大"和"崇高"的理想定位特征而难以在个体实践中得到即时性展现,对公民身份知识本身的介绍也存在"务虚多,务实少;定性多,定量少;抽象多,具体少;正面多,反

---

① 参见叶飞:《公民教育:从"疏离"走向"参与"》,载《全球教育展望》2011年第8期。
② 李朝东、王金元:《教育启蒙与公民人格建构》,中国社会科学出版社2009年版,第13页。

面少"等问题,①不能深入浅出,从而在一定程度上影响了公民身份知识与实践的有效联系。与此同时,社会转型期内仍大量存在的贪污腐败、司法不公、漠视公民权利义务等违背公民精神与价值理念的现象,也在一定程度上弱化了公民身份认同教育效果,使得学校教育中关于公民身份民主、正义、法治理念的正向传输,与政治、社会现实中上述规则的部分"负向运行"现象之间形成矛盾和紧张关系,在一定程度上对公民身份认同教育形成思想冲击,造成公民身份知识在表象上与社会实际相疏离。

(二) 政治教育的路径依赖

路径依赖(path dependence)问题,是诺斯将前人关于技术演进过程中自我强化现象的论证引入制度变迁研究范畴而形成的新的理论框架。他认为,制度变迁过程也同样存在着类似技术变迁中报酬递增和自我强化的机制。这种机制使得制度变迁一旦走上某一路径,便会在以后的发展中不断自我强化既定的方向。人们过去的选择决定了他们现在可能的选择。沿着既定的路径,经济和政治制度的变化可能进入良性循环的轨道,迅速优化;也可能顺着原来错误的路径往下滑,甚至被"锁定"在某种无效率的状态下而导致停滞。一旦进入了"锁定"状态,要突破这种"锁定"状态就会变得十分困难。②

在中国公民身份认同教育过程中,也存在类似的路径依赖问题,其直接体现即是对政治教育的路径依赖。政治教育在教育发展中具有特殊地位,是任何阶段人才培养都必不可少的环节和内容。它以强烈的意识形态属性为主要特征,旨在培养人们高度认同和尊崇的社会主义核心价值体系,树立社会主义和共产主义世界观、人生观、价值观,以社会主义事业为理想信念并高度自律。由于中国并没有设立专门的公民身份教育体系,有关公民身份的教育内在地嵌入于思想政治教育的总体框架中。尽管教育实践中已有科学化、体系化的公民身份认同教育的尝试和探索,但总体而言,公民身

---

① 参见王雄:《公民教育:新的起点与探索——2005 年中国内地公民教育现状概述》,载香港特别行政区民政事务局等编:《21 世纪中国公民教育的机遇与挑战》,郑州大学出版社 2008 年版,第 46 页。
② 参见唐皇凤:《"路径依赖"与"范式转换"——对当代中国宪政建设困境的若干反思》,载《浙江社会科学》2005 年第 1 期。

认同教育在理念、思维、方法和途径上,仍不可避免地受思想政治教育特别是其中政治教育的影响,而具有一定的政治教育色彩,并体现出某种路径依赖。这种路径依赖具体表现在单向灌输式的理念教育、政治理论化的教育内容以及政策宣传式的教育方式等方面。

首先,在教育理念上,传统的政治教育以价值观自上而下的单向灌输为主要特征,这种教育同样体现在公民身份教育中。这里的"单向灌输"是指一种简单化的思想介入方式。在中国政治教育的历史上以及当下的教育实践中,都存在这种简单化的思想传输现象,即将理论和观点不加解释且不容辩驳地强加给他人,而无视人的意识。这种教育方法不仅达不到预想的教育效果,也使得"灌输"成为一种教育方法的负面样本而饱受批评。实际上,对于"灌输",列宁曾经有过系统的科学论述。他在明确了科学社会主义学说的革命运动旗帜地位的基础上,提出普通工人不可能自发形成社会民主主义的意识,因为这种意识只能从外面灌输进去。因此,马克思主义政党应当以"理论家""宣传员""鼓动员"和"组织者"的身份,深入工人、居民等群体,将社会主义思想灌输到工人运动中。列宁"灌输论"的提出是以革命的实际需求和意识的形成原理两方面为依据,具有极强的方法论指导意义。但是,这种"灌输"应当是一种寻求方法的指导方向,而非简单的操作办法。"灌输"是要运用各种科学有效的具体方法,将先进的理论和科学方法带入人们的意识层面并产生影响,使之成为人们的价值观和世界观,指导人们认识和理解内外世界。公民身份是现代民主法治体系下个体与国家关系的制度建构,其本身蕴含着特定国家对于个体的角色期待和价值预设,体现着国家意志和政治理念。这种价值和理念的教育应当遵循认同形成的心理和社会规律,而非简单化的理念灌注。

其次,在教育内容上,政治理论教育以教育的理论化为主。公民身份认同教育是要引导个体对其公民角色进行体认和价值内化,以公民角色蕴含的价值体系指导和规制其行为实践。因此,公民身份认同教育内容必然是公民角色所蕴含的价值理念及其理论支撑。在中国,这一教育内容即为马克思主义学科及其相关理论。一方面,马克思主义理论作为个体自我认知和自我建构的理论指导,其内容本身无可非议,但问题在于不少教育者在教育过程中,缺乏依据马克思主义理论对公民身份本身进行的解读与阐释,尤其是缺乏我国当前具体政治、社会具体场景下的理论分析。另一方面,有关马克思主义理论的教育过于局限于理论本身,理论与实践的联系尚嫌不足,未能充分体现理论对于实践的指导作用,对在实践中具体进行理论应用也缺乏针对性教育。上述问题当然也与公民身份及其理论的外生性有关。由于公民身份及其理论根源于西方政治历史文化,中国本土文化中缺乏相应理论根基,在当前的政治研究中也尚未完成对公民身份理论的本土化建构,因此对公民身份的本土理论阐释也相对欠缺,导致在实际教育中难免出现理论准备不充分的现象。

最后,在教育方式上,存在大量政策宣传、鼓动式的教育形式。党的政策宣传教育历来是政治教育的重要内容和功能,而政治教育也是党进行政策宣传教育的主要途径。这虽然使政治教育的内容得以不断丰富,但与此同时也使得教育具有较强的政策依赖特征。有学者曾提出,中国思想政治教育特别是政治教育学科性和科学性的建设不足,在很大程度上与其对政策红利的依赖有关。与政策性教育相对应,政治教育过程中常见的是政策学习、主题教育等形式的教育活动,通过组织政策宣传、集中式的学习达到政策普及、深化理解、思想统一和价值传递等教育目标。这一教育形式在当前公民身份认同的教育过程中也有所体现。

公民身份认同教育存在的这种对于政治教育路径的依赖,在一定程度上制约了公民身份教育本身的发展,使得中国公民身份认同教育显示出较大的局限性,不利于教育目标的实现。当然,需要澄清的是,我们讨论公民身份认同教育中存在的政治教育路径依赖问题,并非否定政治教育的积极作用。相反,我们认为政治教育在人的政治社会化中具有不可替代的作用,也是社会主流价值观传承以及社会共识达成的重要因素。之所以提出这样一个问题,是因为公民身份认同教育的核心是人的自我发展,是关系现代性主体建构策略的重要问题。公民身份认同不仅是政治领域应该探讨的问题,也是心理、社会、历史、文化等多个领域应当共同关注的问题。公民身份认同归根结底是个体心理层面对其公民身份和角色的接纳,与个体心理机制、社会互动的成长和发展密切相关。因此,从教育的角度看,要达成个体对自我公民身份的全方位认同,除了要从政治的角度理解和探讨这一议题之外,更为重要的是要从个体生长的角度,探索和建立更为科学的教育方法与教育模式。虽然政治是公民身份最重要的属性,政治教育也是公民身份认同教育最核心且不可替代的组成部分,但这并不代表政治教育就应是公民身份认同教育唯一的方法论来源。在现代民主政治背景下,教育还应当以一种更为宽广的视野,将公民身份认同问题置于现代性建构的语境中,建立起更具科学性和系统性的教育方法体系,为当下中国公民个体的身份认同以及社会主义公民人格的形成提供更加丰富和全面的发展路径。

第五章

国外公民身份认同教育的经验借鉴

> 建国以来我们就认识到教育具有一种公民使命:培养致力于美国宪政民主价值和原则,具有知识、理性、人道和参与意识的公民。①
>
> ——《公民学与政府国家标准》
>
> 文化价值观与经济发展密切相关,国家的成功不光靠政府的能力,还要靠人民的良好品质。②
>
> ——李光耀

公民身份认同教育是当代世界各国普遍关注的议题。在现代以及后现代社会的发展趋势下,以形塑个体公民身份认同为核心的公民教育已成为世界上许多国家政治以及教育发展的重要组成部分。由于公民身份本身是一种兼具普遍性与特殊性的价值体系,因此公民身份认同教育在推行过程中,在体现人类文明社会共有价值诉求与共同规律的同时,显现出所在国家社会制度或历史文化传统所具有的鲜明特征,呈现出不同的特点和发展路径。其中,美国与新加坡作为西方与东方国家的典型代表,展示出各自在公民身份认同教育上文化与思维方式的特质。两国公民身份认同教育为中国公民身份认同教育的发展提供了经验借鉴与启迪。

---

① See National Standards for Civics and Government,http://www.civiced.org/standards.
② 转引自方勇:《道德与品格的分量——新加坡教育观察》,载《中国教育报》2015年4月1日第11版。

一、多元文化下的融合：美国公民身份认同教育

（一）美国公民身份认同教育概述

公民身份教育是美国民主政治发展的重要基石，承载着培养美国公民国家精神、民主价值的任务和使命。美国公民身份教育的根本目标在于促进民众对美国政治思想、政治体制和政治权利的认同，体现出极强的政治价值。[①] 随着国内外局势的变化，美国公民身份教育的主题和内涵也因国家利益需求而不断调整和变化：建国之初，为实现国家更高层次的统一，着重以爱国主义情感、敬爱上帝的精神以及社会品德培养为中心；20世纪初，受现代化及社会生产力、消费力飞速发展影响，着重培养公民个体的民主习惯和民主思维；二战后，为应对东西方阵营对立的冷战格局，强化爱国主义教育，强调公民对国家的忠诚；80年代后，在世界经济一体化、政治多元化趋势加剧的背景下，开始强调个人价值与社会价值并重，注重培养公民批判精神和参与能力；进入90年代后，逐渐从侧重个人领域、私利领域转向社会公共领域，逐步强化对具备参与特性的积极公民的培养。公民身份认同教育重心的变化，凸显出不同时期美国国家政治在不同政治理念主导下对个体的公民角色期待，以及其所着力建构的公民身份认同方向与类型。这一变化同时也体现出美国公民身份认同教育突出的多样性特征，彰显了其多元化的文化心理与社会结构特征。这种多样性主要体现在以下两方面：

第一，教育理念的多样化。受多元化政治思潮的影响，美国公民身份认同教育也存在多种价值理念，包括自由主义、保守主义、社群主义以及多元文化主义在内的政治思潮，他们都因循各自的公民身份理念，对公民身份认同教育提出不同主张。自由主义强调个人权利的不可侵犯性，因而在公民身份教育上也强化个人的自主性和自由权利的优先性，重视价值中立并承认价值多元性；保守主义强调美国传统价值观念与宗教价值观的教育，着重

[①] 参见顾刚等：《当代美国学校公民教育的基本主题及其特点评析》，载《理论月刊》2008年第1期。

强化公民的公共性、统一性以及品格的塑造;社群主义在批判自由主义过度突出个人主义的基础上,主张重拾共同价值与个人品格教育;多元文化主义关注差异性公民身份和全纳性民主,主张培养多元化和跨文化的公民人格。这些不同价值理念彼此争论又对立统一,在不同程度上影响和左右着美国公民身份认同教育的发展。

第二,教育内容与标准的多样化。由于美国实行教育分权自治,因此公民身份教育并无整齐划一的内容和标准规定,各州在公民身份教育上都制定有各自的课程内容和具体标准。1994年,美国发布了历史上第一个公民学课程指导文件——《公民学与政府国家标准》(以下简称《标准》),作为各州开展公民学与政府课程的教学指导和内容参考。但是,这并非一份在全国范围内强制实施的官方法律性文件,而是一个开放性的标准参考体系,各州政府、学校和教师可以根据实际情况自主选择教学内容,制定教学标准。

理念和内容等的多样性,体现了美国社会的多元化特征。但是,与此同时,美国公民身份教育在教育的深层理念、目标和内容上仍显示出高度统一性。在教育理念上,尽管自由主义、保守主义、社群主义及多元文化主义在具体表述和侧重上各有不同,但其共同目标都是要促进美国的民主发展,并为之培育具有民主品质的现代公民。美国公民教育始终以维护美国民主为主旨,以"促进知情的、负责的、人道的公民的发展培养,增强公民参与民主的治理能力,增进公民对立宪民主的价值与原则认同"为使命,着重培养具有民主和参与品质的"好公民"。这种"好公民"应当具备杜威所明确的两种基本形象:一是有效的交流者,二是有改造能力的参与者。前者要求公民个体相信平等,并在此基础上具有自己的独特个性而非盲目崇拜权威;后者则要求公民具有发现问题、解决问题的能力,从而促进民主的不断革新。在教育内容上,尽管美国各州及学校课程设置的具体形式和内容不同,但基本上都围绕民主及民主公民培养所需的几项主题展开,包括民主政治制度与公民权利义务知识、国家认同与爱国主义教育、社会多样性与多元文化价值观念等。

总体而言,美国公民身份认同教育在多元文化形态下,表现出多样性与统一性并存的基本特征。在对个体的身份认同塑造上,尽管在是否应培养公民形成传统价值与品德、是否应当通过教育传授特定价值观等问题上存在一定分歧,但美国公民身份认同教育始终以促进民主为主要方向,培养公民具有关心民主和参与民主的意识,在承认多元文化的基础上认同和支持美国主流价值观念。美国公民身份认同教育立足其国家本土文化和社会现实,培养具有独立、自主人格的现代公民,从而推动美国民主教育和民主制度的不断发展。

(二)个体价值基础上的国家认同教育目标

与多元统一的特性相对应,美国公民身份认同教育在培养目标上兼顾个体性和公共性,着力塑造具备独立性与自主性但又高度认同美国国家信念的公民形象。可以说,美国公民身份认同教育的核心目标是建构基于个体主体性的国家公民身份认同,教育中心是达成公民的国家认同,但这种国家认同以尊重个体价值和个体的独立性为基本前提。

美国公民身份认同教育这一目标特征与其价值观念体系紧密联系。美国长期秉承个人主义(individualism)①的价值理念,认为个人是价值的中心和目的,一切价值、权利和义务都来源于个人;个人拥有能动性,具备独立行动的能力,并在道义上具有普遍平等的地位,任何人都不应该被当作另一个人获得幸福的工具。这种源自清教徒信仰的价值理念,使得美国人相信个人对自己负责,强调个人对自我行动与生活的支配,强调机会均等,重视通过个人的才干和能力奋斗获得成功。以个人主义为中心的价值理念,凸显了对人的本体价值的尊重,将个体从整体中分离出来,使之成为独立的存在。但是,这种价值理念并非将人们引向无休止和无节制的个人利益追逐,而是在尊重个人自由和权利的基础上,建立起以"每个人的个人幸福"为目标的共同价值,并形成一种强大的凝聚力量,使之成为一种共同的价值认同。正如冈纳·米达尔在其《美国的抉择》一书中所说,美国人在人种和民

---

① 托克维尔在其《论美国的民主》中首次提出个人主义概念时,曾专门将其与法国传统中的利己主义相区别,本书也在此意义上使用这一概念。这里的个人主义指一种以个人价值为中心的思想体系,是西方价值体系中建立在对人的价值的肯定基础上的理论。一般而言,个人主义价值体系主要包含以下内容:一切价值都以人为中心,即一切价值都是由人体验的;个人本身即是目的,具有最高价值,社会只是实现个人目的的手段;一切个人在道义上都是平等的,任何人都不能被当作他人谋求利益的手段。

族属性、宗教、地域和经济等方面多种多样,参差不齐,但仍有"共同之处:一种社会气质,一种政治信念"。① 他将这种信念概括为"美国信念",即"人作为个人享有必不可少的尊严,人人享有根本的平等,在自由、公正和机会平等方面享有一定的不可剥夺的权利"②。坚持自由和机会均等的"美国信念"成为不同个体的共同信仰,通过集体价值认同的形式凝聚美国人的社会共识,推进国家认同。

这种建立在个体价值基础上的共同信念,延伸至公民身份认同教育,即形成以公民个体价值和个体主体性为基础的国家公民身份认同教育目标。美国公民身份认同教育注重个体公民身份的认同,强调个体的主体意识培育,着力培养学生成为具有批判性思维和积极参与能力的个体。这一目标融合在美国公民身份教育的整个体系中,反映在围绕公民身份所进行的知识、技能和品德的培养过程中。为全美公民身份教育提供标准和内容参照的《标准》即是这一特征的集中体现。《标准》通篇都显现出以学生为本位,立足于个体公民成长特征与主体需求的价值导向。例如,在谈及学生公民知识能力和参与能力培养时,《标准》规定,要培养学生能够批判地思考政治问题,具备监督和影响政治与政府的能力,实际上即是要培养学生在政治中的主体意识和主体能力。为实现这一目的,《标准》还以专章形式进行公民身份教育,围绕"公民在美国民主中的角色作用"这一主题,进行知识和能力的教育。《标准》规定,学生应当能够认识、理解并清晰地阐述美国公民身份的意义,知晓、理解所具有的个体权利以及权利的限度,能够负责地承担个体义务。但是,值得注意的是,美国对个体公民身份认同以及个体主体性的培养,都建立在对美国以及美国共同价值观的认同基础上,正如《标准》所言:"公民学与政府的教育目标,在于培养出认同美国民主根本价值观和原则并且具有能力的公民,由他们进行知情且负责的政治参与。"③因此,无论美国公民身份教育如何强调个体公民的培养,其更高层次的目标都是要实现个体对国家的认同,凝聚公民个体对"美国信念"及美国精神的共同信仰。

---

① 参见〔美〕塞缪尔·亨廷顿:《我们是谁?——美国国家特性面临的挑战》,程克雄译,新华出版社2005年版,第57页。
② 同上书,第123页。
③ National Standards for Civics and Government,http://www.civiced.org/standards。

美国公民身份教育通过政治制度与民主知识教育,加深公民个体对美国政治制度的认识和理解,增进其对美国政治制度优越性的感知和认同;通过进行美国历史及美国精神的教育,将爱国主义教育融入学生和公民生活的细节中,通过显性和隐性的教育形式引导学生理解美国共享的价值、原则和信仰,激发学生身为美国公民的自豪感和认同感。

美国这种以尊重个体价值为基础的国家认同教育,一方面使得美国个人主义的传统得以延续,另一方面也形成稳固的国家认同和国家观念。美国公民身份认同教育在充分尊重每个个体价值和尊严的基础上,通过生活细节提高个体的存在感,同时在具有弥散性的活动中逐渐培养公民对国家的认同。按照怀特的观点,对自由的歌颂、对个体的神圣化以及对机会均等的强烈信念,这些价值观结合起来就构成了美国的意识形态。[1]

(三)知识与实践参与相结合的教育方法

美国公民身份认同教育具有知识与实践教育两条主线。在知识教育上,一是通过直接的公民学课程教学进行突出的政治性教育;二是通过历史、地理等多种学科进行隐性的、间接的公民教育。在公民教育上,美国各州公民课程内容基本上都围绕《标准》提出的五大中心问题,进行课程及知识内容的具体设置。这五大问题分别是:[2]

第一,什么是公民生活、政治和政府?

第二,美国政治体系的基础是什么?

第三,由宪法确立的政府是如何体现美国民主的目的、价值和原则的?

第四,美国与其他国家和世界事务的关系是怎样的?

第五,公民在美国民主中扮演着何种角色?

上述内容围绕参与式公民身份的建构,对公民身份所需知识及技能进行有针对性的教育和训练,为美国公民身份认同教育构建了一种开放性的标准体系,旨在培养学生成为独立的、能承担个人政治和经济责任的公民,

---

[1] 参见杨威:《自由主义与社群主义的变奏——政治哲学影响下的美国学校价值教育》,载《武汉大学学报(哲学社会科学版)》2014年第6期。

[2] See National Standards for Civics and Government, http://www.civiced.org/standards.

使学生具备尊重个人价值与人类尊严的公民品性,并能以有创见和有效的方式参与公民事务,促进民主政治的健康运作。

与此相对应,美国还设立了以社会科课程教育为中心的一体化课程体系,并进行综合性的知识教育,传递公民身份的基本价值理念。社会科课程主要包含历史(世界史、民族史、国家史等)、地理、政治、经济、社会学、心理学和人类学等综合性内容,通过跨学科、综合式的教学内容,为学生提供隐形的价值观教育。社会科课程并不突出某一学科的知识,而是强调各社会学科之间的联系,强调培养学生的综合能力与社会科学研究方法,聚焦于学生批判性思维能力的培养。尽管美国各州在社会科课程的具体结构类型上各有不同,但都具有同样的教育目标,即帮助学生了解社会、提高学生公民素质,具体包括:认知目标,即学生需要认识和了解的基本知识,包括美国历史、地理、文化、国家政治常识、法律与政府机构等;态度与价值观目标,即在知识学习的基础上形成正确的价值观,包括公民应具有的公共意识、公正态度、权利意识、责任意识等;技能训练,即民主参与的技能训练以及合作分析、解决问题的能力等。社会科课程围绕上述目标在中小学不同层次教育中形成一体化和整体性的课程设计,其教育贯穿整个初中级别学校教育全过程。

美国在重视社会科课程教育的同时,还注重实践参与在公民身份认同教育中的积极作用,认为公民身份教育不能仅仅依赖于公民课程和公民理论的知识传授,更为重要的是要以公共生活为基础,陶冶、培育学生的公民品质和公共精神,使学生在公共生活的切身实践中感悟、体会公民身份,从而习得公民身份的技能,养成公民身份所要求的行为习惯。在学校领域的公民身份认同教育中,依托社区生活开展的服务学习是公民身份教育实践中最具代表性的教育方式。

服务学习是美国 20 世纪 80 年代中后期兴起的教育方法,几十年来发展迅速,广泛运用于中小学及大学教育的各门学科。与美国传统社区服务不同,服务学习将课程学习和社区服务有机结合在一起。美国 1993 年的"服务行动"(Service Action)这样定义服务学习:服务学习指的是一种方法,通过学校和社区的合作,将提供给社区的服务与课程联系起来,学生参与到有组织的服务行动中以满足社会需求并培养社会责任感,同时在其中学习以获得公民知识和技能,提高与同伴和其他社会成员合作分析、评价及解决问题的能力。① 布林格尔和哈彻认为:"服务学习是一种以课程内容为基础的体验教育方式,它要求学生通过参与有组织的服务活动,满足社区需求,同时要求学生在服务过程中通过反思,更进一步加深对课程内容的理解,拓宽学科知识并提高公民责任感。"② 总体而言,服务学习是一种以学生为中心,以课程教育和社区实践相结合的体验式教育方式。

相较于其他教育方式,服务学习的优势在于:

第一,服务学习是课程学习与社区服务实践的真实结合,体现的是一种知识与实践的整合模式。服务学习通常有明确的与公民身份教育相关的学习目标,并且以解决社区(社会)真实存在的公共问题为中心。在这种学习方式中,学生通过分析、调查探讨适应社区发展、解决社区实际问题的计划和策略,学习如何作为公民参与真实的公共生活,并在此过程中与其他公民建立起多种多样的合作关系,共同研究和探讨如何能够让社区生活变得更好,从而习得公民身份所要求的合作与责任的精神和品性。这一过程不仅是学生参与社区服务工作的过程,它本身就是公民课程的学习和公民品质的教育。社区服务成为校园以外的真实课堂,服务学习则以此为依托将学校课堂教育与公民生活实践有机结合,形成公民身份认同教育的多维度教育渠道。

第二,服务学习具有促进个体发展与社区发展的双重效果。服务学习一方面促进了个体公民意识与能力的发展,增进了学生个体对公民身份的切实体悟;另一方面有利于社区公共生活品质的提升。从个体发展角度看,学生在服务学习的过程中,通过实际参与社区公共生活、与他人合作共同推进社区问题的有效解决,其公民理性、品德、行动能力及效能感都得到有效提升。学生在学习过程中,也能够更好地理解、体验和实践"如何成为一个公民"。与此同时,学生对社区生活和行动的参与,也有助于发现并帮助解

---

① 参见叶飞:《公民教育方式的建构——基于"服务学习"的理念》,载《思想理论教育》2012年第4期。

② 转引自杨春梅、王艳霞:《马里兰大学服务学习课程开发案例研究》,载《高教探索》2013年第5期。

决社区存在的问题,从而推进社区本身的发展。

服务学习具有的上述优势,使其自20世纪80年代形成后便成为美国公民身份认同教育的主要方式之一,并在世界其他国家中推广应用。这种教育方式将知识与实践有机结合,通过学生对社区公共生活与公共问题的切身参与,帮助学生在实践中深入理解公民身份知识、习得公民身份实践技能,并在实践中提高公民身份效能感,从而能够更为深刻地认识自身公民身份的价值与作用。除此之外,美国公民身份认同教育还注重与各类非政府组织、政府机构等的合作,为学生提供实际参与社会公共生活的机会与渠道,切身了解、体验社会公共事务与民主政治的运行和实施程序;在教育系统内部,则注重学校公共生活作用的发挥,将学生视为积极公民,使其通过对学校公共生活的实际参与,达到公民技能训练的实际效果。

美国公民身份认同教育这种以知识与实践相结合为导向的教育方式,使得公民身份知识与实践能够紧密结合,体现了公民身份认同对认知与实践的双重需求。美国公民身份认同教育的知识—实践模式,对中国的教育具有极大的启示作用。

二、传统与现代的统一:新加坡公民身份认同教育

(一) 新加坡公民身份认同教育概述

新加坡是东方国家中在公民身份认同教育上颇具代表性和典型性的国家。20世纪下半叶,新加坡在创造本国经济发展奇迹的同时,对其教育领域尤其是公民身份教育领域进行了全方位改造。新加坡围绕国家意识和价值观建构,不断探索,逐步建立起一系列行之有效的道德规范与公共制度,形成具有新加坡特色的公民培养和身份认同教育模式。新加坡在推进公民身份认同教育时的做法和特点主要体现在其国家意识教育、共同价值观的构建以及公民身份教育的体系与制度建设上。

1. 国家意识的塑造

根据学术界研究成果,一般意义上的国家认同和国家意识的形成,主要

有三种基本来源,一是"族群血缘关系",二是"历史文化传统",三是"政治经济制度"。①建立于前两者基础上的国家认同可归于哈贝马斯所说的"文化—心理"结构的国家认同,建基于"政治经济制度"的国家认同则为"政治—法律"结构的国家认同。新加坡是典型的移民国家,国内居民大多来自中国、印度、马来西亚等不同国家,具有不同的历史文化背景,形成了新加坡国内多民族、多语种和多教派的复杂社会构成。再加上英国长期"分而治之"的殖民统治影响,各民族之间分区居住、相互隔膜,不仅缺乏共同的民族、历史和文化基础,也缺乏共同的政治、经济生活体验。这种复杂的政治社会背景决定了新加坡的国家意识和国家认同构建不能单纯通过族群认同和历史文化认同达成,而必须通过政治法律制度的认同构建统一的国家认同。

为塑造国民的国家认同和国家意识,新加坡政府主导开展国家意识教育,结合亚洲价值观的构建,推动国家意识的形成和巩固。新加坡国家意识教育的核心在于,树立国家利益高于一切的观念,加强"移民国民化",改变移民原有"以利图事"的心态,教育国民树立"一个民族、一个国家、一个新加坡"的观念。李光耀曾表示,在国家的发展问题上,"单有正确的经济政策是不足够的,同样重要的是非经济因素——社会与国家意识、守纪律与勤劳的人民、坚固的道德价值与家庭联系……我们必须养成习惯,先照顾集体利益,然后才照顾个人利益"。②

围绕这一目标,新加坡大力推行爱国主义教育,引导人民形成以国家和国家利益为核心的理性认识,建构社会成员共有认知体系,使社会成员从狭隘的民族和种族继承关系中摆脱出来,建立起各民族之间的信任,形成自身的国民观念。新加坡着力培育"新加坡人"的身份认同,这一身份认同包含三个基本层次:一是对本民族及文化的认同,以及对其他民族的理解和宽容;二是树立亚洲人观念;三是建立在"一个国家,一个民族"基础上的"新加坡人"的认同。经过不断的教育探索,新加坡逐渐形成建立在本国政治制度基础上的统一国家观念和国民身份认同。

---

① 参见李志东:《新加坡国家认同研究(1965—2000)》,中国人民大学出版社2014年版,第45页。
② 转引自唐鹏主编:《新加坡的公民道德建设》,民族出版社2010年版,第25页。

2. 共同价值观的构建

除国家认同和国民观念的建构外，新加坡还积极构建共同价值观，强化对本国政治、社会的价值认同。

建国之初，为应对国内工业凋零、经济衰退、国民贫困的社会危机，促进经济的复苏和发展，在"生存意识形态"的作用下，新加坡采取"实用主义"的国家建设策略，大力引进西方技术和文化，实行"全盘西化"的发展策略。但很快，西方工业文明在促进新加坡经济飞速发展的同时，负面影响也逐渐显现。新加坡的现代化发展给社会带来巨大变化，利益的分化使社会凝聚力逐步减弱，甚至在某种程度上丧失，人们的责任心和社会信任度降低，宗教与种族之间的矛盾不断涌现。为消除新加坡在现代过程中过分西化的倾向，新加坡政府积极调整文化战略，倡导建立亚洲价值观，并开展了一场反对西方腐朽价值观、弘扬东方优秀传统道德的文化再生运动。新加坡政府要求人们要树立亚洲人观念，保持东方文化特征与价值观念，力图以东方文化为基础重构价值观念体系，在文化认同基础上，配合政治制度认同建立更高层次的国家认同。1991年，新加坡政府发布《共同价值观白皮书》，推出为新加坡国内各民族、各阶层、不同宗教信仰的民众所共同接受和认可的五大共同价值观，使国家意识教育得以进一步深化，也为新加坡公民身份认同提供了系统的价值依据。

3. 公民身份教育制度体系的建立

配合政治与文化上国家意识和价值观的构建，新加坡在公民身份教育领域建立了相对完备的教育和制度体系，着力推进公民个体从国民到公民的身份认同达成。新加坡公民身份认同教育构建了从学校到社会的全场域和立体化的教育网络，政府、学校、家庭、社会都承担着相应的教育责任。其中，政府积极参与和引导公民身份教育，通过制定规则与法律规范保障教育的进行；学校承担主要的公民身份课程和教育，以国家意识和身份认同教育为中心，开展公民身份知识和实践教育，培养公民品德；家庭进行基本的伦理教育；社会通过支持社区建设和开展公民道德教育活动、支持民间组织开展教育活动等,强化公民对社会与国家的认同。在纵向维度上,新加坡在小学、中学和大学等不同阶段,围绕共同价值观设置了不同的教育目标与重点内容。小学阶段着重公民个体对自我与社会的基本认知教育,使其养成良好的公民精神和行为习惯;中学阶段加强公民人格培养和对家庭、社会、国家的认同;大学阶段着重进行核心价值观与责任感的品格教育,突出儒家伦理和公民国家意识教育。2014 年,新加坡还开始推行新品格教育,围绕身份、人际关系和抉择,向学生传递尊重、责任感、应变能力、政治、关怀、和谐六大核心价值观。

由新加坡公民身份认同教育的上述历程与着重点可以看出,新加坡的公民身份认同教育着重进行的是国家公民身份的认同教育,在个人的身份认同方面侧重公民道德的教育,以道德教育引导公民个体形成稳固的国家意识和公民身份意识。新加坡在教育实践中完成了东西方两种文化的有机结合,并以道德引导和法律约束两种途径加强公民身份建设,形成了具有新加坡特色的公民身份认同教育样板。

(二) 儒家传统与西方文化互通基础上的目标构建

正如前文所述,新加坡公民身份认同首要建构的是国家公民身份的认同。为达成和巩固这一目标,新加坡引入儒家传统作为公民身份价值体系建构的补充,从形成公民身份认同在伦理、道德向度的主要价值依据方面,为国家政治建设目标服务。因此,可以说,新加坡公民身份认同教育所着力打造的是一个具有西方政治制度规定的公民身份,但又同时具备东方传统道德素养的公民形象,其核心目标是以东方文化重构国家价值观念体系,从而稳固公民个体的国家观念和国家认同。具体而言,新加坡在公民身份认同教育层面对儒家传统的应用主要体现在以下几方面:

第一,以儒家文化为基础凝练共同价值观,凝聚公民个体的价值观认同。新加坡政府于 20 世纪 90 年代发布共同价值观,具体内容为:"国家至上,社会为先;家庭为根,社会为本;社会关怀,尊重个人;协商共识,避免冲突;种族和谐,宗教宽容。"①这一价值观体现出浓厚的东方文化色彩,如国

---

① 唐鹏主编:《新加坡的公民道德建设》,民族出版社 2010 年版,第 36—37 页。

家、社会至上所体现出的集体主义价值取向以及重视家庭的价值理念等。但同时也体现出尊重和关怀个体、重视个人权利和平等地位,以及协商合作、尊重种族、民族多元文化等现代价值理念。

第二,以儒家伦理中的"八德"作为个人行为准则。李光耀将儒家传统道德思想的核心归结为"八德",即"忠、孝、仁、爱、礼、义、廉、耻",并将之立为新加坡社会道德标准。其中,"忠"即忠于国家,要有国家认同感和对自己身为"新加坡人"的身份认同感,以国家和集体利益为先;"孝"即孝敬父母、尊老敬贤;"仁""爱"即富有同情心和友爱精神,关心他人;"礼""义"即以礼待人、有礼有节、坦诚守信,养成良好的社会公德心;"廉"即秉公守法、清正廉洁,杜绝贪污及裙带之风;"耻"即要有是非荣辱之心。新加坡政府将儒家传统道德标准进行现代化改造,赋予传统道德以新的时代内涵,使之成为新加坡公民的道德信念和行为准则。

第三,以儒家文化作为公民教育活动开展的依据。为推广儒家理论,新加坡还以儒家伦理为理论依据开展了形式多样的公民道德教育活动,如在全社会范围广泛开展的"礼貌运动",以及"富而节俭"等全民教育活动,倡导儒家传统的伦理道德规范和思想,并曾将儒家伦理作为学校教育课程进行专门的学习和推广。

新加坡对儒家文化的传承深入社会生活各方面,成为一种国家政策。儒家文化在新加坡公民身份认同建构中的作用在于提供了一系列包含价值观和行为准则在内的标准和依据,强化了人们的国家公民身份以及道德公民身份认同。值得注意的是,新加坡对儒家文化的运用并非全盘照搬,对西方的价值观念也非全盘否定,而是有所选择地进行:一方面选择儒家文化中具有现代应用价值的内容,而摒弃其中已不适用于当代社会的内容,并根据现代社会的发展实际对儒家文化进行新的解读和阐释,使之更具有现代社会适用性;另一方面,注意吸收西方文明和建设市场经济、民主政治过程中生长起来的尊重个人等有益的价值观念,从而使新加坡共同价值观的核心不是个人自由权利优先,而是族群、社会利益优先,同时又尊重个人价值,并依靠民主制度和尊重个人价值来保护人权。这也就使得新加坡共同价值观既有东方文化中集体至上的传统,又具有西方政治文化中对个体的尊重和权利保护特征,体现了东西文化的有机融合。因此,有学者曾评价,"新加坡既是倡导儒家文化的典范,同时也是学习吸收西方文化的典范……一方面,在新加坡具有儒家传统文化,存在着集体主义、权威主义等有利于国家保持发展和政治稳定的意识形态;另一方面,新加坡学习西方发展经济的资本主义精神,将西方文化的积极成果与东方文明的优秀文化积淀,恰到好处地结合起来,取得了令世人瞩目的突破性的成就"[①]。

(三)道德与法治相结合的教育路径

新加坡公民身份认同教育的培养目标是兼具东西方文化优势特征的新加坡公民,其教育主要通过道德建设与法治约束两条基本主线进行。

在道德教育层面,首先,新加坡是以儒家传统和共同价值观构建起公民身份认同的价值体系和行为规范,形成既具有现代民主政治要求的独立、自主、民主的公共精神,又具有东方传统道德品质和修养的公民形象,为公民身份认同教育设置了主要的培养目标;其次,通过道德理论教育和儒家伦理思想宣传,强化儒家传统价值的影响和作用,包括开设好公民、公民道德教育、儒家伦理等专门课程,开展儒家伦理道德讲座和培训,强化儒家伦理和道德理论研究等;再次,开展各类道德实践活动,如前文提到的"礼貌运动",以及敬老周、国民意识周、华族文化周、印尼文化月、马来文化月等,通过道德实践活动提升公民道德思维与实践能力,与课堂静态教育形成互补;最后,树立模范典型进行道德感化教育等。这种多样化的道德教育有效促进了公民个体在道德向度上的公民身份认同。

在法治教育层面,新加坡则通过严密的立法和严格的执法,规制公民个体外在行为,以法治约束形塑个体的公民身份认同。首先,新加坡政府制定了严密的法律规范,这些法律与人们日常生活紧密联系,深入到生活各个层面的细节之中。从政府权力到民族宗教,从公民权利到公民义务,从商务活动到公民生活的各个方面,都有相应的法律予以规制。体例细致的法律规定,将诸如公民随地吐痰、商铺招牌乱挂等都纳入法治规范,以法律强化公民个体良好道德习惯的养成,实现道德法治化。其次,坚持执法从严,促进公

[①] 唐鹏主编:《新加坡的公民道德建设》,民族出版社2010年版,第166页。

民个体法治思维的形成以及遵纪守法习惯的养成。新加坡执法公正严格,并坚持法律面前人人平等的原则,任何人触犯法律都必然受到严惩,法律的权威由此建立,公民个体也在严格的执法约束下养成良好的行为习惯。最后,强化法治宣传和法治教育,提高公民法治意识。新加坡通过各种宣传教育,使人们的态度和行为与法律相一致,树立与现代公民身份相适应的法治意识。

道德与法治的结合构成新加坡公民身份认同教育的又一显著特征。新加坡通过道德教育与法治约束形塑公民个体的价值体系与行为模式,一方面通过道德教育明确公民身份在伦理范畴的基本价值标准,使得公民个体在自我道德主体建构中完成公民身份德性要求的内化;另一方面又以法律规范促进公民个体道德规范的巩固和外在行为模式的养成,以法律为保障促进公民身份道德价值的内化。与此同时,公民个体的法律实践也促进其对公民角色的认识和体悟,形成法治意识,认识和理解自身作为法律主体具有的权利和承担的责任,从而推动身份认同的达成。

作为亚洲文化圈中的一员,新加坡与中国具有一定的文化同源性。在公民身份认同教育上,新加坡的经验做法对中国具有极大的借鉴和启示作用:首先,在文化的融合问题上,新加坡分别从伦理道德和政治制度两种角度,将儒家传统与西方公民身份文化有机结合,以西方公民文化和政治制度为基础建构公民身份,而以儒家传统文化为主导建构公民身份的伦理道德框架,使得东西方文化中的优势部分能在公民身份问题上形成恰当的融合,既体现了现代政治文明对个体价值的尊重,又传承了东方文化中的整体和集体主义取向,在保证个体主体性的基础上建立有效的社会共识,形成稳固的社会凝聚力和向心力,从而弱化了东西方文化中固有的冲突矛盾,有利于建立东方文化基础上的现代公民身份制度与价值体系,也为中国公民身份建构提供了新的思路。其次,新加坡对传统文化进行了现代化改铸,将传统文化中"糟粕"部分摒弃,而对其中有益于现代政治与文化发展的部分进行新的内涵诠释和充实,为中国传统文化的现代化应用提供了方法借鉴。最后,新加坡将道德与法治教育相结合的教育模式,也为中国公民身份认同教育路径提供了新的范式参照。

第六章

中国公民身份认同教育的价值取向与目标构建

  只有当现实的个人把抽象的公民复归于自身,并且作为个人,在自己的经验生活、自己的个体劳动、自己的个体关系中间,成为类存在物的时候,只有当人认识到自身"固有的力量"是社会的力量,并把这种力量组织起来因而不再把社会力量以政治力量的形式同自身分离的时候,只有到了那个时候,人的解放才能完成。①

——卡尔·马克思

  为教育确立明确的目标和内容变得越发急切,因为在民主问题上,人们谈论更多的是民主的程序问题而不是理念问题,民主的手段而非目的。毋庸置疑,民主已经明确丧失了它想创设的公民概念范畴。②

——卡尔·曼海姆

  公民身份认同教育归根结底是关于人的教育。正如马克思所言,"一方面,为了建立正确的教育制度,需要改变社会条件,另一方面,为了改变社会条件,又需要相应的教育制度"③。教育天然地与社会现实条件发展密切相

---

① 《马克思恩格斯全集》第3卷,人民出版社2002年版,第189页。
② 转引自〔英〕德里克·希特:《公民身份——世界史、政治学与教育学中的公民理想》,郭台辉、余慧元译,吉林出版集团有限责任公司2010年版,第141页。
③ 《马克思恩格斯全集》第16卷,人民出版社1964年版,第54页。

关,以一定社会发展的现实条件为基础,以推动一定社会条件的发展为目标,来实现培养人的目的。公民身份认同作为现代性的主体建构策略,其根本目的在于实现人的现代化,建构与现代政治相匹配的个人主体。因此,公民身份认同教育必须与具体的政治社会实践相结合,体现具体历史条件下社会与人的发展需求。作为一种移植性和外生性的政治文化产物,中国公民身份认同教育始终面临与本土文化、制度建构、政治实践等深度融合的宏大议题,以及由此带来的冲突和挑战。某种意义上,上述方面存在的阻力也正是制约中国公民身份认同教育发展的深层因素。因此,在现代政治社会语境下,必须对中国公民身份认同教育发展历程及其存在的问题进行深刻的反思。在此基础上,立足本国政治、文化与社会现实,以个体主体性的实现及其与国家、社会和谐关系的建立为价值导向,建构符合当代中国政治、社会发展需求,具有中国特色的公民身份教育目标体系,实现完整意义上的公民身份认同。

一、中国公民身份认同教育的应有视野

教育承担着一个国家的社会成员政治社会化的责任。"必须通过教育,社会成员才能意识到自己作为国家公民的身份,才能把国家这个政治共同体融入自我的发展与建构中。教育是为了构建对集体的想象和身份的认同,并以此来规范和调整共同体成员的行为。"[1]从一定意义上说,所有教育都是身份教育,教育的过程是身份形成的过程。由于"所有的历史理解都在不断地解释之中,一切现存的判断都有可能发生改变,而任何形式的未来预期都带有历史经验的痕迹和基于现在经验的想象。在此意义上,历史、传统、经验、现实都是使某种合理的未来预期或前景展望成为可能的基本条件"[2],因此公民身份认同教育在不同的历史阶段,也具有不同的内涵和发展侧重。当代中国正值全面深化改革、推进国家治理体系与治理能力现代化、

---

[1] 许瑞芳:《公民身份:认同与教育》,载《福州大学学报(哲学社会科学版)》2015年第4期。
[2] 万俊人:《三维架构中的"中国道德知识"——二十一世纪中国道德文化建设前景展望》,载《开放时代》2001年第7期。

全面推进依法治国的关键时期,作为培养符合社会需要的合格公民的主要途径,公民身份认同教育承担着培养社会主义现代公民、推进社会主义民主政治与社会法治发展的核心任务。但是,作为一个公民身份建构的后发外源性发展中国家,中国的公民身份认同的达成无论是从基础条件、动力看,还是从措施、手段看,都呈现出复杂的特征。因此,当代中国公民身份认同教育如要确立契合当前社会现实和发展需求的清晰目标,就必须在反思中国公民身份认同教育存在问题的基础上,梳理当代中国公民身份认同教育所应重点关注的基本问题,厘清教育过程中所应妥善处理的不同关系,明晰教育发展的主导方向,为教育目标与路径的建构和完善提供实践指引。

公民身份本质上是一个关系问题,包含个体与国家、个体与社会、权利与责任等多重关系。公民身份建构的过程即是上述关系制度化法制化的过程。对于个体身份认同而言,如何建构合理的个体、社会、国家以及权利责任关系,是达成完整公民身份认同的关键所在。当代中国公民身份认同教育面临建构现代公民身份认同、培养现代公民的核心任务。在当代中国历史方位下,公民身份认同教育应当遵循何种方向、遵守何种准则,成为教育所要思考和解决的首要问题。上述问题的解决,需要厘清公民身份教育内在的几重关系,明确中国公民身份认同教育的主导方向和关键任务,具体包含以下几方面:

第一,国家与个体关系。国家与个体是公民身份构成的两极,两者之间的关系也是公民身份的基本问题。在公民身份的发展演化历史上,国家与个人间关系曾呈现出不同模式:在共和主义公民身份传统下,国家相对于个体具有优先性,国家所代表的共同利益与公共善是个体的存在目的与最高价值追求,个体服从并奉献于国家;自由主义则关注个体利益,将个体作为共同体的目的置于优先地位。相对于强调整体否定个体的共和主义,自由主义对个体价值的肯定显示了现代性人本主义的进步和发展。尽管自由主义的个人、国家关系常被批判为"孤立的个人""失落的共同体",但个体主导的价值理念在当今社会仍是主流。中国社会由于长期受封建专制统治与全能国家主义的影响,国家与个体之间长期处于国家占据绝对优势地位、个体作为类存在物不具有独立性与自主性的状态。现代性的展开,特别是改革开放对政治、经济、社会的全方位改造,使个体主体意识得以觉醒和解放,但同时也带来个人主义的异化,个体性对社会性的侵蚀、个体对国家认同的弱化等负面现象丛生。在某种程度上,个体与国家之间呈现出一种事实上的紧张关系。在这一背景下,应当如何建构中国公民身份所内蕴的个体、国家关系,就成为公民身份认同教育所要面对的第一重问题。

第二,权利与责任关系。与个体—国家关系同理,中国公民身份认同教育在权责关系上也面临同样的问题。公民作为权责统一的主体,既有权利公民的一面,也有责任公民的一面,两者有机统一于公民身份的内涵体系之中。理想状态的公民,应是一种权责统一、权利与义务平衡的主体。但是,由于中国长期的封建专制社会中并不存在权利理念,中国公民的权利意识长期缺失,直到近代西方公民身份理论传入,才带来了公民权利的基本理念。改革开放后,中国公民在个体意识和主体意识增长的同时,对权利的诉求也不断增强。与此同时,公民个体的责任意识却未得到同等增长,反而呈现弱化的趋向,只追求权利而无视义务、无视所应承担的社会责任等现象比比皆是。权利与义务的事实性失衡,使得当代中国公民身份认同教育面临如何整合权利责任关系,在关注个体权利的同时实现其责任的现实问题。

第三,本土文化与外来文化基础的相互关系。对于中国而言,公民身份及其理念、理论均为舶来品,是近代中国为挽救民族危亡、推进现代化进程而引入的理论武器。由于公民身份在中国并不具有原生性的文化土壤和根基,因此中国社会现有关于公民身份的认知与实践,所依循的皆为西方理念与理论。但是,中国既有的文化传统与公民身份理念之间存在诸多差异。这种差异一方面阻碍了中国现代公民身份的建构,另一方面也影响着个体对公民身份的认知,并继而影响其身份认同的达成。由于公民身份本身具有历史性,其发展演进与特定的历史条件及文化传统密切相关,因此公民身份在一国的长足发展,必然要与其国家文化及历史传统相结合才能实现。这也就对当代中国公民身份认同教育提出了进一步要求。在当代社会环境下,如何处理本土文化与公民身份本身所代表的外来文化之间的关系,在本土文化与制度框架下阐释、拓展公民身份的理论与实践体系,实现中国特色社会主义公民身份的建构和认同达成,成为当代中国公民身份认同教育所要解决的重大问题之一。

对教育中所应厘清的关系的反思,为当代中国公民身份认同明确了价值内涵的辩证方位。它一方面揭示了中国现代化所对应的社会主体的人格特性与精神气质,反映出现代政治与社会发展的本质要求,揭示了个体传统身份转型与现代化取向;另一方面体现出对中国传统文化的精华与优质成分的继承与弘扬,展示了民族精神的历史绵延性,不仅为中国现代化进程中的公民身份塑造厘清了目标方位,而且为公民身份教育提供了民族文化价值依托与现实合理性基础。[①] 中国文化语境下的公民身份应是主体性与社会性、法律性与道德性、自由性与一元性的统一。建基于上述公民身份的价值内涵与目标,中国现代化进程中的公民身份认同教育所要培养的也应是这样一种多重特性有机统一的现代公民。从这层意义上讲,当代中国公民身份认同教育应当体现其对中国社会现实的深切关怀、对社会主义民主与法治愿景的回应,具体而言即是要体现以下几方面内容:

第一,对中国本土公民身份与公民身份认同教育理论建构的关切。正如前文所言,公民身份源自西方文化传统,具有鲜明的西方文化特色。中国社会由于缺乏公民文化传统,长期以来并未真正形成本土化的公民身份及其教育理论,这也是阻碍中国公民身份认同教育发展的重要因素之一。当代中国公民身份认同教育一方面应当探讨中国政治文化基础上的公民身份及公民人格的应有内涵,建立符合中国文化与社会现实需要的公民身份认同教育目标;另一方面应当在借鉴西方理论基础上,结合中国历史文化传统,形成属于中国自身的公民身份认同教育理论。

第二,对超越族群和狭隘民族主义的国家认同建构的关切。公民身份本身是一种具有超越性和整合性的概念范畴,它作为"一种难能可贵的认同感……通过强调负责任地协调相互冲突的利益这一政治美德,从而平息其他由身份引起的并导致分裂的狂热"[②]。以共享价值为基础、超越族群分割的公民身份认同,能有效地维护国家意识和国家认同的稳定性,实现超越狭

[①] 参见曾盛聪:《论中国现代化进程中的公民人格教育——基于中国文化语境的分析》,载《探索》2006 年第 3 期。

[②] 〔英〕德里克·希特:《公民身份——世界史、政治学与教育学中的公民理想》,郭台辉、余慧元译,吉林出版集团有限责任公司 2010 年版,第 260 页。

隘民族主义、族群、宗教信仰等的社会共识。作为一个多民族国家,当代中国同样面临着不同民族文化、信仰乃至政治制度所带来的国家认同弱化的问题与挑战。当代中国公民身份认同教育应当具有这样的视野:以公民身份认同强化国家认同,以国家认同引领其他身份认同,以维护国家与政治认同的统一性与稳定性,强化人们的国家意识。

第三,对塑造符合社会主义法治要求的现代公民主体人格的关切。公民身份认同教育的最终目的在于培养符合社会发展需求的合格公民,将现代公民身份所蕴含的价值理念与行为规则转化为公民个体的自觉与自为,使其成为具备公共精神、法治思维、独立权责能力的现代公民。当代中国公民身份认同教育应当对接中国社会主义民主政治与法治发展的基本方向与要求,自觉培养公民个体具备社会主义制度发展所需要的公民人格与公民能力。

第四,对当代社会责任的关切。当代中国公民身份认同教育还应当注重培养公民个体具备现代公民所需要的公共精神,激发公民自觉承担社会责任的主动性与积极性,在培养个体具备独立人格与独立权责能力的同时,自觉承担维护社会与国家共同利益的责任和义务,促进公民身份公共性的真正实现。

但是,反观当前公民身份认同教育,其对个体和社会公民身份认同教育的忽视,对公民身份政治、法律与道德属性的认知偏差,以及权利与责任教育的事实性失衡,显示出公民身份认同教育"应然"与"实然"状态之间的差距。在当前社会背景下,要推进中国公民身份认同教育,首先要解决的即是在整合上述教育目标、整合公民身份内外的多重关系上,培养更加适应中国社会现实、适应中国政治与社会发展需要的现代公民。与此同时,围绕目标的建构,中国公民身份认同教育还需要进行教育路径的相应转换,摆脱以往单一化教育方式的路径依赖,围绕公民身份的社会性、实践性等特征,整合社会资源,运用现代化的教育方式和手段,建立更为科学和立体的教育培养体系。

具体而言,当代中国公民身份认同教育在目标构建问题上所要进行的整合主要包括:个体、社会与国家关系的整合,即厘清个体公民身份、社会公民身份、国家公民身份的相互关系,建立起三者有机统一的公民身份认同;权利、责任关系的整合,即建立符合中国文化与现实的权责统一的公民身份认同;公民身份政治、法律与道德不同向度的整合,形成完整的公民身份认同。在教育路径的转换问题上,首先要厘清教育路径所包含的主要向度及其相互关系,包括学校教育与社会教育;其次要在学校与社会教育两个层面,通过转换教育实践的理念及方法来拓展教育手段,使得学校与社会两个基本场域中的教育资源能够有机整合,形成更为全面且多元的教育途径和方法体系,从而促进公民身份认同教育目标的达成。

二、中国公民身份认同教育目标构建的基本原则

公民身份认同教育不能仅停留于初步的"概念移植""方法套用""体系嫁接"上,而必须逐步与本土文化和现实融合,形成具有本土文化特色、符合本国现实需求的目标和方法体系。由于公民身份认同教育与特定社会和历史条件紧密相关,其发展受到来自文化、传统、制度、话语习惯、实践等多重因素的影响。因此,在进行公民身份认同教育的目标整合、建构当代中国公民身份认同教育目标时,必须遵循一定的原则,在中国特色社会主义核心价值体系的指导下,以中国本土文化与社会现实为基础,推进公民身份认同教育,以实现个体主体性以及个体与国家、社会和谐关系的建立为价值旨归,实现公民身份认同教育目标。

(一)坚持社会主义核心价值体系

身份认同本质上是一种文化、价值观的认同。作为一种极具公共性的身份认同,公民身份认同与价值观(特别是一定社会中的主流价值观)密切相关。实际上,公民身份作为一种个体"元"身份的国家设计,本身就是国家占据主导地位的价值体系与价值观的凝结和体现。同理,任何一种社会制度下的公民身份认同,都以其所在的社会整体价值体系为核心,反映所属国家与社会对公民个体最基本的期待与角色预设。公民身份教育是一种由国家主导的教育实践活动,其根本目的在于培养与社会发展相适应的合格公

民。因此,任何社会制度下的公民身份教育都具有鲜明的社会政治倾向性,都是其所在社会基本建设思想的直接反映。作为社会主义意识形态的本质体现,社会主义核心价值体系是统领和主导中国整体社会价值体系的核心所在,决定着我国整个社会价值体系的总体特征和基本方向。社会主义核心价值体系集中体现了社会不同利益群体的共同理想、愿望和需求,蕴含着对人与社会发展的内在规律、价值追求、意义世界和行为规范的价值认同。

第一,社会主义核心价值体系科学地揭示了人与社会的发展规律,是人们认识世界、认识自我的根本依据。马克思主义作为"以改造世界为己任"的科学理论体系,揭示了人类历史的发展规律,反映出人的本质,体现出促进社会进步和人类解放的博大胸怀。马克思主义所具有的终极目标意蕴,对社会发展具有无限的导向性,其关于人类社会发展规律的揭示是人们正确认识社会、认识自身的重要理论依据。与此同时,马克思主义还是一个开放的、与时俱进的科学体系,其开放性、包容性与创新性,使其自身始终根植于社会发展与变革的生动实践;其对人类有益文明成果的借鉴,使其价值理念始终保持与时代同行。社会主义核心价值体系中的其他内容,包括毛泽东思想、邓小平理论、"三个代表"重要思想、科学发展观、习近平新时代中国特色社会主义思想等科学论述,是马克思主义与中国实践相结合的发展结果。上述理论科学阐释了中国社会发展的特色与规律,为中国社会发展提供了进一步的方向和路径指导。

第二,社会主义核心价值体系蕴含着对人们追求幸福美好生活愿望的价值认同。马克思曾指出,"人们奋斗所争取的一切,都同他们的利益有关"[1]。社会主义核心价值体系所蕴含的对美好生活的设计,代表着人们普遍的利益和向往,是人们理想目标和进步方向的体现。这种共同目标和共同价值既包括国家富强和民族振兴的宏大叙事,也包括个人利益与价值实现的微观场景,同时也涵盖了政治民主、社会法治等的价值期许。因此,社会主义核心价值体系本身即已包含和体现现代性对政治、社会与个体生活的规划和设计,具有极强的指导意义。

第三,社会主义核心价值体系蕴含着对中华民族心理归依与意义支撑

---

[1] 《马克思恩格斯全集》第1卷,人民出版社1956年版,第82页。

的价值认同。社会主义核心价值体系是马克思主义与中国社会实践相结合的产物,既有对人类社会共同发展历程与规律的总结,也有对中国特有文化、历史与实践的把握。社会主义核心价值体系是对中国历史与现实的深切关怀,具有强大的号召力,体现中华民族的精神与传统。

第四,社会主义核心价值体系蕴含着对公民德性修养标准的价值认同。社会主义核心价值体系既是认识世界、认识社会也是认识人自身的理论依据,其对人的本质以及人与社会关系的界定,体现着对人的价值追求。与此同时,社会主义核心价值体系还包含有对人道德、品质等的价值规定与导向,其内容贯穿社会生活各个领域,覆盖社会各个利益群体,为人们在社会主义政治、经济与文化生活中判断行为选择、明确价值取向提供了基本规范与标准。

社会主义核心价值体系所蕴含的上述价值内涵,为当代中国公民身份认同教育提供了基本的价值指引和理论依据。在此基础上凝练出的社会主义核心价值观,则进一步为公民身份认同教育提供了具体的规范和准则。正如习近平总书记所言,人类社会发展的历史表明,对一个民族、一个国家来说,最持久、最深层的力量是全社会共同认可的核心价值观。核心价值观承载着一个民族、一个国家的精神追求,体现着一个社会评判是非曲直的价值标准。因此,在当前社会背景下,必须要以社会主义核心价值体系与核心价值观作为理念引领,全面推进公民身份认同教育的发展。

(二)建立个体、国家、社会和谐关系

个体主体性是现代化的基本原则。培养具有自主、独立与理性,又兼具社会性和实践性人格的现代主体,培养个体的主体性与主体间性,不仅是现代性的基本要求,也是近代以来中国社会所面临的核心议题之一。但是,与西方社会不同的是,中国社会的现代主体建构具有特殊的背景和矛盾。

一方面,在中国社会历史中从未形成西方意义上的个人主体,亦不具有真正西方意义上的社会本位。中国传统社会是一个伦理本位而非理性本位的社会,在"个人""社会""家庭"三者中,以家庭为重。家的作用在于使家庭成员固守家教、家规且受到压抑,同时又排斥其他家庭或大群体、社会的利

益而保持自己的私利。这就使得在传统中国的个体人格结构中,只形成以家庭、家族等小团体的利益为本位的"小公",这种以家庭和家族为核心的"小公"概念是实际的、与切身利益相关的,而国家、社会的"大公"只是抽象和虚幻的概念。这一特征使得个体既没有"大公"的真实观念,也无自己的真实存在,剩下的只有"小公"、小群体的观念。

另一方面,对于现在的中国社会而言,现代化的历时性特征在共时性的状态中存在。西方社会的现代化经历了漫长的发展阶段,政治、经济、社会的发展都为个体主体性的成熟提供了充足的空间,而伴随个人主体性活动的负效应,如人的异化、物化、人与人、人与社会和国家的疏离等,也已显现。西方社会在经历了对个体主体性的充分反思之后,工业文明进入到后工业文明。中国作为后发展国家,与西方国家之间存在一个相当大的时代落差。西方社会以历时态的形式所经历的社会变迁,在中国却重叠和挤压成一个共时态的存在形式。当前,处于现代化转型时期的中国社会正以浓缩的方式集中地反映出,西方社会几个世纪以来的人类发展状况的演化本是历史演化中渐进的矛盾,却在当代中国集中凸现出来。中国除了要走出漫长的农业文明自在自发文化模式的影响,消除封建宗法制度的遗毒,呼唤和发展个人的主体性,又不得不承受同时代的发达国家所产生的"示范效应",面临着人们对工业文明中个人主体性膨胀的批判。

中国社会存在的上述特殊情况决定了中国社会发展的矛盾性和特殊性。作为培养现代公民人格、塑造现代公民的主要途径,公民身份认同教育的目标在于培养个体对公民身份的内在肯认,但归根结底是要培养具有自主、独立人格的现代公民,其核心在于个体主体性的确立。主体性是最能体现人类本质力量的特性,其所蕴含的自主性、为我性、能动性和创造性,是人自身价值的最大体现。马克思认为人始终是主体,"主体是人,客体是自然,这总是一样的"[①]。这一论断是对人在自然与社会历史中主体地位的说明。对于公民身份而言,个体的政治主体性是其最主要的价值特征。近代以来,现代化的深层意义之一在于打破几千年来中国人依附性、服膺式的人身和心理状态,确立现代性的人格价值方位。这不仅是社会现代化的发展要求,

---

① 《马克思恩格斯选集》第 2 卷,人民出版社 2012 年版,第 685 页。

也是人自身现代化的必然趋势。但是,与此同时,公民身份作为沟通个体与共同体的媒介,还富有高度的公共性和公共意涵,体现个体与国家之间、个体与个体之间的和谐共处关系。公民个体不能脱离国家共同体而单独存在。在公民个体与国家之间,后者是前者存在的基础,也是个体价值实现的依托。对于中国这样一个以集体主义为主要价值导向的国家而言,公民个体对国家共同体的归属性认同就显得格外重要。在当前个体化生活趋势影响日益增强的社会背景下,中国公民身份认同教育在不断促进公民个体主体性实现的同时,更应当警惕极端个人化或个体性的过度膨胀,以及所带来的"孤立的个人"及其对社会、国家共同体的拆解。中国公民身份认同教育应当坚持个体、社会、国家价值整合的基本导向,在培养个体主体性的同时,强化个体对国家、社会公共价值的认同与忠诚,承担起培养公民个体主体性与公共性、个体性与社会性的双重任务,着力实现个体—社会—国家的和谐共生关系。

(三) 实践社会主义民主法治

社会主义民主法治是当前中国社会主义建设的重心,也是国家发展的主要目标,体现着社会主义的本质要求。公民身份认同教育意在培养符合社会主义发展需求的合格公民,将社会主义民主法治的基本理念贯彻到公民身份认同的建构过程中,转化为公民个体的内在价值和外在行为标准。

从民主法治本身的内涵来看,民主与法治是紧密相关的概念范畴,民主是法治的目标,法治是民主的保障,两者之间具有某种意义上的内在互生关系。民主是社会主义的本质要求,要实现社会主义民主发展,必须加强社会主义法治建设,推进二者的共同发展。长期以来,中国共产党带领全国人民不断探索适合于中国国情和现实的社会主义民主与法治发展道路,经过艰苦卓绝的奋斗和努力实践,形成了中国特色社会主义民主与法治的发展道路,为中国社会主义建设提供了清晰的制度发展方向。中国特色社会主义民主政治与法治发展道路是基于中国国情和客观现实的实践经验总结,凝结了中国社会主义政治文明发展成果,是中国特色社会主义制度的核心所在,也是认识和分析当前中国政治与社会问题的基本政治背景。总体而言,中国特色社会主义民主政治与法治的主要内涵体现在以下三方面：

第一，党的领导、人民当家作主、依法治国的有机统一。坚持党的领导、人民当家作主、依法治国有机统一，是中国特色社会主义民主政治的根本指导原则。党的十九大报告在总结我国社会主义民主政治发展经验基础上，再次重申了坚持党的领导、人民当家作主、依法治国有机统一的重要性，强调党的领导是人民当家作主和依法治国的根本保证，人民当家作主是社会主义民主政治的本质特征，依法治国是党领导人民治理国家的基本方式，三者统一于我国社会主义民主政治伟大实践。社会主义事业的发展历程表明，中国共产党领导中国人民在发展和建设中国社会主义民主与法治的道路上取得了卓越的成效，中国共产党始终坚持以马列主义、毛泽东思想、邓小平理论、"三个代表"重要思想、科学发展观、习近平新时代中国特色社会主义思想为指导，将实现广大人民群众根本利益作为核心理念，为中国社会主义事业发展自觉奋斗，为人民所认可和拥护。中国社会主义民主与法治发展是在中国共产党的领导下取得的成果，也只有在中国共产党的领导下才能进一步深化发展。党的领导是保证，但无论是党的领导还是依法治国，其核心都在于保证人民当家作主。社会主义的本质在于人民民主，人民民主是社会主义的生命，坚持国家一切权力属于人民是社会主义民主政治建设和法治建设的根本，必须通过政治制度改革和全面依法治国，发展更为广泛、充分和健全的人民民主。依法治国是社会主义民主政治运行与治国理政的基本方式，社会主义民主政治必须在法治框架内进行，以法治规制国家公共权力的行使，制约权力的滥用，保障人民当家作主权利的有效合法行使，将国家治理与社会管理纳入法治范畴，体现人民意志、维护人民利益、保护人民权利。

第二，以人民代表大会、协商民主与基层民主为主的制度形式。中国社会主义民主政治经历长期的发展，在实践中总结和形成了以人民代表大会制度、协商民主制度与基层民主制度为主的制度形式，构成社会主义民主政治制度的基本架构。其中，人民代表大会制度是中国社会主义民主制度的核心，也是广大人民群众行使国家权力、当家作主的主要渠道。人民代表大会制度是保障人民当家作主的根本政治制度，是社会主义人民民主专政国家的组织形式和运行机制,也是社会主义民主政治最重要的制度形式。广大人民群众正是通过人民代表大会制度这一主要制度渠道行使国家权力,以管理国家和进行社会建设。因此,发展社会主义人民民主,最关键的是要坚持和创新人民代表大会制度。除人民代表大会制度外,社会主义协商民主制度也是人民民主的重要形式。以中国共产党领导的多党合作和政治协商制度为主要渠道的协商民主制度,体现了中国共产党与各民主党派的合作与相互监督,是社会主义民主政治的重要内容。以居民委员会、村民委员会等组织形式为代表的基层民主制度,则是人民依法直接行使民主权利的重要方式,旨在于城乡社区治理、基层公共事务和公益事业中,实现群众的自我管理、自我服务、自我教育和自我监督,拓展社会主义民主政治的广度和深度。人民代表大会制度、协商民主制度和基层民主制度有机结合、相互统一,共同构成中国社会主义民主政治的制度结构。

第三,全面推进依法治国与法治中国的目标定位。法治是治国理政的基本方式,也是社会主义民主政治发展的基本保障。自党的十五大将依法治国确立为国家基本方略以来,如何持续推进社会主义法治建设、建设法治国家,就成为社会主义民主法治发展的重要目标之一。党的十八大和十八届四中全会则进一步强调了依法治国的基本方略地位,指明要全面推进依法治国,切实将法治融入国家立法、司法、行政全过程,融入国家治理、社会管理乃至文化建设事业中,通过健全社会主义法律体系、强化依法行政、司法公正,促进法治理念、法治精神、法治思维的形成,实现"建设法治中国"的宏伟目标。党的十九大则进一步强调,全面依法治国是国家治理的一场深刻革命,必须坚持厉行法治,推进科学立法、严格执法、公正司法、全民守法。全面依法治国战略为中国特色社会主义民主和法治确立了具体的发展路径,其重点内容包括法治依据的完善、法治过程的规制、法治主体的培育以及法治文化的建设等。法治依据完善是要完善以宪法为核心的中国特色社会主义法律体系,以强化宪法实施带动立法体制和机制的健全与完善;法治过程规制是要加强对法律执行过程的监管,使行政、司法过程以及各类组织、机构、公民个体行为等,都能严格按照法律规定的内容与程序进行;法治主体培育是要着重增强主体自身的法治意识和法治能力,通过法治教育使包括行政机关、司法机关、民间组织、企事业单位及公民个人等在内的各类主体自身能知法、懂法、守法,形成法治思维和法治理念,有效运用法治方式;法治文化建设是要通过加强法治宣传,在全社会范围内弘扬社会主义法治精神,使法治成为一种社会信仰,真正实现"建设法治中国"的宏伟目标。

党的领导、人民当家作主、依法治国的有机统一,人民代表大会、协商民主与基层民主制度,全面推进依法治国与法治中国的目标定位,共同构成当前中国社会主义民主与法治的主要特征,同时也构成中国公民身份认同教育的制度基础,对公民身份认同教育的发展提出了新的要求。公民身份作为国家对个体身份的一种制度设计,其对个体自身观念与行为、个体与其他个体互动关系以及个体与社会、国家相互关系的规制,都建立在以公民身份为核心的制度体系之中。现代公民身份是民主政治与法治发展的结果,其本身既是民主政治制度的组成部分,也是体现和影响民主政治发展的关键因素。因此,公民身份认同教育如要实现在中国政治文化语境中的良性发展,就要以实践社会主义民主政治与法治为核心,体现中国特色社会主义民主与法治发展的价值诉求。

三、中国公民身份认同教育目标的基本架构与逻辑关系

中国公民身份认同教育的目标建构应当在坚持社会主义核心价值体系、建立个体与国家及社会和谐关系、实践社会主义民主法治原则的基础上,形成相对完整、逻辑清晰的目标体系架构,改变当前中国公民身份"碎片化"的存在状态,推动公民身份真正成为中国社会深层和内在的机理、活动机制、存在方式、文化精神,使公民身份理念全方位扎根于中国公民的个体生存方式以及社会整体的机制运行。具体而言,当代中国公民身份认同教育的目标架构应当以社会主义核心价值观为导向,以社会责任意识培育为重点,以法治理念为依据和准则,贯穿和规制公民身份认同教育全过程。

(一) 以社会主义核心价值观为价值取向

公民身份作为一种个体身份的国家制度设计,蕴含着国家、社会对个体

的角色期待与行为预期,凝聚着国家、社会主流价值观念的核心内涵。公民身份与社会核心价值观之间本就存在不可分割的紧密联系:公民身份内蕴和凝结着社会主义核心价值观的内涵、价值取向、价值标准,是社会核心价值观的集中体现;社会主义核心价值观则构成公民身份价值理念的基础与核心,是公民的行为规范和准则,影响甚至决定着公民的权利义务观念、个体—国家观念等核心内容,同时也是公民个体身份认同最基本的价值标准。

社会主义核心价值观是社会主义核心价值体系的凝结,体现了社会主义的核心价值追求。党的十八大将社会主义核心价值观概括为"富强、民主、文明、和谐;自由、平等、公正、法治;爱国、敬业、诚信、友善"24字,表达了当前中国社会主义事业建设发展对国家、社会、个体三者的定位与预期,为当前国家、社会、个人的发展设置了明确的方向指引。从公民身份认同的角度看,社会主义核心价值观与公民身份内蕴的自由、平等、民主、法治等政治价值追求相契合,包含着公民身份关于忠诚、责任、友善等的德性要求,是当前中国化的公民身份内涵表达。社会主义核心价值观为公民个体达成身份的自我认同提供了新的时代标准和价值旨归,同时也是公民身份社会认同的达成所依据的社会共同价值来源。社会主义核心价值观的上述特征决定了其在当代中国公民身份认同教育中的主导作用。因此,当代中国公民身份认同目标应当以社会主义核心价值观为基本的价值主线,公民身份认同教育也应以社会主义核心价值观主导个体的公民身份认同,主要包括以下几点:

一是以社会主义核心价值观作为公民个体价值观培育的着力点,将社会主义核心价值观作为公民身份认同的主要导向,引导公民个体将社会主义核心价值观的基本要求转化成为自我的内在价值体系,以社会主义核心价值观指导和规制个体的自我认识、自我定位、自我行为,将社会主义核心价值观的价值内涵与价值规定外化为公民个体的身份实践活动,贯彻和落实到公民个体与国家、社会、他人的互动和交往实践中,切实体现社会主义核心价值观的引领和规范作用。

二是以社会主义核心价值观作为公民身份认同教育整体发展的方向指

引。公民身份认同教育关系公民身份及其制度建构,涉及国家、社会、个体三者关系。公民身份认同教育在引导和规范公民个体身份认同达成的同时,也负有推进国家、社会、个体不同层面公民身份建构有机统一,形成完整意义上公民身份理念与制度设计的历史使命。因此,公民身份认同教育还应当以社会主义核心价值观为主导,从国家、社会、个体三条途径推进公民身份建构以及公民身份认同的达成。其中,在国家层面,要充分发挥社会主义核心价值观对公民身份制度设计的导向作用,充实和完善公民身份相关的法律制度,建构科学合理的公民身份价值体系;在社会层面,以社会主义核心价值观引导公民社会的良性发展,为公民身份认同教育提供良好的社会环境和空间,发挥社会组织在公民社会责任感培育上的积极作用,锻炼和提高公民参与社会公共生活与公共事务管理的能力;在公民个人层面,以社会主义核心价值观引领公民身份意识培养和公民行为养成,将社会主义核心价值观内化为公民思想与行为准则,提升个体对社会主义公民身份的认识、理解和接纳。

(二) 以社会责任意识培育为重点

责任是公民身份伦理的基本内容,也是公民身份内涵的重要组成部分。在公民身份的价值体系中,责任与权利是一组相辅相成的概念范畴,共同组成公民身份的主要面向。对于公民个体的身份认同而言,责任公民与权利公民的认同是形成完整意义上公民身份认同的关键所在,两者之间的互动平衡、有机统一,维护和保障了公民身份个体与社会价值的稳定与实现。其中,权利的重要性在于,它承认个人的能动性,承认个人拥有值得尊重和肯定的价值。权利旨在保护个人的基本自由免于各种政治决策的潜在威胁,对于公民身份无疑具有不可取代的意义。但是,权利并非凭空而出的,对权利的强调意味着:每一个人都应该获得最高的尊敬,而不能将其看作实现另一个人的目标的工具。[①] 因此,权利也就意味着责任,公民个体有受他人尊重的权利也就有尊重他人权利的责任;同时,由于共同体是个人能动性的结

[①] 参见〔美〕基思·福克斯:《公民身份》,郭忠华译,吉林出版集团有限责任公司2009年版,第61页。

构性背景,因此个人还负有为共同体的维系所应承担的社会责任。这种社会责任也是公民身份公共性的集中体现。

尽管在公民身份的发展历程中,责任与权利之间曾经历长期的博弈与较量,但随着现代性的深入,公民身份权利与责任之间的二元对立关系逐步走向融合,公民身份权利与责任的平衡越来越为国家社会所注重和强调。权利与责任之间的这种平衡关系虽然是公民身份认同教育的基本主线,但两者在教育中的具体侧重需根据所在国家的文化传统、所处的历史阶段和社会现实需求来确定。当下中国社会正值转型的关键期,全面深化改革开放、全面推进国家治理体系和治理能力现代化、全面推进依法治国的目标,为中国现代化发展明确了新的方向和重点。社会建设和国家发展目标要求公民具有相应的素质和能力,成为积极参与社会建设、共同实现小康社会和社会主义事业发展目标的"积极公民"。同样地,也需要教育培养出具有高度社会责任感和责任意识的现代公民。但是,由于中国政治文化具有强烈的集体主义价值导向,强调个体对集体的归属以及集体相对于个体的优先性,因此公民身份也应当体现出集体价值的基本导向,突出个体对集体和社会的责任与归属,而非简单借鉴西方公民身份理论,将公民定位于孤立的个体之上,强调个体权利的优先性而忽略个体对于集体的责任。因此,当代中国公民身份认同教育应当以公民的社会责任意识培育为教育重点,培养公民在积极承担社会责任的前提下,依法享有和行使自身权利,在追求个体自由的同时也关注社会公共利益与公共福祉的实现,具体而言:

第一,明确社会责任意识培养在公民身份认同建构中的重点地位,将公民社会责任意识培育作为当前中国公民身份认同教育的着力点。公民身份认同教育应当将社会责任意识的培养作为教育重点,着重培养个体的责任公民身份认同,通过责任公民的培养强化公民的公共意识和公共精神,在实现公民公共价值基础上带动个体价值的实现。

第二,以社会责任意识培育带动权利与责任的平衡。当代中国社会个体化的发展,使得个体权利意识和权利诉求不断提升,而社会责任相对被忽视。个体社会责任的淡漠使得个体公民身份认同在客观上形成偏差。当代中国公民身份认同教育应当加强公民社会责任意识的培养,使得责任意识与权利意识能形成良好的平衡统一关系,推动个体公民身份认同的实现。

(三) 以法治理念为依据和准则

法治理念是人们对法律本质及其发展规律的一种宏观的、整体的理想认识、把握和建构,是法律实践中对法律精神的理解和法的价值的解读而形成的一种理性的观念模式。法治理念包含四个层面的基本内涵:一是人们对法律和法律现象的理解和认识水平;二是人们对法律制度和法治实践所持的态度以及所作的价值评判;三是人们对法律制度是否有遵从的意愿,是否养成严格守法、依法办事的思想意识和行为习惯;四是人们对法治和法律所形成的一种明确而坚定的信仰、坚持和追求。法治理念的四层含义相互联系、彼此影响,共同构成法治理念的内涵体系。现代公民身份将法律及律法精神融入公民的人格特质与价值观念体系中,成为公民身份证成的制度与价值双重基础。"律法精神是公民在同一生存平台上为了尊重相互间的主体地位和权利而达成的契约和规则的精神凝结。易言之,法治精神不仅是社会层面(伦理层面)的精神状态,也是公民主体内在向度(道德层面)的精神品格与性格。"[①]这种内在向度上的法治取向规定,使得公民个体在社会行为与价值选择上必须以法律为第一位,以法律规定的平等地位为基础处理相互关系、规范自我行为。在这一意义上,法治理念于公民身份而言,本就具有基础性和规定性的主导地位,应当时刻贯穿和体现在公民身份的价值体系与行为体系中,成为公民身份认同及其教育的基础依据和准则。

当代中国全面依法治国战略的推进、法治中国和法治社会建设目标的确定,要求将法治理念融入社会生活方方面面,成为引领和指导政府、社会组织、公民个体的行为指南,调控和规范国家机关行使权力、服务人民、管理社会,使社会组织和公民个体依法行使权利、履行义务、承担责任。法治理念的树立关系全面依法治国战略全局,是社会主义法治精神以及人们知法、懂法、守法意识形成的前提和基础。法治理念对于公民身份具有核心意义,因而也是公民身份认同教育目标的核心所在。当代中国公民身份认同教育

---

① 曾盛聪:《论中国现代化进程中的公民人格教育——基于中国文化语境的分析》,载《探索》2006年第3期。

应当将法治理念贯穿教育全过程,以法治理念作为公民身份认同建构的依据和准则,培育公民个体形成良好的法治意识,以法治理念作为指导,正确处理自身与社会、国家相互关系,依法行使个体权利、履行公民责任和义务,实现公民个体作为法律主体的自我与社会价值,具体而言:

第一,以法治理念为基本依据,认知和理解公民身份及其内涵。法治理念对公民身份认同教育的指导作用首先体现在对公民身份内涵的认知和理解上。正如前文所言,现代公民身份建立在国家法律规定的基础之上,个体取得公民身份、享有公民权利、承担公民义务都依赖于法律规章制度的明确规定,其公民身份行为也以法律为基本依据。法治理念和法治精神是公民身份内涵与价值体系的重要组成部分,也是认识和理解公民身份的核心所在。当代中国公民身份认同教育应当将法治理念贯穿教育全过程,教育公民个体以法治理念为基准,认识和把握公民身份的基本内涵;以法治理念指导个体的自我身份认同建构,将法治作为基本的标尺衡量公民身份之于自我的价值和意义。这也是公民身份认同教育的基础所在。

第二,以法治理念为主线,建构公民身份自我认同与社会认同的价值标准。公民身份认同教育除引导和指引公民在个体—国家、个体—社会关系中形成正确的自我定位,还应当以法治理念为基准建构公民身份认同的价值标准,形成公民个体可参照和依循的价值体系。这一价值体系首先体现在以法治理念规制个体、社会、国家三者关系上。现代公民与国家、社会之间是一种法律关系,个体所享有的权利以及对国家、社会应尽的义务,都由法律规定;国家所具有的公共权力同样经由法律规定而获得权力的合法性,并依照法律规定的权限范围和法定程序行使权力、服务人民、管理社会;各类社会组织的权利义务、组织规程也遵照法律进行。法律对于个体、社会、国家关系的规定性,决定了公民身份在不同层级之间以法律为依据形成相应的规则和价值体系,因而公民个体的身份认同也充分体现着法治精神和法治理念的规制作用。公民身份认同教育承担着建构个体、社会、国家和谐关系的使命,理应将法治理念贯穿其中,成为个体自我认同与社会认同的主线和价值标准。

第三,以法治理念为准则,形成公民身份实践行为标准和规范。公民身份不仅是一套完整的价值观念体系,还是相应的行为标准。公民身份认同教育的最终目标是要实现个体对公民身份价值的认同,进而指导和规范其社会行为,将公民身份价值转化为外在的公民身份实践行动。从这一角度讲,公民身份认同所依循的法治理念,最终也必须落实到公民个体实实在在的行动之中,成为公民处理与国家、社会、他人相互关系的行动指南和行为准则。公民身份认同教育肩负培养现代公民的历史使命,应当着重将法治理念融入公民的教育实践活动中,明确公民个体的行为标准,教育公民自觉遵守法律法规,严格按照法律规定行使权利、履行法定义务,从而将法治理念切实体现在自我的实际行动之中。

四、中国公民身份认同教育的目标体系

公民身份认同教育的目标在于促进公民个体对其公民身份的内在肯认,从而使个体在现代政治、社会框架下积极参与社会公共事务与政治决策。简言之,公民身份认同教育即是要帮助公民个体树立公民身份意识,理解其身份意义与价值,使其具备思考个人与家庭、他人、集体、社会及国家关系的批判能力,以及权利与义务的实践能力和行为习惯。当代中国公民身份认同面临着个体与国家、权利与义务关系等重大问题,其实现需要在厘清上述关系的基础上,进行教育目标的整合与建构,并且综合中国文化与社会现实,以及政治、社会制度等为个体身份角色作规划与设计。中国公民身份认同教育应当在整合个体与国家、权利与责任、本土文化与外来文化理念的基础上,建构一种包含国家认同前提下的个体和社会公民、社会责任基础上的权利公民、法律和道德基础上的参与式公民在内的目标体系,培养和塑造符合中国特色社会主义发展要求、适应中国政治社会实践的现代公民。

(一) 国家认同前提下的个体和社会公民

"公民身份不是一整套统一的、同质性的社会安排"[①],而是与具体国家、文化、制度相结合的产物。公民身份的具体内涵在不同国家与文化语境下

---

① 郭忠华、刘训练编:《公民身份与社会阶级》,江苏人民出版社2007年版,第212页。

呈现出不同的样态。对于中国社会而言,在公民身份所内蕴的个体、社会与国家层级之间,建构以国家认同为前提的个体公民和社会公民,是当前社会政治、经济发展的需求和要求。

对于中国社会以及政治现代化而言,培养具有主体意识和主体能力的现代公民是现代化的主旨之一。这一目标要求实现公民的个体身份认同,即对个体的公民身份在价值与意义层面的内化,以及对其权利和责任的遵从。个体公民身份是公民身份的基础层级,任何形态的公民身份最终都必须落实到个体层面,体现为个体依照公民身份所采取的行为和产生的意义。社会公民身份则是个体在社会层面所应体现的价值和具备的作用,社会公民身份关系个体公共性的实现。在现代社会,社会层面公民身份价值的实现,是提升社会自治与自我管理的基础之一。

在中国政治、社会语境中,个体公民身份与社会公民身份认同的实现,对于中国政治、社会发展而言具有重要意义。在以往的发展历程中,由于受全能国家主义的影响,国家在与个体及社会的关系中始终处于强势地位,国家包办一切在很长一段时间内是社会管理的主要模式。这一模式下,个体与社会同国家、政府之间形成一种依赖关系,公共领域与私人领域之间缺乏明确的界限区分。国家的强势与个体、社会的相对弱势,使得国家、政府能够干涉和支配个人与社会生活空间的权力不断扩大,一定条件下甚至形成公权力对私权利的侵害以及对私人利益的吞噬。随着政治、经济和社会的现代化发展,个体与社会被要求承担更多的职能,国家则从私人领域和部分社会领域中退出,"还政于民"。这就要求个体和社会具有相应的基本素质和能力。从个体的角度看,首先,要能成为权责自负的公民主体,按照公民身份的规则采取社会行为、进行社会活动;其次,要具有较高的公共性和公共精神,能够积极参与社会公共事务,追求与维护社会共同利益和共同价值。无论从哪个方面,都需要加强公民身份认同教育,实现公民在个体和社会不同层级的身份认同。

值得注意的是,在公民身份的个体、社会和国家层级中,国家公民身份的认同始终是公民个体与社会认同的基本前提,因为国家是公民身份建构和形成的基础要素。公民身份是个人在民族国家中,在特定水平上,具有一定普遍性权利与义务的被动及主动的成员身份,必须要归依某个特定民族国家,才能获得生成和发展的空间。马克思指出:"个人力量(关系)由于分工而转化为物的力量这一现象,不能靠人们从头脑里抛开关于这一现象的一般观念的办法来消灭,而只能靠个人重新驾驭这些物的力量,靠消灭分工的办法来消灭。没有共同体,这是不可能实现的。只有在共同体中,个人才能获得全面发展其才能的手段,也就是说,只有在共同体中才可能有个人自由。"①这也是公民身份个体性与社会性统一的基本要求。同时,由于公民身份意味着归属某一国家、身为某一国家国民的资格和地位,因此个体对其公民身份无论是哪个层级上的认同,都自然地包含对其国家的归属,即对国家公民身份的认同。从个体与国家角度看,个体对其国家公民身份的认同,是与其国家及民族心理之间情感联结的建立,也是情感上归属其国家的直接体现。个体的国家公民身份认同关系国家的统一和稳定,对于国家安全和政治秩序稳定具有重要意义。在现代社会,全球化、网络化等现代性标志,打破了人们生活形态的固有模式,突破了人际交往的时间与空间限制,传统以地域为界限的国家概念发生改变,不同政治体制与社会形态下的文化交互作用,都在一定意义上消弭和弱化人们的国家认同。在这样一种社会背景下,加强国家认同及政治认同,是现代公民身份教育的首要任务。

中国正处于全面深化改革的攻坚时期,社会整体从伦理向法理、从一元向多元、从高度集中向分化的转变,使得社会领域多重矛盾集中、激化,对社会安全稳定造成了一定冲击。对此,党的十九大明确指出,当前国内外形势正在发生深刻复杂变化,我国的发展仍处于重要战略机遇期,前景十分光明,挑战也十分严峻。中国特色社会主义已进入新时代,社会主要矛盾发生变化,坚持和发展中国特色社会主义的总任务、总布局、总目标也进一步明确。中国社会的整体发展变化也需要培养出具有高度的国家认同和政治认同,具备高度的社会责任感和公共精神,能够自主判断和理性决策的现代公民。因此,培养以国家认同为前提的个体和社会公民,成为当代中国公民身份认同教育的主要目标之一。

---

① 《马克思恩格斯选集》第 1 卷,人民出版社 2012 年版,第 199 页。

(二) 社会责任基础上的权利公民

现代公民是权利与责任的统一体。在现代社会生活中,人被赋予多元化的社会角色,每一种社会角色即意味着一整套行为规范和价值体系,同时也包含有相应的权利与责任。个体在扮演特定的社会角色时,理应遵循相应的行为和价值规范,在享有相应权利的同时承担其角色所具有的相应的责任。现代公民应当是一个合格公民,更应当是一个有责任的公民,责任是对现代公民最基础的要求。由于中国的政治文化是一种集体导向占据主导地位的文化形态,因此在中国的社会语境中,教育所要着力培养的是这样一种既有责任意识又有权利意识的现代公民,具体而言即一种社会责任基础上的权利公民及其身份认同。

在公民政治语境中,权利无疑是公民身份的核心。在公民身份的发展史上,权利一直占据着重要的地位。权利是公民身份的重要组成部分,是公民身份内在自主性与理性的逻辑要求。公民权利是个体公民对国家的要求,而不是国家对于个体的要求。权利是公民主体性实现的基础和集中体现,对于公民身份生成具有重要意义。相对于权利,公民责任是个体对国家、社会和他人所承担的义务。

受政治传统和历史文化的影响,中国社会缺乏权利教育,以义务教育为本位,着重强化个人对集体、国家所承担的无条件义务的教育。这种义务导向的教育,虽然也体现了一定的责任意涵,但与现代政治所倡导的社会责任仍有一定差别。现代政治所倡导的社会责任,是建立在个体主体基础之上,国家、社会与个人之间在平等地位基础上形成的个体责任。社会责任主要对应于公共领域和公共事务,区别于私人领域中个体相互之间或与一定组织之间形成的权利义务关系。社会责任具有显要的社会价值和意义,是公民个体公共性的集中体现。

由于公民身份的社会性价值面向与内涵,公民身份认同教育本身也包含一种社会公共精神的教育。公民社会是一个充分分化的多元社会,公共生活领域与私域生活分离后,一方面,私域生活的独立化不断催生人的主体性精神与特殊性价值意识;另一方面,公共生活的拓展又强烈呼求人们的公共精神和社会责任意识。马克思指出,人的本质"是一切社会关系的总和",人"实际上是属于一定的社会形式的"。① 公民身份的主体性内涵与社会性内涵相辅相成,公民主体性精神的实现离不开公共生活的良序与规范,在个体主体性充分张扬的公民社会里,尤其强调制度安排上的社会正义精神和公民个体的社会责任精神。从某种意义上,社会公共精神是公民主体人格实现的前提,也是公民身份赖以生长与完善的社会性条件。卢梭认为:"公民只不过是一个分数的单位,是依赖于分母的,它的价值在于他同总体,即社会的关系。"② 亚里士多德指出:"公正就是幸福的给予和维护。"③ 因此,公共生活的良序与理性仰仗于每一个公民的公共责任精神;公民身份也因公民社会的良序而得以生成和发展。建基于农业经济与宗法血缘关系的传统道德和人格范式,有着明显的"私德主导、公德不彰"特性,难以引申为现代公共生活的道德价值规范。中国现代化进程中的公民身份认同教育倡导社会正义精神、社会责任意识,对于几千年来中国传统人格的转型与创新具有重要意义。它既走出了传统"熟人道德""人情伦理"的羁绊,开启了与现代公共生活相适应的精神价值范式,又是对中国传统心性修养与圣贤人格中以社稷为重、族群为先,以天下为己任的优秀民族精神的积极颂扬。

在此意义上,当代中国公民身份认同应当以建立在社会责任基础上的权利公民为教育目标,实现个体对权利公民与责任公民的双重认同,体现公民身份内在个体性与公共性的统一,以及个体价值与公共价值的融合。

(三) 法律、道德基础上的参与式公民

公民身份所具有的政治、法律与道德三重维度,以一种辩证统一的关系共存于公民身份内涵体之中。其中,政治维度的公民身份主要体现为公民对政治和公共事务的参与,因此常体现为一种参与式公民身份;法律维度的公民身份着重强调个体的法律主体地位,是个体依据宪法和法律参与公共事务、行使个体权利、与他人建立互动关系的基础;道德维度的公民身份强

---

① 参见《马克思恩格斯选集》第1卷,人民出版社2012年版,第135页。
② 〔法〕卢梭:《爱弥儿:论教育(上卷)》,李平沤译,商务印书馆2011年版,第9页。
③ 苗力田编:《亚里士多德选集(伦理学卷)》,中国人民大学出版社1999年版,第105页。

调公民个体在道德和社会伦理关系中的主体地位,体现为现代政治对公民应具有的理性、独立、平等、法治等公共价值追求,以及忠诚、节制、参与、友爱、合作等德性要求。

对于公民个体而言,政治属性是公民身份的首要特征,也是其根本特性所在。在政治领域,公民身份主要体现为对政治事务的参与。对于这一点,尽管不同的公民身份理论流派在具体侧重内容上不尽相同,但对公民参与都同样重视。按照基思·福克斯的观念,参与伦理是公民身份的本质。因此,在现代政治中,公民身份的政治属性与政治维度认同,首先即是要实现这样一种参与式公民身份认同,培养积极参与公共事务和公共生活的现代公民。但是,公民的参与并非是随心所欲的,而是在法律与道德的双重规制之下所进行的理性选择。

在当代公民教育理念中,公民身份具有法理性、制度性的保障和约束。一方面,公民的基本权利是法律和制度所保护的,国家宪法和法律、法规等都规定和保护了公民的基本权利;另一方面,公民也必须遵守基本的法律、法规和制度规范,履行相应的社会义务和法律义务。当代公民教育所期望塑造的公民人格,是一种制度性、法理性的人格,公民的责任和义务是法理、制度所要求的,公民的自由和权利也是法理制度所赋予的。只有当每个公民的自由权利都被约束在合理的法律、制度规范之内时,个人的自由才不至于损坏他人的自由,个人的权利也才不至于损坏他人的权利。与此同时,道德人格本质上是外在规范性与内在主体性、客观约束性与主体能动性的统一。与以道德规范意义存在的律法精神不同,德性精神是一种道德价值信仰,是原发于主体内在情感世界的对美德与崇高人格的笃志和追求,德性精神是公民人格不可或缺的价值面向,德性人格也是公民人格的重要体现之一。一方面,强调公民人格中德性精神的价值内涵,可以避免公民社会对规则、契约过分倚重与片面强调,而导致忽视公民德性塑造,最终造成德性不彰、人情冷漠和生活世界被割裂的现象。另一方面,中国传统文化中的"圣贤人格"就是德性人格的具体范型。中国传统文化历来强调心性修炼与人格崇高,中国文化语境下的公民人格教育与塑造,自然无法绕开中国传统文化与道德的制约。契约精神与德性精神并重,无疑是中国文化语境下公民人格价值内涵的辩证解读方式。建立在法制、契约与德性精神基础上的参与式公民,则是实现中国政治现代化的主体诉求、培养现代公民的关键所在。

要培养公民的政治、法律与道德人格,实现三者的有机统一,塑造公民成为尊崇法治规范、具有高尚道德情操、热心公共事务的"积极公民",就要贯通公民的法治教育、道德教育与政治教育,培养公民个体的法律素养和道德品质,使其养成在法律与道德规制下参与社会公共事务的意识与能力。

第七章

中国公民身份认同教育实施路径的拓展与创新

  盲目的献身和本能的善的时代已经成为遥远的过去,而自由、公共安宁和社会秩序本身通过启蒙和教育可以实现的时代即将来临。①

——托克维尔

  强有力的民主……所依靠的概念在于自我管理的公民群体,把他们联合在一起的,主要不是同一的利益,而是公民教育;他们之所以能够致力于共同的目的和联合的行动,是由于他们的公民态度和参与机制,而不是由于利他主义或良好本性。②

——本杰明·巴伯

  教育是一种自我改造的实践活动,所要改变的不仅仅是人的自然规定性,从更普遍的意义上说,它所扬弃的是人所已经拥有的任何规定性,其中包括社会与历史所赋予的规定性,使人在已有规定性的基础上不断创造出自己新的规定来。因此,从更为符合教育本意的角度而言,教育是一种延及终生的实践活动。③ 公民身份是现代人最基本的身份表征,个体围绕这一身

---

① 〔法〕托克维尔:《论美国的民主(下卷)》,董果良译,商务印书馆1989年版,第655页。
② 〔美〕本杰明·巴伯:《强势民主》,彭斌、吴润州译,吉林人民出版社2006年版,第145页。
③ 参见鲁洁:《教育:人之自我建构的实践活动》,载《教育研究》1998年第9期。

份所进行的自我建构也应贯彻始终。因此,公民身份认同教育同样具有终身性。不仅如此,公民身份教育还是一种开放的、动态的过程,除了集中性的、有组织的学校教育形式,社会制度、文化、传统、习俗都在有意无意地发挥着塑造公民以及公民身份认同的作用和功能。因此,一种完备的公民身份认同教育体系,不应只局限于个体某个成长阶段或者某个生长场景,而应贯穿于个体生长的全过程,体现在其学习、生活不同层面,深入其与其他个体、与社会和国家的互动过程中,通过知识的传播、价值的引领以及实践的引导,形成公民个体内在价值与外在行为的统一。

一、公民身份认同教育的实施路径创新

"教育目的里隐含着其理想的新人形象,亦包括其对教育在社会中作用的理解。人的理想形象和教育的理想作用往往是结合在一起的,在某种程度上可以说理想的人的形象是按照其对教育的理想作用的理解来设计的。"[①]无论基于何种理想,教育的实践都应以"现实的人"为落脚点,以"现实的人"的存在为基础构建教育体系及其实践路径。可见,公民身份认同教育归根结底是关于人的问题。因此,公民身份认同教育,特别是学校场域的系统教育,应从原有政治化、知识化和单向性的教育路径依赖中摆脱出来,以人的主体性为导向设计更为科学和系统的教育方案,促成公民身份知识与实践的融合,引导个体对自身公民身份的全面认识与深层认同。

(一) 以公民主体性为主导的教育方法理念转变

教育理念的转换是教育创新发展的关键。现代教育最核心的转变就是承认人的主体价值和主体地位,进而培养人的主体人格。这种主体化的人格培养以个体的自我建构为重心。鲁洁先生在分析教育与人的自我建构问题时曾有言,人的主观世界发展包含与客观世界关系及其内在关系的发展。前者是客观世界作用于主观世界,主体通过自身建构活动将之纳入自身心智结构而获得发展;后者则是作为主体的人通过自我意识将自己既作为主

---

① 陈秉公:《思想政治教育学原理》,高等教育出版社2006年版,第56页。

体又作为客体予以反思和改造的活动。相比较而言,后者对于人之主体心智结构的发展更有意义,是实现、完成人之发展的关键。从这个意义上讲,"教育虽然存在一种外部施加影响的过程,但是其主题却应是促进、改善受教育者主体自我建构、自我改建的实践活动的过程。作为教学细胞的教学过程,其本质也不在于认识而在于内在心智结构的建构"①。

对于公民身份认同教育而言,教育过程的这种自我建构性尤为重要。公民身份是个体身份摆脱"臣民"的依附性地位,获取独立与自主地位的标志;公民身份认同则是个体依据公民角色认识和建构自我的过程,其本身就是个体主体能动作用的结果和体现。我国公民身份教育长期受传统思想政治教育范式的影响,具有较为突出的政治教育特征,特别是在教育方法上,单向性的知识传输和简单化的观念灌输在教育的方法体系中还占有较大比例,政治教育的路径依赖特征明显。这种单向性知识和观念的简单灌输,将学生视为知识的被动受者,对个体主体地位和主体作用的重视不足。同时,过于知识化、程式化、单一化的教育方式,使得教育主体之间、主体与客体之间未能真正建立起"教"与"学"的交互作用模式,个体对其公民身份的感受与激励,无论从知识还是实践角度看,均相对不足,难以通过主体化的教育实践活动完成自我与公民身份有关的心智结构的切实改造,对公民身份的认知和认同都未能与外在客观世界的要求相匹配,从而极大地影响了教育效果,制约了个体有关公民身份认同的达成。

现代公民身份教育既然将公民的主体性视为基本的教育原则,那么无论是目标设置还是方法选择,都应当遵循并体现这一基本原则。具体到教育路径与方法的问题上,主体性的主导原则是要秉承公民身份认同教育的"启蒙"精神,凝聚民族和人文特色,反思和批判工具主义价值导向的影响,以个体的主体发展规律为基本依据设计教学方案与教学过程,使教育从内容到具体实践都更具有探究性,让教学变成研究、让学习成为生存与创造、让评价变成帮助、让学校充满"家园精神"和"实验室精神"。主体性导向的公民身份认同教育,一方面要符合个体主体发展的需求,体现主体人格培养的目标导向;另一方面要能够提供个体作为主体参与教育过程的条件和空

---

① 鲁洁:《教育:人之自我建构的实践活动》,载《教育研究》1998年第9期。

间，发挥主体自我建构的积极作用。

首先，转变原有以学生为知识的被动受者、自上而下的教育传输模式，立足于公民个体这一"现实的人"的客观存在，以个体对公民角色认知与行为实践需求为导向，设计科学化和系统化的教育方案。一是以学生个体为基础视角，明确个体作为公民主体在不同阶段的知识了解与能力训练内容和目标，以此进行课程整合，形成系统化、阶段化和层级化的课程体系；二是以学生不同阶段的认识与实践能力发展为依据确立实践教育方案，采取校园先期公共生活训练、校园实践活动、社会服务与实践等多种方式，进行公民实践能力和技能的教育；三是在具体教育方法上借鉴国外公民教育中道德认知、价值澄清、社会行动等不同模式的经验，融合不同教育方法优势，构建中国公民身份认同教育的方法体系，提升学生主体的价值认知、判断和选择能力，以及学生作为公民的行为能力和各项技能的训练；四是注重个体不同阶段教育的延续性和关联性，以个体主体成长为中心，形成涵盖个体主体成长全过程的一体化教育模式，建构终身化的公民身份认同教育体系。

其次，注重教育过程中的主体参与性，创造公民个体作为主体对教育全过程的参与条件和参与空间。公民身份认同是主体的自我建构，其教育过程是主体作用于主客观世界，以建构自我心智结构的过程，这一过程离不开主体自身的能动作用。这就要求，公民身份认同教育过程应当具有开放性，为学生参与教育教学各环节创造条件。一是建立学生与教师之间"学"与"教"的互动机制，以学生为中心开展公民身份认同的教学实践活动，形成教师与学生之间平等、民主的主体交互关系，提升教育的主体间性；二是建立学生对公民身份知识、实践教育的作用和反馈机制，拓展学生对教育过程的自我设计和决策，贴近学生主体需求，强化学生对教育实践的参与意识；三是营造民主的教学和校园文化氛围，拓展校园公共生活空间，为学生自主参与校园治理提供更多条件和平台，强化学生主体意识和公民身份的效能感。

公民身份认同是主体的自我建构，而教育是要积极促成个体对公民身份从心智结构到行为模式的自我建构。因此，必须彻底转变传统模式中以教育者为主体、学生为客体的教育关系，形成教师与学生平等互动基础上的主体间关系，以学生个体的成长为中心，构建教育的内容、方法、课程、实践体系,体现学生主体地位和主体价值。

(二) 以整体公民身份为主线的课程体系构建

公民身份教育课程是学校场域公民身份认同教育最主要的资源和手段之一,也是学校有计划、系统地开展公民身份认同教育的主要方式。公民身份认同教育的课程设置应当根据公民身份的内在逻辑框架,精选知识并合理组合,建构公民身份认同教育的课程体系。

1. 课程的内容体系构建

按照整体公民身份的内在结构,形成涵盖个体、社会、国家不同层次,包含公民身份认知所必要的政治、法律、道德知识在内的内容体系。在个体公民身份层次上,课程的核心主题在于个体对其公民身份的自我觉知,尤其是所拥有权利义务的认识和理解,应了解公民身份对于个体的意义和价值,确立自我的目的和主体性,形成独立、理性、批判、创新的思维能力,维护并正确行使个体权利、承担义务。在社会公民身份层次上,着重凸显人的社会属性教育,引导个体正确认识与他人、社会的相互关系,自觉将自身置于社会关系的整体架构中;树立尊重和平等的价值观念,尊重他人的主体地位,能够以平等的态度认识和处理与他人的相互关系,具备民主意识,尊重差异、包容多元;认识一般社会组织的生活规则,掌握公共生活的基本要求,具有良好的公共生活行为规范,认同社会共识,热心于公共善和公共利益的维护,提升以公共理性为基础的沟通、表达、合作与冲突解决能力,形成高度的社会责任感和公共参与意识。在国家公民身份层次上,重点进行国家认同和政治认同教育,通过国家历史、文化、地理等的知识教育,培养个体对于国家的归属感和爱国意识,忠诚于国家;使个体了解政府及政府运行规则,明确国家公权力的权威与界限;认识并理解国家政治制度、法律体系,认同国家意识形态和核心价值观,遵守宪法和法律;具备民主参与和合法参与政治的能力,积极参政议政。

2. 课程的样态体系构建

开发形式多样的课程形式,以文本课程为核心,同时超越文本课程,将所有影响公民身份生成和发展的文化、环境、信息、行动因素都纳入公民课程系统之中，从而把社会文化、学习者的学校生活、学校的公民教育活动整合起来，涵盖学习者的全部时空，构建一种重视境域、生成和复杂性的"全景式课程观"。①具体而言，即构建学科课程、活动课程以及广义上的隐性课程相结合的课程形态体系。其中，学科课程是以学科为中心编制的课程，包括专门的公民身份教育学科课程，以及融合于其他学科课程的公民身份教育内容。中国公民身份认同教育主要依托于广义的思想政治教育体系开展，鲜有专门的公民身份教育课程，但在事实上又确实包含公民身份认同教育的部分内容，承担了一部分公民身份认同教育功能。因此，考虑到目前的教育发展情况以及中国长期以来的政治习惯，在公民身份课程的设置问题上，可不必过于纠缠是否在形式上确立专门的公民身份教育学科课程，而应关注于实质内容上的优化和整合，围绕公民身份整合现有思想品德、思想政治课程内容，形成以社会主义公民身份内涵为中心的思想政治教育学科课程体系，同时在其他学科中融入公民身份认同教育理念，形成综合性的学科课程体系。与此同时，大力开发公民身份认同教育的活动或实践课程，借鉴国外服务学习等课程样式，在已有公民教育实践课程的探索基础上，形成科学、系统的实践课程体系。在广义的课程形态上，发挥社会领域公民活动的教育功能，包括投票选举、公民志愿者活动以及日常社会公共生活等，对个体生长形成潜移默化的影响，促进其公民身份认同的实现。

3. 课程的层级体系构建

遵循个体生长及身心发展规律，统合公民身份课程教育要素，构建由浅至深、由表及里、循序渐进的课程体系，形成涵盖基础教育、中等教育、高等教育以及成人教育等不同阶段的一体化教育体系，设置各阶段的教育目标和相应的教育内容及形式。一般而言，基础教育阶段主要以引导儿童形成初步的自我公民身份认知为核心，建立专门课程（如现行课程方案中的品德与社会课程）；以儿童的生活为主要课程资源，将课程学习纳入儿童的生活之中；以知识与活动相融合的形式，帮助儿童初步理解自身与他人、社会的

---

① 参见牛金成：《德育课程概念的重构》，载《教育评论》2007年第1期。

相互关系,形成正确的公共生活态度,为儿童成长为良好公民奠定心理和行为基础。中等教育阶段以个体自我主体意识与社会特性培养相结合为主题,引导学生进一步认识自我,形成相对完整的自我身份认知和主体人格。同时,进行相对深入和系统的公民身份知识教育,包括一般的政治制度和政治运行规则、基本的法律知识、公共生活规则、个体权利义务等,通过加强公民身份实践教育,帮助学生体验和感知自身公民身份,深化学生对公民身份及其权责等的认识与理解,使学生形成初步的理性决策思维和行为能力。在高等教育阶段,个体的身心基本成熟,价值观与行为模式逐步稳定。因此,这一阶段的公民身份认同教育应当重点突出公民身份的政治属性教育,以更为深入的公民身份理论知识教育与更加深刻的学校公共生活实践教育,引导青年学生形成更为全面的公民身份认知和认同,热心公共参与,进行有序合法的政治参与和意见表达,正确行使个体权利、承担自身公共责任,养成公民身份所要求的思维和行为习惯,成长为具备公共精神、公共责任意识和公共理性的合格公民。上述阶段教育相辅相成,构成完整的公民身份认同教育体系。由于公民的培养过程贯彻人的一生,因此公民身份认同教育并不应止于个体自幼年至青年的生长阶段,而在成人阶段也应不断进行公民身份理念、知识与技能的培养和训练,以稳固不断变化的个体认同,提升公民个体以公共精神和公共理性为基础的思维与行为能力,将公民身份理念贯彻始终。

(三) 以公民身份实践为导向的教育方法创新

"公民教育归根结底是要培养在生活中具有行动能力的积极公民,而非在关于公民的知识中进行智力游戏的'公民理论家'。"[1]从认同理论的角度看,个体对公民身份的认同是在公民角色扮演过程中形成的。因此,公民身份认同的达成依赖于个体在公民身份基本认知基础上的切身实践,以及其在身份实践过程中的自我建构和自我觉知。从教育的角度看,知识与实践的双向互动已成为当下公民身份认同教育路径的基本导向。因此,在目前公民身份认同教育路径的整体转换过程中,应当加强实践性的公民身份教

---

[1] 朱小蔓、冯秀军:《中国公民教育观发展脉络探析》,载《教育研究》2006年第12期。

育方法创新,突出公民身份实践在教育过程中的方向性和导向性作用,着重构建以公民身份实践为中心的教育方法体系,突出对学生作为公民主体行为塑造及行动能力的培养,提升公民身份知识与实践的转化能力。

在实践导向的公民身份教育中,美国学者雷德·纽曼所提出的公民教育社会行动模式是比较具有代表性的教育模式。纽曼的社会行动教育模式,将公民行动能力以及影响公共事务能力的培养视为教育重心,着重进行公民行动的训练,以培养学生作为公民在社会变革中扮演的角色,以及以实际行动来改变外在环境、达到理想目的的能力。社会行动模式旨在改变以往教育过于偏重认知的弊端,将教育的重心转移至公民个体的行为能力和技能训练之上。具体而言,社会行动模式包含三个主要的教育指向:一是制定政策目标,包括道德研讨和社会政策研究等方面,通过组织学生进行公开的、理性的辩论,使学生对公民身份伦理和社会行动及其后果等的认识、理解水平达到恰当的标准;二是争取公众支持,主要是要使学生了解社会行动的运作过程,如社会提案如何形成法律以及团体、个人在其中的作用等,使学生懂得运用政治法律以及群体活动的知识,培养学生在组织、行政、管理方面的技巧和技能;三是解决心理上的问题,主要是学习保持开放、理性的心态和批判的精神,能够处理好个人与社会、个人与他人之间的关系,始终明确社会行动的总目标。[①] 围绕上述内容,社会行动模式还设置了一系列相关的知识与实践课程,包括政治法律活动课、社区服务实习、公民行动与公共交流等,多方面培养和训练学生真实的公民身份行动能力,从而形成公民身份教育的新体系。

社会行动模式为中国当代公民身份认同教育提供了新的范式参考,对发展和创新公民身份实践教育方法具有良好的启示作用。结合中国公民身份认同教育的实践需求,以身份实践为导向的教育方法创新具有两个基本方向:一是内向性的方法创新,二是外向性的方法拓展。

1. 内向性的方法创新

所谓内向性方法创新,主要是指学校场域内的教育方法探索,包括课堂

[①] 参见朱晓宏:《公民教育》,教育科学出版社2003年版,第119页。

教育、校园生活实践等。课堂教育着重以公民身份实践的具体问题为教育题材,包括公民身份知识,特别是参与行动所涉及的知识教育,建立诸如实践问题导入式、情境代入式、角色扮演式等多种教学方法,以公民身份实践或行动的案例为主,通过课堂专题讨论引导学生参与课堂教学过程,使学生在实际问题及其解决方案的讨论中,认识和理解社会主义民主法治、国家制度、政府及公共事务运行规则等公民身份知识及其价值理念,学习以批判性的思维认识和理解问题,以理性沟通化解观念冲突、形成共识,同时通过对行动方案制定、运行及其后果的预判,学习如何以公民身份行使权利、履行义务、影响公共决策并承担相应的责任。学生通过问题讨论与实践分析等过程,理解和体会公民身份的意义,树立民主、理性、平等和尊重等公民身份价值观,为成为合格公民奠定基础。校园实践则着力以治理理念构建学校公共生活,完善学校"准公共领域"和"准公共生活"的价值作用机制,转变学校管理"控制型"的教育管理理念与机制,使学生能以公民身份参与学校治理,与教师和学校管理者之间形成民主、平等的交互关系,将学校建设成为公民学习的共同体。

2. 外向性的方法拓展

所谓外向性的方法拓展,主要是指以学校以外的社会实践为依托的教育形式与教育方法。社会实践是中国教育所积极倡导的一种教育途径,也是中国教育历来所秉承的传统,在各层级、各阶段教育中都有所体现。但是,从总体而言,中国目前教育中的社会实践在目的上相对偏重于学生综合素质的提升,相对缺乏明确的公民身份教育目的和主线,教育目标的指向性和目的性较为松散和模糊;在实践形式上多以社会调查、志愿者活动、基层挂职服务、参观访问、勤工助学等实践活动为主,与学校课程的关联度相对较小,且较少与公民身份教育相联系,缺乏系统性。有学者曾评论:"我国学校相当注重组织学生开展社会调查、社会实践、社区服务活动。但是,由于缺乏一以贯之的教育理念,这些活动基本上处于半自发和零碎、分散的状态。学生从中受到何种锻炼和教益,是不清楚的。"[1]因此,在公民身份认同

---

[1] 转引自许瑞芳:《比较与启示:服务学习与社会实践》,载《思想理论教育》2009年第11期。

教育的实践教育途径上,应借鉴国外服务学习的教育模式。一是挖掘社会实践的公民身份教育内涵,确立明确的公民身份教育目标,以公民身份实践为导向设计实践环节和开展过程,使学生能以公民身份切身投入实践活动;二是设计系统化的公民身份社会实践体系,围绕公民个体生长及公民身份基本要求设计实践教育体系;三是整合社会实践与学术学习的价值旨趣,使社会实践与课程教学相联系,促进公民身份知识的实践转化;四是形成公民身份实践活动的社会支持体系,建立政府、社区、民间组织等共同支持的实践教育资源体系,形成公民身份认同实践教育的支持组织平台,形成普遍的实践风尚和服务精神。

二、公民身份认同教育的手段拓展

正如前文所述,在公民身份认同教育中,社会场域是不可缺失的部分,是公民身份认同教育得以完整实现的关键。在社会场域中,大众媒介的文化宣传和价值影响、网络虚拟空间的公民参与以及现实社会中制度化的公民参与行动,都在不同层面影响着公民个体的身份认同。发挥这些不同层次和类型教育途径的积极作用,推动全景式公民身份认同教育环境及公民文化的形成,可以在更为宏观的意义上,拓展公民身份认同教育的发展途径。

(一) 传统大众媒介公民身份教育功能的激活

大众媒介具有教育的社会功能。美国学者哈罗德·拉斯韦尔曾提出大众媒介的三大功能,其中一项就是文化传递的功能,即社会的精神遗产代代相传。苏联新闻学家 E.普罗霍洛夫也提出大众媒介具有思想功能,强调其在形成群众的意识和觉悟,以及社会理想、志向、动机等方面的作用。大众媒介这种文化传递功能,"通过大众传播把文化传递给下一代,并不断教育离开了学校的成年人、社会成员共享同一的价值观、社会规范和社会文化遗产。也可以说,这是一种教育功能,即让下一代人在社会化过程中学习、认同社会传统、社会经验和社会知识"①。

大众媒介的教育功能,使得它在个体的公民身份认同教育中也具有显而易见的作用和功效。"从理论上讲媒体在民主社会中发挥着重要作用,特别是为培养公民素质与参与意识提供了制度性基础。"②理论上,大众媒介至少在三个方面对公民身份认同起着积极的建构作用:一是培养知情的(informed)公民。大众媒介通过提供理性且平衡的新闻报道,进行全面而公正的信息传播,使公民形成更为深入的政治与社会认知,提升个体的政治、社会知情度。同时,公民通过大众媒介这所"没有围墙的学校"习得公民身份知识,知晓公共事务运行的基本规则,理解国家政策和社会政治背景,懂得如何积极合理地运用自身权利,从而逐步成长为知情、理性的现代公民。二是传播公民身份价值观。一方面,大众媒介通过直接的价值观以及主流文化宣传,在显性层面影响公民个体的价值观建构,使得公民在获取多元政治与社会信息的同时,形成"同质化"的政治与社会认知,从而形成与政治共同体"同质的政治文化"和价值共识;另一方面,则通过其社会文化传播过程中所传递出的对国家与社会的公共关怀,及其对社会正义的尊重与对信息真实性、准确性的追求,潜移默化地影响公民理性和公共精神的形成。三是实践公共领域。大众媒介是哈贝马斯等学者论域中公共领域最为重要的形态。社会公众通过大众媒介提供的公共平台发表言论,参与公共事务,建立与政府的平等对话关系,对政府进行监督,同时通过大众媒介这一"公共话语平台"增强社会凝聚力,促进社会共识与稳定秩序的形成。这一过程在某种意义上是实践公民身份的过程。

在形态各异的大众媒介中,以报纸、广播、电视为主要代表的传统大众媒介曾在公民身份认同问题上发挥了主要的建构作用,即便是在互联网盛行的当代社会,传统大众媒介仍具有网络等新媒体所不可替代的重要作用。相对而言,传统大众媒介的信息传播是一种更有组织化的行为,具有相对严格和规范的传播流程,无论是在议程设置还是舆论导向上,都较网络等新媒

---

① 沙莲香主编:《传播学——以人为主体的图象世界之谜》,中国人民大学出版社1990年版,第168页。
② [美]罗伯特·W.麦克切斯尼:《富媒体 穷民主:不确定时代的传播政治》,谢岳译,新华出版社2004年版,第8页。

体更为审慎,因而其对社会公共事件的报道和追踪都更有深度,更为系统,也更具公信力。这就使得传统大众媒介在公民身份认同的引导上相对更加有序和稳定,通常被视为个体政治社会化的主要渠道。但是,不可否认的是,当代大众传媒不可避免地受到商业化与消费主义的影响,越来越注重对商业利益与财富的追求。为追求更大规模的利润,大众媒介将更多的注意力放在制作能够迎合受众的节目上,这些节目大多流于低级趣味而缺乏"公共性",将公民"浸泡"在娱乐节目的世界中,导致公民既失去了关心公共问题的兴趣,也失去了判断是非的能力,从而出现麦克切斯尼所言的"政治疏离"(depoliticized)现象。① 大众媒介的"泛娱乐化"倾向造成了公共性的削弱以及社会责任意识的衰落,网络媒体的崛起也在客观上冲击了传统大众媒介的影响力与社会地位,从而削弱了传统大众媒介在公民身份认同建构上的社会再生产。

中国社会正处在全面深化改革的关键时期,完善和发展社会主义制度体系,推进实现国家治理体系与治理能力现代化,全面推进依法治国,是当前社会建构的核心与主题。这些社会主题共同构成当代公民自我建构与身份认同的宏观情境。吉登斯认为,现代性认同离不开媒介,媒介本身即有关社会建构的叙事。因此,大众媒介无论是在社会的整体建构还是人自身的建构上,都具有不可推卸的公共责任。在当前社会背景下,应当着力激活传统大众媒介在公民身份建构上的再生产作用,充分发挥大众媒介的教育功能。

一是重振传统大众媒介的社会责任,维护大众媒介的公共性。社会责任是大众媒介基于公众信息权的一种道德责任。这一道德责任要求大众媒介基于其公共性对社会及受众承担一定的责任和义务,其新闻报道和信息传播应当符合真实性、客观性和公正性标准,并满足公众的知情需求;必须遵守现行法律,维护公共利益、国家安全和社会稳定,履行公共文化传播的使命。② 社会责任是大众媒介的立意基础,也是大众媒介公共性的核心。

---

① 参见〔美〕罗伯特·W.麦克切斯尼:《富媒体 穷民主:不确定时代的传播政治》,谢岳译,新华出版社2004年版,序言第6页。
② 参见严晓青:《媒介社会责任研究:现状、困境与展望》,载《当代传播》2010年第2期。

2016年2月19日,在党的新闻舆论工作座谈会上,习近平总书记提出新闻舆论工作的48字箴言,即"高举旗帜、引领导向,围绕中心、服务大局,团结人民、鼓舞士气,成风化人、凝心聚力,澄清谬误、明辨是非,联接中外、沟通世界",为中国当代社会背景下大众媒介的社会责任注入时代内涵,从使命、职责与方向等不同方面强调了大众媒介的公共取向。当前价值观念与文化取向多元发展的社会背景下,大众媒介应当坚持新闻与信息传播的真实性、准确性和客观性,体现其对社会与公众的公共关怀和人文关怀,而这种履行社会责任的行为本身也是对公众在公民精神和价值上的一种引导。

二是强化传统大众媒介对社会主义公民身份知识与价值观念的传播和引领。按照认同的分析理路,个体的认同是其在特定社会场景中基于社会角色之于自身意义的显要程度而做出的角色选择。因此,在某种意义上,社会通过提升特定角色对于个体自身建构意义的显要程度,亦可影响该角色认同的实现。大众媒介作为社会舆论的"指向标"以及价值观念的"传播器",其所构成的"拟态环境"是现代社会场景中人们认识和了解世界的主要渠道,其议程设置功能则使其在一定程度上对"决定大多数人将要谈论什么,大多数人对事实会有什么看法,大多数人对处理面对的问题有什么想法起着重要作用"[①],从而对人们的价值观念构成影响。因此,在当前社会背景下,要发挥传统大众媒介的公民身份认同教育功效,应当充分发挥大众媒介的传播优势,进行更广范围的公民身份知识宣传,依托新闻类、法制类等多种类型节目,使人们在更广和更深层次上了解与公民身份相关的政治、经济、法律、文化知识,理解公民身份权利义务及其意义,建立全天候和全维度的教育情境。同时,加大传统大众媒介对公正、平等、理性、正义以及忠诚、友善等公民价值观念的传播,通过价值观形塑公民身份的个体意义,深化公民身份的个体认同。

三是拓展传统大众媒介的公共领域属性,提升传统大众媒介作为公民参与公共事务渠道的实效性。传统大众媒介是公共领域建构的主要载体之一。长期以来,中国传统大众媒介一直作为党的"喉舌",承担着政策宣传和

---

① 〔美〕沃纳丁·赛弗林、小詹姆斯·W.坦卡特:《传播学的起源、研究与应用》,陈韵昭译,福建人民出版社1985年版,第262页。

舆论引导等主要社会控制功能。但是,受高度集中化的政治、经济和社会体制影响,传统大众媒介的公共领域整体发展不足,公民个体的参与性和参与度缺失。改革开放后,市场化的媒介发展虽有一定的显现,但由于与社会主义市场经济体制要求相适应的管理体制和运营体制未能真正形成,无论媒介市场还是媒介本身,都未能完全达到社会发展的要求。同时,过度商业化的取向,也使得不少大众媒介对社会公共利益的关注缺失。这些因素都在很大程度上影响了中国传统大众媒介公共领域的健康发育。当代社会背景下,要积极建设公民身份教育的社会环境、推进公民身份认同,就应当充分发展大众媒介公共领域的基本属性,发挥大众媒介作为公民意见表达、观点沟通、社会参与平台的基本作用,将传统大众媒介真正建成培养公民身份意识、唤起公民自身觉悟、实现公民身份教育传播者与接受者"授受合一"的演练场,①拓展公民身份认同教育的多维渠道。

(二) 网络空间教育潜能的拓展

互联网作为 20 世纪以来最重要的技术革命,自诞生以来就深刻影响着人类社会的生活乃至生存方式。与传统大众媒介相比,互联网及以其作为技术基础的新型媒介,具有无可比拟的传播优势。互联网所具有的即时性、交互性、离散性、开放性等特征,在更深层次上改变了人类社会的时空概念,从而形成"网络空间"这一颠覆性的空间形态。"网络建构了我们社会的新社会形态,而网络化逻辑的扩散实质地改变了生产、经验、权力与文化过程中的操作和结果。"②这种新的社会形态为人们提供了对自我的全新感受,从而深度影响着人们的认同建构。

网络空间对于个体公民身份认同建构的意义,除了一般媒介所具有的知识传播作用外,更为重要的在于其衍生了一种新的公共空间,"缔造了网络公共空间的公民,重建了公民的态度和行动,在一定程度上影响和改变了

---

① 参见刘俐莉、刘东建:《大众传播媒介:公民教育的新平台》,载《河南教育学院学报(哲学社会科学版)》2007 年第 1 期。

② 〔美〕曼纽尔·卡斯特:《网络社会的崛起》,夏铸九等译,社会科学文献出版社 2001 年版,第 569 页。

公共政策的制定和决策机制"①。这种新的公共空间对公民身份认同建构的作用主要在于:

第一,提供新的公共参与形式与路径。尽管学术界对于网络空间是否真正构成哈贝马斯意义上的公共领域还存在一定争议,但不可否认的是,网络空间的确在相当程度上拓展了公民参与公共事务的可能路径,并催生了新型的社会互动,为公共参与创造了新的技术和社会环境。网络所提供的可参与空间,在一定意义上弥补了现实社会中公共领域以及制度化参与途径的发展不足,并在相当程度上推动了中国政治民主与公共参与的转型,影响着中国政治与社会的实际运行。远到 2003 年的孙志刚案、刘涌案,近到 2016 年的雷洋案、魏则西事件,以及其间的"周老虎"事件、厦门 PX 项目事件、5·12 汶川地震、周久耕"天价烟"事件、"跨省追捕"事件、郭美美事件、药家鑫案、微博"打拐"、小悦悦事件等,十余年来,几乎每一个具有较大影响的社会热点事件都显示出网络空间的影响力量,而其背后所反映的是作为公民的个体对公共事务的深度参与。个体经由网络空间参与这些公共事件与公共话题的讨论,借由网络空间的社会联结能力和公共影响力形成舆论力量,影响或左右公共事件的发展走向。网络空间成为公民参政议政以及参与公共事务的主要途径之一,为公民个体身份实践提供了成本相对低廉且切实有效的演练场。

第二,增强公民个体的身份效能感。网络空间在一定意义上颠覆了权力内涵、权力关系、权力结构和权力运作的传统范畴,使得普通人不仅能够参与到信息汇聚与知识融合的活动中,也能突破以往制度化参与所具有的壁垒,在更大范围内和程度上影响政治过程。在这种参与过程中,伴随着权威的消解和权利意识的提升,人们的参与意识和表达意识不断强化,知情权、参与权、表达权和监督权等得以实现。从心理学层面看,这也是一种自我赋权或心理赋权的过程,这种赋权过程"整合了对个人控制力的认知,对生活的积极主动接近,以及对社会政治环境的批判性理解等意识"②,并相应

---

① 师曾志、杨伯溆:《网络媒介事件与中国公民性的建构》,载程曼丽主编:《北大新闻与传播评论》(第三辑),北京大学出版社 2007 年版,第 248 页。
② 蔡文之:《网络传播革命:权力与规制》,上海人民出版社 2011 年版,第 17 页。

地提升了人们关于公民身份的自我效能感。个体作为公民参与和影响公共政治过程,不再是一个遥不可及且成本高昂的政治理想,而是一种任何人都可采取的行动。个体作为公民的身份效能感在网络空间中得以增强,对公民身份的理解、确证和意义建构也相应地更为深入。按照认同理论的分析理路,这种意义的深化必将强化公民角色之于个体自我的显要程度,从而形塑个体的公民身份认同。

第三,锻造公民个体的公共精神。网络空间在一定意义上增进了个体的公共精神,推进了网民向网络公民的转化。公共精神作为"孕育于公共领域之中的位于最深的基本道德理想和政治价值层面的以民众利益和社会需求为依归的精神取向"①,具体体现为公民个体人格的主体意识、公民参与政治及管理政治的权利和意识、公民个体之间团结和协作的态度以及建基于公共领域的批判精神。在网络空间中,个体通过网络了解公共信息、参与公共事件的讨论,依托网络力量形成共识,影响和左右公共决策。这一过程有助于积淀公民个体身份效能和主体意识,增进公民对公共事务的热心和参与兴趣,启发公民个体的公共精神。

网络空间的上述作用有助于推动公民身份认同的建构。正如卡斯特所言:"网络社会的崛起唤起了社会成员的自主、自立、自主选择的自我意识,人们已经不再仅仅被动地注意自己在社会生活中属于哪一个层面、处于何种位置,而是对社会的存在状况、资源配置和发展态势提出自己的评价与要求,这是一种主动的建构性认同。"②对公民身份认同建构的作用在一定意义上促进了中国网络民主的发展。有学者曾评价,网络以及网络空间的公共参与对中国公民具有启蒙的意义,包括权利意识与公共意识的启蒙。不可否认的是,互联网开放和分散的体系结构、虚拟联结和多向互动传播的运作方式、共识和自律的秩序机制,以及非官方性和广泛参与的主导文化传统,的确为开放、自由、平等与共享等现代精神提供了不同于以往的生长空间,但网络这把双刃剑同时也存在与民主及公共精神相悖的效应。网络空间中

---

① 彭继红:《论20世纪中国公共精神的复兴和重建》,载《湖南师范大学社会科学学报》2003年第6期。
② 〔美〕曼纽尔·卡斯特:《认同的力量(第二版)》,曹荣湘译,社会科学文献出版社2006年版,第15页。

的非理性参与、网络语言暴力、公共责任缺失以及群体极化等现象,在网络空间形塑公民身份认同的同时消解着萌生阶段的公民性与公共精神。因此,对于网络空间的公民身份认同建构功能,应在网络空间治理的基础上,形塑以公民身份为核心的伦理—制度双重环境,依托网络空间强化个体公民身份理念与实践影响,促进网络空间对于公民身份认同建构与教育功能的有效发挥。

在网络空间的伦理环境上,加强以公民身份为核心的网络伦理体系构建,形成以现代公民身份价值观念为主导的网络文化氛围,促进网络环境中个体的公民身份认同建构。一是以社会主义公民身份价值观念引导网络文化,特别是网络公共参与文化的建设,突出社会主义核心价值观的价值引领作用,倡导积极有序、理性负责的网络公共参与,将公民身份所蕴含的公共理性、公共责任、平等参与等价值理念,与网络空间本身所具有的共享、开放、平等、多元等精神相融合,形成健康的网络伦理环境;二是着力提升网络空间自治能力与自治体系的建设,突出网络公民主体作用,增强网络社区、网络媒体等网络共同体的自我赋权,形成网络空间组织化和共识性的民主管理,发挥网络空间自身的教育效能,深化网络空间在公民身份教育与认同建构中的长效作用;三是强化网络公共领域功能的完善,增进网络空间中个体之间的理性和平等沟通,引导公众围绕公共事务与公共问题,在沟通与对话基础上推进网络社会共识的形成,以理性和深度沟通消解网络空间中冲动性或情绪发泄性话语表达对公民性的消解,促进网络公共话语空间在多元与多样中走向公正、平等、理性、共识。

在网络空间的制度环境上,加强信息立法与制度设计,健全网络空间的法治建设,规范网络公民行为,以法律与制度规约形塑公民身份认同。一方面,健全网络治理的法律体系建设,为网络公民身份实践提供法律规制的基本框架,将网络公民身份行为纳入法治约束,以法律规范的外力强制作用形塑网络空间中的公民身份认同,同时加强立法与行业规制相结合,坚持立法的合法性、公开性、合理性,不断提升网络立法的科学性,从而使网络立法既符合社情民意,又能与中国法治建设相得益彰,在保障网民自由权利的同时创建良好的网络法制环境,促进民主有序的网络参与,形塑公正、理性、守法的公民身份认同。另一方面,通过制度设计推进网络公民参与与实体的公民参与衔接,促进网络公民身份向现实公民身份转化。网络空间中的公民身份参与实践虽然极大地推进了中国政治民主的发展,提升了公民个体的身份意识与认同,但实际上网络本身并不必然带来民主参与和政治进步,也并不会自动改善现实政治的困境。网络公共参与必须与现实政治参与制度相结合,才能从虚拟走向现实、从无序走向有序。同样,网络空间中所达成的公民身份认同,也必须通过现实中的公民身份行为才能得以真正展现。因此,网络空间如若要对公民身份认同建构形成实质且持久的影响,就必须通过制度化的途径设计,将政治与社会现实对接,使网络公民真正转化为现实公民。

(三) 制度化公民参与实效的提升

公民身份认同的达成依赖与公民身份有关的参与实践。公民参与的实践是公民身份本身的内在要件,也是认同建构的社会互动性要求。在公民身份参与的实践活动中,制度化的公民参与具有关键性的作用,是公民身份实践的核心。无论是传统媒介还是网络媒介中的公民参与,都应落实到制度化的结构中,才能更有效地发挥参与对公民身份认同建构的积极作用。这里的制度化公民参与,指的是法律或制度规定的、符合一定规范性程序的合法参与方式,如选举、投票、结社以及行政过程中的听证、行政复议、行政诉讼等[①]。公民通过制度化的公民参与所提供的合法途径与方式,以提供信息、表达意见、发表评论、阐述利益诉求等方式直接或间接地参与影响政治或公共事务的决策。这一方面促进了公共事务的民主、理性运行,另一方面为个体的公民身份提供了相对规范的实践平台,并在事实上成为公民身份认同的社会教育途径。按照佩特曼等参与民主理论家的观点,参与的主要功能在于教育,一种最广义的教育功能,包括心理方面、民主技能和程序的

---

① 学术界与公民参与有关的概念有很多,包括政治参与、公共参与、公民涉入、公众参与等不同表述方式。尽管表述形式不同,使用的学术领域及议题也不尽相同,但其所指涉的参与行动与意义基本相同,其核心都是表示公民或公民组织作为主体,参与政治、公共行政过程并影响政府或公共事务运行的行为。本书主要探讨的是与公民身份有关的议题,因此使用公民参与这一概念,突出公民作为参与主体的地位。

获得;通过参与过程的教育功能,可以培育和发展出参与制度所需要的个人品质;与此同时,参与所具有的整合性功能,还能够提升单个公民的"属于"他们自己社会的归属感。[1] 有效的公民参与不仅能够为个体提供良性的心理和行为体验,帮助他们习得有序参与公共决策的政治技艺,提升自身效能感,也能在影响公共决策的过程中加深个体对公民身份意义的认知和理解。这种共同参与决策的体验也有助于人们接受集体决策。

中国是人民民主专政的社会主义国家,国家一切权力属于人民,人民对政治和社会公共事务的参与本就是社会主义制度的应有之义,现有的政治制度也为公民参政议政和公权力监督设计了多层次和多样式的参与途径。但是,就目前整体情况来看,中国公民参与的实际效果并不理想,制度所提供的参与途径和方式在实践过程中还存在各种各样的问题,其中尤为突出的是公民参与的形式化问题,即公民通过制度途径参与公共决策的实效性相对缺失。这就在相当程度上影响了中国公民对其公民身份的认知和认同,使得公民身份效能感普遍较低,公民对政治参与特别是现实参与的积极性较弱,"政治疏离""政治冷漠"以及因制度化参与失效所导致的非制度性参与在现实政治生活中仍大量存在。公民身份效能感的弱化、对参与的冷漠,又反向阻碍着中国制度化公民参与实效的达成。因此,在当前全面推进社会主义法治与国家治理能力现代化、深化改革开放的关键时期,如何从各层次各领域扩大公民有序政治参与、提升制度化公民参与的实效,便成为加强社会主义政治制度发展的宏观愿景与强化公民个体身份认同建构的微观视野都面临的现实问题。

在当前社会背景下,要提升制度化公民参与实效,一是要进一步完善现有的制度设计,健全和完善公民参与制度机制。根据国内学者的研究总结,中国公民参与目前具有的主要途径包括听证制度、网上征求意见、公民论坛、咨询委员会制度、公示制度、座谈会、论证会、官民个别接触、政府接待日制度、市长热线、旁听政府常务会议等。这些参与途径虽然或多或少都体现在各类法律或制度规定中,但对于何种情势下适用、通过何种程序运行、如

---

[1] 参见[美]卡罗尔·佩特曼:《参与和民主理论》,陈尧译,上海世纪出版集团2006年版,第22、39页。

何规范和评估其作用实效、如何保障上述参与形式在公共决策中有效落实等方面,现行法律或制度并未给出系统化的规范指导。同时,现实中由于主客观等多重因素的影响,上述不少公民参与仍停留在形式或表层,未能真正形成公共事务与公共决策的必要环节。在今后的公民参与中,应当进一步完善法律规定和制度设计,对不同公共决策中适用公民参与进行更为明确的界定和更具操作性的管理规定,以确保公民参与真正成为公共决策有效的动力机制。二是不断扩大公民参与的范围与途径,构建适用于不同群体的公民参与体系。由于现行的公民参与途径在整体上对公民个体素质具有较高的要求,尤其在涉及重大决策的问题上,往往需要公民具有较高的专业领域知识和能力,从而使得公民参与多局限于行业专家等精英群体,普通公民个体难以真正深入到公共事务决策过程中,也较难获得真正意义上的公民训练。因此,应当不断拓展公民参与的范围和形式,在重大公共决策过程中综合运用不同形式的公民参与途径,设置适用于不同层次公民的参与路径,使不同知识背景和行业背景的公民都能获取与其能力相适应的参与机会,在公共生活实践中锻炼和提升公民身份意识和能力。三是不断加强和规范基层民主参与。佩特曼认为,公民参与政治最恰当的领域是与人们生活息息相关的领域,如社区和工作场所,因为这是人们最为熟悉也最感兴趣的领域;只有当个人有机会直接参与和自己生活相关的决策时,他才能真正控制自己日常生活的过程。① 中国目前的基层民主自治探索包括村民自治委员会、社区居民委员会等主要模式,虽然近年来这些模式在不断扩大公民参与自治等方面取得了良好成效,为提升公民个体参与意识和参与能力提供了有效平台,但同时也仍然存在大量与公民参与主旨相违背的负面现象,如贿选、参与冷漠等。成效与问题的共同存在,说明现阶段的基层民主自治及其相应的公民参与价值有待于进一步完善和强化。因此,必须通过加强法律法规对基层公民参与载体的规范引导,使公民能够积极参与与其生活领域直接关联的基层民主自治建设,提高公民基层民主参与的有效性;使公民个体能通过参与与其切身利益和实际生活密切相关的公共决策,充分感知实践公民身份的价值与意义,并在参与与其利益相关问题的解决过程中

---

① 参见〔美〕卡罗尔·佩特曼:《参与和民主理论》,陈尧译,上海世纪出版集团2006年版,第9页。

学习公民身份技能,提升公民身份效能感和认同感。

(四)社会主义特色公民文化氛围的营造

中国公民身份认同的建构,不仅涉及教育本身的转变,也涉及宏观环境的构建,其中最核心的就是文化的转变。按照学者周金华的观点,中国现代性背景下的社会文化转型,即中国社会从延续了几千年的集权政治、小农经济与封闭文化结构的传统社会形态,转向民主政治、市场经济与开放文化结构的现代社会形态,是一种新型文明的形塑和建构。没有这样一种透彻的反思和认识,臣民意识向公民意识的嬗变就会缺乏深厚的土壤。[①] 对于公民身份认同而言,文化的转向应当是也只能是以公民文化为指向的发展。

公民文化(civic culture)即公民政治文化。阿尔蒙德曾在其《公民文化》一书中提出地域型、依附型和参与型三种不同形态的政治文化。公民文化就是一种参与型主导的文化形态,这一文化形态的特点在于:"第一,公民具有较强的政治参与意识、自主意识、平等意识,能够深刻地懂得自己是摆脱了人身占有关系和人身依附关系的公民,而不是臣民,并作为一个具有独立地位、独立意识、独立人格的政治权利主体加入社会政治关系之中;第二,公民具有较强的政治认同感和效能感;第三,公民政治活动的频率较高,但这种活动的主要特征是高理性基础上的高参与。"[②] 由此可见,公民文化不仅蕴含主体性、平等性、自主性和参与性的文化形态,更是一种蕴含高度公民身份认同的文化形态。

正如前文所言,文化是影响个体身份认同的关键要素之一。中国政治文化传统中缺乏公民文化的成分与根基,公民身份及其文化作为外来文化符号,要获得稳定的生长土壤和心理基础,必须在与中国本土文化和社会现实结合的基础上,生成适用于中国本土政治实践且具有中国特色的社会主义公民文化样态。近代以来,由于特殊的历史境遇和历史任务,中国并未能够形成真正意义上相对完备的公民文化体系。但是,公民文化及其所蕴含

[①] 参见周金华:《新公民论——当代中国个体社会政治身份建构引论》,中国社会科学出版社2010年版,第217页。
[②] 张华青:《论政治现代化与公民文化》,载《复旦学报(社会科学版)》2007年第1期。

的自由、平等、法治、权利、责任、理性、宽容等一系列价值观念,已在争取民族独立的革命斗争或寻求现代化发展的制度建构过程中,缓慢地、渐进地渗入中国的政治文化与人们的心理结构中。同时,改革开放以来,市场经济飞速发展,民主法治持续推进,党和政府也在各类政策文件中不断强调发展社会主义政治制度,推进政治体制改革,发展更加广泛、更加充分、更加健全的人民民主,建设社会主义政治文明。上述发展为社会主义公民文化建设,并进而强化公民身份认同提供了良好的经济、政治、文化、心理和政策基础。党的十九大明确指出,中国特色社会主义进入新时代,是发展的新的历史方位,并进一步强调全面深化改革的总目标是完善和发展中国特色社会主义制度、推进国家治理体系和治理能力现代化,全面推进依法治国的总目标是建设中国特色社会主义法治体系、建设社会主义法治国家。这就在更高层面上对社会主义公民文化的建设提出了新的要求。在当前社会背景下,必须积极推进社会主义公民文化建设,在全社会范围内营造以平等、法治、理性和参与等为主体的公民文化氛围,为人们公民身份认同的达成提供更为深厚的文化和心理支持。具体而言:

第一,大力弘扬社会主义核心价值观,以社会主义核心价值观统领和整合公民文化建设。社会主义核心价值观是社会主义核心价值体系的精髓所在,也是国家和社会在价值追求上所持的基本观点和理念,在国家的思想文化体系中居主导地位。当前以"富强、民主、文明、和谐、自由、平等、公正、法治、爱国、敬业、诚信、友善"为主要内容的社会主义核心价值观,既具有中国优秀传统文化中的有益成分,也包含现代社会所具有的普遍价值追求,其本身就是中国社会主义公民文化核心内容的体现。社会主义核心价值观为国家、社会及公民个人的价值追求提供了基本参照,推进中国公民文化建设,必须坚持社会主义核心价值观的主导地位,以社会主义核心价值观引领公民文化建设的理论与实践。

第二,推进政府由"管理"向"治理"的理念转变和职能转化,强化政府在公民文化建设中的示范作用。党的十九大强调的国家治理体系和治理能力现代化的发展议题,所要积极推进的是现代公共政治的模式转变,即由传统政治模式中政府绝对化的权力控制向多方利益共同体的合作管理转变。现代"治理"是官方或民间的公共管理组织在一个既定的范围内运用公共权威维持秩序,满足公共需要,增进公共利益的理念,其所追求的是一种不同治理主体之间伙伴关系和合作管理的实现。这也是公民文化以参与为主导的特质在政治及公共管理过程中的体现。治理体系的核心在于政府与公民、政府与民间组织之间在公共事务中的互动合作,形成一种协调与配合的相互关系。政府不再是单一的、绝对的行政主体,而是治理体系多元主体的组成之一,其职能更多体现为对治理过程的支持和服务,而非绝对的支配。政府治理理念和职能的转化,使得公共行政过程成为一种互动和开放的过程,公民个体和民间组织的参与在推动公共事务理性解决的同时,也在社会范围内形成沟通、合作、理性和宽容的文化氛围。

第三,促进各类民间组织的发展,发挥民间组织对公民文化的正向作用。民间组织也被称为非政府组织、公共部门、第三部门、中介组织等,它们对于以参与为主要特征的公民文化建设具有积极的促动作用。一方面,民间组织能够为公民个人提供更广范围和更深层次的有序参与途径,从而扩展公民个体参与公共事务的范围,提升公民参与的层次,实现公民文化对于公共参与的价值追求。另一方面,民间组织作为有效汇聚意见、形成意见表达的通道,在促进公民权益思想以及提升责任意识方面具有积极的作用。民间组织特别是行业协会或商会等组织,在权利伸张和利益维护方面所具有的取向,使得民间组织在利益整合上体现出自身的优势和功能,其所表达的不是内部某个人或部分成员的利益,而是将内部互不相同甚至冲突的利益要求整合成旨在维护团体共同利益的政策选择方案。① 这种对利益的组织化协调,在更为微观的层面将个体诉求予以整合。这种利益整合过程不仅有助于提升公民诉求表达的组织性和秩序性,也是公民学习如何有序和理性地进行诉求表达的途径之一。与此同时,大量带有慈善性和公益性特质的民间组织,其所蕴含的伦理内涵和道德特征也体现出道德整合与道德示范效应,成为提升社会资本和公共精神的重要资源。因此,在当前社会背景下,要实现社会主义公民文化的整体构建,就应当充分发挥民间组织作为中间性社群的功能和效应,为公民文化氛围营造提供社会层面的资源支持。

---

① 参见张喜红:《社会团体与当代中国民主政治发展》,载《长白学刊》2003 年第 3 期。

结　论

> 我们正站在新世纪的门槛前，社会科学必须对这个即将到来的新时代作出自己的回应，这个新时代本身正引导我们超越现代性。[①]
>
> ——安东尼·吉登斯

现代性以吉登斯眼中一种"断裂"和"反思"的方式彻底改变了人们的社会生活，从社会建制到个人生存方式，为人们提供了新的发展图卷。作为现代人最主要的政治社会身份表征，公民身份是个人在一民族国家中，在特定水平上，具有一定普遍性权利与义务的被动及主动的成员身份。这一身份规定了公民个体与共同体之间的相互关系，以及公民依据法律规定和政治制度所具有的权利与义务，蕴含公民所应具备的品德与行为要求。相较于其他社会身份，公民身份兼具个体性与公共性两种基本特性，同时也具有政治、法律与道德等基本属性。公民身份是政治共同体在现代民主法治制度下，对个体身份、角色的社会性建构，包含着国家、社会对公民个体在价值理念、精神美德与行为模式上的角色期待和行为预期。公民身份虽是经由一国法律规定，但其真正实现依赖于个体对公民身份所蕴含角色期待和价值理念的内化与肯认，即公民身份认同。个体的公民身份认同是在教育及实践过程中经社会性建构形成，在促成公民身份认同达成的途径中，教育起着基础性的作用，是公民身份认同实现的核心要素。

---

① 〔英〕安东尼·吉登斯：《现代性的后果》，田禾译，译林出版社2011年版，第1页。

从马克思主义理论的视角看,公民身份认同教育的主体思想在于着力实现人的个体性和社会性的统一,其教育实践应当立足于具体国家的历史文化与社会现实。尽管公民身份及其教育理论本身缘起于西方社会,但其价值理念并非西方专属,而是具有普遍意义与恒久价值的人类精神文明的产物。因此,当代公民身份认同教育应当成为一种极具包容性和整合性的理论范畴,与不同文化相通,与不同制度相容,从而形成符合不同国家本土文化特色的教育理论与实践。在现代性的导向作用下,公民身份认同教育无论在何种社会与文化基础上,都应当对应现代性对主体的基本诉求,体现出人作为主体本身的现代化特征和要求,在身份认同的价值、向度和内容上实现公民身份自身的整合功能,以个体、社会、国家等公民身份认同基本层级的价值整合为基础,形成公民身份认同在法律、政治和道德等不同向度,以及个体权利和社会责任等内容上认同的有机统一,从而培养和塑造一种完整意义上的公民身份认同。

中国公民身份认同教育始于清末民初,历经中华民国时期、中华人民共和国成立初期及改革开放后等不同历史阶段的曲折发展,在教育目标、内容与方式上呈现出不同的特征。当代中国公民身份认同教育以培养社会主义合格公民的身份认同为主要目标,在教育内容上体现为以理想信念为核心的政治身份认同、以爱国主义为重点的国家公民身份认同、以基本道德规范为基础的道德公民身份认同,并以此为核心建构公民身份认同教育目标与内容体系。相较以往的教育,尽管当代中国公民身份认同教育体现出更多的理性和科学成分,但受文化传统及社会现实的影响,现阶段中国公民身份认同教育与以往发展一样,都呈现出以工具主义为主要价值导向、以国家政治与个体道德为教育目标主导以及以单向传输为主要教育途径的鲜明特征。在当代中国社会转型等多重因素的影响下,现有公民身份认同教育面临个体性与社会核心价值取向、权利诉求高涨,而责任意识淡漠、法治意识薄弱阻滞法治社会建设等多重现实困境,其教育目标存在与公民身份认同教育价值取向偏差、对公民身份法律主体认同教育弱化、权利与责任教育失衡等客观问题,与目标直接相关的教育路径也存在方式方法单一、与实践疏离等问题,亟须改进和完善。

公民身份认同教育是一项极具综合性和现实性的议题，需要通过借鉴和反思来厘清教育发展的基本思路与方向。本书在借鉴分析美国、新加坡公民身份认同教育的基础上，对当代中国公民身份认同教育进行整体反思。本书认为，在当代社会背景下，中国公民身份认同教育的目标构建应当关切中西文化传统与制度的差异，厘清个体与集体、权利与责任之间的平衡关系，坚持社会主义核心价值体系，着力建立个体、社会、国家之间的和谐关系，实践社会主义民主法治。本书进一步探讨了当代中国公民身份目标建构的基本框架及其内在逻辑关系，认为当代中国公民身份认同教育目标应当以社会主义核心价值观为导向，以公民社会责任意识培育为重点，以法治理念为依据和准则，构建国家认同前提下的个体、社会公民身份认同，社会责任基础上的权利公民身份认同，以及法律、道德基础上的以参与式公民身份认同为内容的教育目标体系。同时，注重学校与社会两种教育场域的结合与功能发挥，转变教育理念、重塑教育课程体系、拓展实践性教育方法，并通过传统媒体、网络媒体、公民参与实践以及社会主义公民文化建设等手段拓展，创新公民身份认同教育的实施路径，实现公民身份认同教育目标及其价值理念。

公民身份认同问题对于推进中国政治民主与法治、加强社会治理具有深刻的现实意义。国内学者对此也给予了充分关注，从政治哲学、社会学等多个领域对公民身份本身及其认同问题进行了探讨和解构。在此基础上，本书着重探讨公民身份认同教育的目标建构问题，主要在认识和梳理现有思想政治教育有关公民培养的现状基础上，针对当前教育在公民培养重心及其与公民身份认同结构之间的差异，探讨与整体性、多元化公民身份认同相匹配的教育目标及其相应路径。本书以公民身份认同为出发点，以教育目标为重心，以思想政治教育本身的改进和发展为指向，从公民身份认同问题角度探讨公民身份教育，努力对深化当代中国公民身份教育的理论与实践认识贡献一己之力。但是，受制于自身理论功底、研究能力以及专业知识储备等的限制，本书主要对教育目标与路径进行了初步的探讨，未能借由认同理论对公民身份认同本身展开更为全面、深刻的理论与实证分析。具体不足在于：一是缺少对公民身份认同教育的实证性研究，对公民身份认同的社会现状未能进行相对全面、深刻的社会调查与分析;二是对认同理论的深层研究不足,缺少对社会学视野下认同问题的全面理解,未能对认同问题进行更为深刻、透彻的理论分析,对公民身份认同内在的形成机制尚嫌把握不足;三是对当前中国的社会结构与现状尚待全面把握,对中国公民身份的理论建构等问题理解深度也尚有不足,需要在今后研究过程中充分结合理论与实践的发展实际不断充实和深化。这些不足也在一定程度上影响了对公民身份认同教育问题的深度把握和有效的对策探讨。对于研究本身存在的不足,笔者在深感遗憾的同时,也再次深切感受到公民身份认同问题的学术魅力。公民身份认同及其教育问题具有深厚的理论内涵以及源源不竭的研究价值。在全面推进国家治理能力与治理体系现代化、全面推进依法治国的时代背景下,中国的现代公民身份究竟如何进行具体的建构?个体的公民身份认同又应当包含哪些具体的评价指标体系?围绕这些指标,教育如何在个体化成为显要社会发展趋势的情况下,建立对应的、具体化的实践教育模式?对上述问题的进一步思考,将留待今后进行长期、持续的研究与探索。

参考文献

一、中文文献

1. 著作类

[1] 敖洁:《大学生公民教育的理论与实践》,湖南大学出版社2010年版。

[2] 蔡文之:《网络传播革命:权力与规制》,上海人民出版社2011年版。

[3] 陈立思主编:《比较思想政治教育》,中国人民大学出版社2011年版。

[4] 陈永森:《告别臣民的尝试——清末民初的公民意识与公民行为》,中国人民大学出版社2004年版。

[5] 刁瑷辉:《当代公民身份理论研究》,复旦大学出版社2014年版。

[6] 房宁主编:《中国政治参与报告(2011)》,社会科学文献出版社2011年版。

[7] 冯建军:《当代教育原理》,南京师范大学出版社2009年版。

[8] 冯建军:《公民身份认同与学校公民教育》,人民出版社2014年版。

[9] 龚群:《新加坡公民道德教育研究》,首都师范大学出版社2007年版。

[10] 郭忠华、刘训练编:《公民身份与社会阶级》,江苏人民出版社2007年版。

[11] 郭忠华编著:《变动社会中的公民身份——与吉登斯、基恩等人的

对话》，广东人民出版社 2011 年版。

[12] 郭忠华：《公民身份的核心问题》，中央编译出版社 2016 年版。

[13] 韩水法、黄燎宇编：《从市民社会到公民社会——理解"市民—公民"概念的维度》，北京大学出版社 2011 年版。

[14] 贺来：《"主体性"的当代哲学视域》，北京师范大学出版社 2013 年版。

[15] 黄书光主编：《价值观念变迁中的中国德育改革》，江苏教育出版社 2008 年版。

[16] 黄月细：《民主政治视域下的公民政治素质及其培育——社会主义政治文明的主体诉求》，广东人民出版社 2011 年版。

[17] 柯卫、朱海波：《社会主义法治意识与人的现代化研究》，法律出版社 2010 年版。

[18] 课程教材研究所：《20 世纪中国中小学课程标准·教学大纲汇编：思想政治卷》，人民教育出版社 2001 年版。

[19] 蓝维等：《公民教育：理论、历史与实践探索》，人民出版社 2007 年版。

[20] 乐国安主编：《社会心理学》，中国人民大学出版社 2009 年版。

[21] 李冰：《当代中国政治社会化中的公民认同研究》，中国社会科学出版社 2013 年版。

[22] 李长伟：《古典传统与公民教育》，教育科学出版社 2010 年版。

[23] 李朝东、王金元：《教育启蒙与公民人格建构》，中国社会科学出版社 2009 年版。

[24] 李朝祥：《嬗变与整合：公民政治意识和国家意识形态》，世界图书出版公司 2013 年版。

[25] 李佃来：《公共领域与生活世界——哈贝马斯市民社会理论研究》，人民出版社 2006 年版。

[26] 李芳：《大学生公民素质教育：理论探讨与实证研究》，中国社会科学出版社 2008 年版。

[27] 李海青：《公民、权利与正义：政治哲学基本范畴研究》，知识产权出

版社 2011 年版。

[28] 李慧敏：《社会转型时期的自我认同与教育——以吉登斯的自我认同理论为视角》，高等教育出版社 2005 年版。

[29] 李金河、徐锋：《当代中国公众政治参与和决策科学化》，人民出版社 2009 年版。

[30] 李康平：《德育发展论》，中国社会科学出版社 2004 年版。

[31] 李图强：《现代公共行政中的公民参与》，经济管理出版社 2004 年版。

[32] 李友梅等：《社会认同：一种结构视野的分析》，上海人民出版社 2007 年版。

[33] 李泽厚：《中国现代思想史》，生活·读书·新知三联书店 2008 年版。

[34] 李志东：《新加坡国家认同研究（1965—2000）》，中国人民大学出版社 2014 年版。

[35]《列宁选集》第 1 卷，人民出版社 1995 年版。

[36]《列宁选集》第 4 卷，人民出版社 1998 年版。

[37] 刘诚：《现代社会中的国家与公民——共和主义宪法理论为视角》，法律出版社 2006 年版。

[38] 刘丹：《全球化时代的认同问题与公民教育研究：基于公民身份的视角》，北京师范大学出版社 2013 年版。

[39]《马克思恩格斯全集》第 10 卷，人民出版社 1998 年版。

[40]《马克思恩格斯全集》第 16 卷，人民出版社 1964 年版。

[41]《马克思恩格斯全集》第 3 卷，人民出版社 2002 年版。

[42]《马克思恩格斯选集》第 1 卷，人民出版社 2012 年版。

[43]《马克思恩格斯选集》第 2 卷，人民出版社 2012 年版。

[44]《马克思恩格斯选集》第 3 卷，人民出版社 2012 年版。

[45]《马克思恩格斯选集》第 4 卷，人民出版社 2012 年版。

[46] 马振清：《中国公民政治社会化问题研究》，黑龙江人民出版社 2001 年版。

[47] 邱林川、陈韬文主编：《新媒体事件研究》，中国人民大学出版社 2011 年版。

[48] 沈明明等：《中国公民意识数据调查报告（2008）》，社会科学文献出版社 2009 年版。

[49] 史卫民等：《中国公民的政策参与——2011 年北京、广东大学生问卷调查数据报告》，中国社会科学出版社 2012 年版。

[50] 宋建丽：《公民资格与正义》，人民出版社 2010 年版。

[51] 宋若云：《新加坡教育研究》，经济科学出版社 2013 年版。

[52] 孙立平：《转型与断裂：改革以来中国社会结构的变迁》，清华大学出版社 2004 年版。

[53] 孙隆基：《中国文化的深层结构》，广西师范大学出版社 2011 年版。

[54] 檀传宝等：《公民教育引论——国际经验、历史变迁与中国公民教育的选择》，人民出版社 2011 年版。

[55] 唐克军、蔡迎旗：《美国学校公民教育》，中国社会科学出版社 2012 年版。

[56] 唐克军：《比较公民教育》，中国社会科学出版社 2008 年版。

[57] 唐鹏主编：《新加坡的公民道德建设》，民族出版社 2010 年版。

[58] 王道俊、郭文安主编：《教育学》，人民教育出版社 2009 年版。

[59] 王沪宁主编：《政治的逻辑——马克思主义政治学原理》，上海人民出版社 2004 年版。

[60] 王立京：《中国公民参与制度化研究》，武汉大学出版社 2011 年版。

[61] 王啬：《价值观教育的合法性》，北京师范大学出版社 2009 年版。

[62] 王明生等：《当代中国政治参与研究》，南京大学出版社 2012 年版。

[63] 王培英编：《中国宪法文献通编（修订版）》，中国民主法制出版社 2007 年版。

[64] 王仕民主编：《德育功能论》，中山大学出版社 2005 年版。

[65] 王维国编著：《公民有序政治参与的途径》，人民出版社 2007 年版。

[66] 王啸：《全球化时代的中国公民教育》，福建教育出版社 2006 年版。

[67] 吴亚林：《价值与教育》，北京师范大学出版社 2009 年版。

[68] 奚从清:《角色论——个人与社会的互动》,浙江大学出版社 2010 年版。

[69]《习近平谈治国理政》,外文出版社 2014 年版。

[70]《习近平总书记系列重要讲话读本(2016 年版)》,学习出版社、人民出版社 2016 年版。

[71] 夏勇主编:《走向权利的时代:中国公民权利发展研究》,社会科学文献出版社 2007 年版。

[72] 肖滨、郭忠华、郭台辉:《现代政治中的公民身份》,上海人民出版社 2010 年版。

[73] 徐瑞、刘慧珍:《教育社会学》,北京师范大学出版社 2010 年版。

[74] 许崇德:《中华人民共和国宪法史(上、下卷)》,福建人民出版社 2005 年版。

[75] 许启贤主编:《中国共产党思想政治教育史(第 2 版)》,中国人民大学出版社 2004 年版。

[76] 俞可平:《民主与陀螺》,北京大学出版社 2006 年版。

[77] 俞吾金:《意识形态论(修订版)》,人民出版社 2009 年版。

[78] 袁贵仁:《马克思的人学思想》,北京师范大学出版社 1996 年版。

[79] 袁洪亮:《人的现代化——中国近代国民性改造思想研究》,人民出版社 2005 年版。

[80] 张昌林:《共和主义公民身份与当代中国政治发展》,山东大学出版社 2010 年版。

[81] 张翠梅:《公民身份认同研究》,中国政法大学出版社 2013 年版。

[82] 张静主编:《身份认同研究:观念、态度、理据》,上海人民出版社 2006 年版。

[83] 张天宝:《走向交往实践的主体性教育》,教育科学出版社 2005 年版。

[84] 张耀灿等:《思想政治教育学前沿》,人民出版社 2006 年版。

[85] 张宜海:《论公民德性》,郑州大学出版社 2011 年版。

[86] 章秀英:《公民意识评价与培育机制》,中国社会科学出版社 2012

年版。

[87] 赵晖:《社会转型与公民教育:中国公民教育目标与内容体系的建构》,人民教育出版社 2007 年版。

[88] 郑永廷等:《人的现代化理论与实践》,人民出版社 2006 年版。

[89] 周金华:《新公民论——当代中国个体社会政治身份建构引论》,中国社会科学出版社 2010 年版。

[90] 朱晓宏:《公民教育》,教育科学出版社 2003 年版。

2. 译著类

[1] 〔法〕阿尔弗雷德·格罗塞:《身份认同的困境》,王鲲译,社会科学文献出版社 2010 年版。

[2] 〔美〕艾利克斯·英格尔斯:《国民性:心理—社会的视角》,王今一译,社会科学文献出版社 2012 年版。

[3] 〔美〕艾利克斯·英格尔斯等:《人的现代化》,殷陆君编译,四川人民出版社 1985 年版。

[4] 〔美〕艾米·古特曼:《民主教育》,杨伟清译,译林出版社 2010 年版。

[5] 〔英〕安德鲁·查德威克:《互联网政治学:国家、公民与新传播技术》,任孟山译,华夏出版社 2010 年版。

[6] 〔英〕安东尼·吉登斯:《现代性的后果》,田禾译,译林出版社 2011 年版。

[7] 〔英〕安东尼·吉登斯:《现代性与自我认同》,赵旭东等译,生活·读书·新知三联书店 1998 年版。

[8] 〔英〕奥德丽·奥斯勒、休·斯塔基:《变革中的公民身份:教育中的民主与包容》,王啸、黄玮姗译,教育科学出版社 2012 年版。

[9] 〔德〕奥特弗利德·赫费:《经济公民、国家公民和世界公民——全球化时代中的政治伦理学》,沈国琴等译,上海译文出版社 2010 年版。

[10] 〔英〕彼得·德怀尔:《理解社会公民身份:政策与实践的主题和视角》,蒋晓阳译,北京大学出版社 2011 年版。

[11] 〔美〕彼得·雷森伯格:《西方公民身份传统——从柏拉图至卢梭》,

郭台辉译,吉林出版集团有限责任公司2009年版。

[12]〔英〕布赖恩·特纳:《公民身份与社会理论》,郭忠华、蒋红军译,吉林出版集团有限责任公司2007年版。

[13]〔加拿大〕查尔斯·泰勒:《自我的根源:现代认同的形成》,韩震等译,译林出版社2012年版。

[14]〔美〕戴维·E.阿普特:《现代化的政治》,陈尧译,上海人民出版社2011年版。

[15]〔美〕丹尼尔·贝尔:《后工业社会的来临——对社会预测的一项探索》,高铦等译,商务印书馆1984年版。

[16]〔英〕德里克·希特:《公民身份——世界史、政治学与教育学中的公民理想》,郭台辉、余慧元译,吉林出版集团有限责任公司2010年版。

[17]〔英〕德里克·希特:《何谓公民身份》,郭忠华译,吉林出版集团有限责任公司2007年版。

[18]〔德〕斐迪南·滕尼斯:《共同体与社会》,林荣远译,北京大学出版社2010年版。

[19]〔澳〕迈克尔·豪格、〔英〕多米尼克·阿布拉姆斯:《社会认同过程》,高明华译,中国人民大学出版社2010年版。

[20]〔美〕赫伯特·马尔库塞:《单向度的人——发达工业社会意识形态研究》,刘继译,上海译文出版社2008年版。

[21]〔美〕基思·福克斯:《公民身份》,郭忠华译,吉林出版集团有限责任公司2009年版。

[22]〔美〕加里布埃尔·A.阿尔蒙德、西德尼·维巴:《公民文化——五个国家的政治态度和民主制》,徐湘林等译,东方出版社2008年版。

[23]〔美〕加里布埃尔·A.阿尔蒙德、小G.宾厄姆·鲍威尔:《比较政治学——体系、过程和政策》,曹沛霖等译,东方出版社2007年版。

[24]〔德〕卡尔·曼海姆:《重建时代的人与社会——现代社会结构研究》,张旅平译,译林出版社2011年版。

[25]〔美〕卡罗尔·佩特曼:《参与和民主理论》,陈尧译,上海世纪出版社2006年版。

[26]〔美〕夸梅·安东尼·阿皮亚:《认同伦理学》,张容南译,译林出版社 2013 年版。

[27]〔法〕卢梭:《社会契约论》,何兆武译,商务印书馆 1963 年版。

[28]〔美〕罗伯特·A.达尔:《论民主》,李风华译,中国人民大学出版社 2012 年版。

[29]〔美〕曼纽尔·卡斯特:《认同的力量》,夏铸九等译,社会科学文献出版社 2006 年版。

[30]〔美〕曼纽尔·卡斯特:《网络社会的崛起》,夏铸九等译,社会科学文献出版社 2006 年版。

[31]〔英〕莫里斯·罗奇:《重新思考公民身份——现代社会中的福利、意识形态和变迁》,郭忠华等译,吉林出版集团有限责任公司 2010 年版。

[32]〔美〕托马斯·雅诺斯基:《公民与文明社会》,柯雄译,辽宁教育出版社 2000 年版。

[33]〔加拿大〕威尔·金里卡:《当代政治哲学》,刘莘译,上海译文出版社 2011 年版。

[34]〔美〕西里尔·E.布莱克编:《比较现代化》,杨豫、陈祖洲译,上海译文出版社 1996 年版。

[35]〔古希腊〕亚里士多德:《尼各马可伦理学》,廖申白译,商务印书馆 2003 年版。

[36]〔古希腊〕亚里士多德:《政治学》,吴寿彭译,商务印书馆 1965 年版。

[37]〔美〕约翰·杜威:《民主与教育》,薛绚译,译林出版社 2012 年版。

3. 报刊类

[1]毕苑:《从〈修身〉到〈公民〉:近代教科书中的国民塑形》,载《教育学报》2005 年第 1 期。

[2]陈炳:《中国近代公民教育的历史逻辑:基于对公民身份的省察》,载《社会科学战线》2012 年第 3 期。

[3]方勇:《道德与品格的分量——新加坡教育观察》,载《中国教育报》

2015年4月1日第11版。

[4] 杜高明:《再论马克思哲学主体性思想》,载《求索》2015年第1期。

[5] 冯建军:《多元公民身份与公民教育》,载《南京师大学报(社会科学版)》2012年第6期。

[6] 冯建军:《公民的当代境遇与公民教育的路向选择》,载《探索与争鸣》2012年第11期。

[7] 冯建军:《公民身份认同与公民教育》,载《中国人民大学教育学刊》2012年第1期。

[8] 傅慧芳:《公民意识的要素结构探新》,载《福建师范大学学报(哲学社会科学版)》2012年第2期。

[9] 高峰:《关于公民教育的马克思主义解读》,载《思想教育研究》2010年第12期。

[10] 郭台辉:《公民身份认同及其三种分形》,载《人文杂志》2014年第1期。

[11] 郭台辉:《公民身份研究新思维——评 Citizenship The Civic Ideal in World History,Politics and Education》,载《公共行政评论》2011年第1期。

[12] 郭忠华:《公民身份的研究范式——理论把握与本土化解释》,载《学海》2009年第3期。

[13] 侯小丰:《"好公民"与和谐社会的政治理念——以公民教育为视角》,载《学术交流》2010年第11期。

[14] 孔锴、杨静哲:《公民身份与公民教育的社会理论解读》,载《湖南师范大学教育科学学报》2012年第5期。

[15] 李宁:《我国公民身份的历史起源和基础研究》,载《理论月刊》2013年第12期。

[16] 李艳霞:《公民资格视域下当代中国公民教育的的历史与逻辑》,载《浙江社会科学》2010年第10期。

[17] 李游、秦燕:《中国特色公民教育"元"问题探究》,载《学海》2012年第5期。

[18] 刘春梅:《道德内化:社会认同机制形成的逻辑基点》,载《学校党建与思想教育》2011年第23期。

［19］刘争先:《改革开放以来公民教育研究的回顾与展望》,载《教育科学研究》2009 年第 12 期。

［20］罗会德:《中国特色社会主义话语体系的当代建构》,载《中共天津市委党校学报》2013 年第 5 期。

［21］莫纪宏:《从宪法文本看公民概念的百年发展》,载《北京日报》2010 年 11 月 8 日第 19 版。

［22］饶从满:《论公民教育中应该处理好的两个基本关系》,载《外国教育研究》2011 年第 8 期。

［23］任小燕、傅佩缮:《论网络时代的公民教育》,载《求实》2011 年第 11 期。

［24］任勇、杨岚凯:《公民教育与少数民族认同结构优化:以国家认同为中心》,载《社会科学研究》2013 年第 1 期。

［25］商红日:《公民概念与公民身份理论——兼及中国公民身份问题的思考》,载《上海师范大学学报(哲学社会科学版)》2008 年第 6 期。

［26］石艳:《公民身份认同与公民教育》,载《教育科学研究》2014 年第 2 期。

［27］孙智昌:《公民教育的逻辑起点》,载《教育研究》2011 年第 11 期。

［28］檀传宝:《论"公民"概念的特殊性与普适性——兼论公民教育概念的基本内涵》,载《教育研究》2010 年第 5 期。

［29］唐慧玲:《对理性公民政治参与的思考——基于消极公民和积极公民理论》,载《内蒙古大学学报(哲学社会科学版)》2012 年第 1 期。

［30］唐士红、林楠:《公民教育的政治——文化范式解读》,载《西南师范大学学报(人文社会科学版)》2006 年第 4 期。

［31］王东虓:《公民教育学的基本范畴探析》,载《郑州大学学报(哲学社会科学版)》2008 年第 3 期。

［32］王东虓:《公民意识教育层次性探析》,载《思想理论教育》2011 年第 2 期。

［33］王沛:《道德人格的社会认知观及其对德育实践的启示》,载《安徽师范大学学报(人文社会科学版)》2013 年第 6 期。

[34]《为实现中国梦提供精神支柱》,载《文汇报》2015 年 12 月 31 日第 1 版。

[35] 魏伟:《传统社会主义公民教育剖析——基于苏联公民教育的视角》,载《唯实》2012 年第 1 期。

[36] 魏伟:《马克思的公民观及其现实意义》,载《齐鲁学刊》2012 年第 3 期。

[37] 吴作富:《社会心理学视野下的两种认同理论:整合抑或分立?》,载《南京师大学报(社会科学版)》2010 年第 5 期。

[38]《在践行新发展理念上先行一步 让互联网更好造福国家和人民》,载《人民日报》2016 年 4 月 20 日第 1 版。

[39] 夏瑛:《当代西方公民身份概念批判》,载《武汉大学学报(哲学社会科学版)》2013 年第 6 期。

[40] 肖滨:《两种公民身份与国家认同的双元结构》,载《武汉大学学报(哲学社会科学版)》2010 年第 1 期。

[41] 谢佳:《参与型政治文化与公民政治教育的实践模式探索》,载《探索》2010 年第 2 期。

[42] 熊孝梅:《公民教育:传统德育的困境与转型》,载《教育导刊(上半月)》2011 年第 9 期。

[43] 许瑞芳、沈晓敏:《公民身份认同:思想品德类学科的核心能力》,载《全球教育展望》2013 年第 7 期。

[44] 薛晓阳:《公民德育的德性化诠释及危机与认识——公民教育在德育政策层面的价值设计和政策反思》,载《华东师范大学学报(教育科学版)》2012 年第 3 期。

[45] 叶飞:《参与式公民学习与公民教育的实践建构》,载《中国教育学刊》2011 年第 10 期。

[46] 叶飞:《公民教育方式的建构——基于"服务学习"的理念》,载《思想理论教育》2012 年第 4 期。

[47] 叶瑞昕:《从臣民到国民:晚清救亡危局中的国民道德谱系建构》,载《高校理论战线》2010 年第 9 期。

[48] 袁年兴:《国家的身份设计与社会秩序——近代以来中国个体的元

身份史》,载《人文杂志》2013 年第 5 期。

[49] 袁祖社:《"人是谁?"抑或"我们是谁?"——全球化与主体自我认同的逻辑》,载《马克思主义与现实》2010 年第 2 期。

[50] 岳刚德:《中国学校德育课程近代化的三个特征》,载《全球教育展望》2010 年第 11 期。

[51] 翟楠:《德育政策中的公民教育:文本分析与政策建构》,载《教育科学》2011 年第 5 期。

[52] 张昌林:《公民身份与民主陀螺——共和主义的视角及其启示》,载《武汉大学学报(哲学社会科学版)》2012 年第 5 期。

[53] 张晓阳:《个体公民与个体公民教育》,载《教育科学研究》2013 年第 7 期。

[54] 张雪琴:《公民身份理论本土化的几点思考》,载《云南行政学院学报》2012 年第 2 期。

[55] 周晓虹:《认同理论:社会学与心理学的分析路径》,载《社会科学》2008 年第 4 期。

[56] 李世奇:《教育现代化的现代性困境及超越》,载《现代教育管理》2018 年第 12 期。

[57] 王海荣:《现代国家认同的危机与建构——基于公民身份视角的分析》,载《哈尔滨工业大学学报(社会科学版)》2018 年第 6 期。

[58] 高成军:《中华民族共同体意识的公民身份建构》,载《宁夏社会科学》2018 年第 6 期。

[59] 窦立春:《公民身份的伦理认同》,载《东南大学学报(哲学社会科学版)》2018 年第 5 期。

[60] 张雪琴:《国家认同视域中公民身份的内涵检视和生成机制研究》,载《河南社会科学》2018 年第 10 期。

[61] 钟凯、刘霞:《20 世纪中国公民观的变迁》,载《学海》2018 年第 6 期。

[62] 孙嘉蔚:《当代参与式公民教育的变革趋向》,载《当代教育科学》2018 年第 8 期。

［63］檀传宝、陈国清：《改革开放 40 年我国德育学科建设的探索与进步》，载《中国教育学刊》2018 年第 5 期。

［64］阎亚军、邱昆树：《文化传统与我国公民教育建构——基于中国文化传统中连带的"公"的思考》，载《高等教育研究》2018 年第 3 期。

［65］王建华：《公民的养成：在政治与教育之间》，载《现代大学教育》2018 年第 3 期。

［66］邱昆树、阎亚军：《连带的"公"与公民教育的中国理路》，载《教育学报》2017 年第 2 期。

［67］陈高华：《公民教育与国家认同的自觉》，载《湖南师范大学教育科学学报》2017 年第 3 期。

二、英文文献

1. 著作类

[1] James A. Banks(ed.), *Diversity and Citizenship Education: Global Perspectives*, Jossey-Bass, 2004.

[2] Janice McLaughlin, Peter Phillimore, Diane Richardson (eds.), *Contesting Recognition: Culture, Identity and Citizenship*, Palgrave Macmillan, 2011.

[3] Karen Mossberger, Caroline J. Tolbert, Ramona S. McNeal, *Digital Citizenship: The Internet, Society, and Participation*, The MIT Press, 2007.

[4] Murray Print, Dirk Lange, *Civic Education and Competences for Engaging Citizens in Democracies*, Sense Publishers, 2012.

[5] Sarah Oates, Diana Owen, Rachel K. Gibson(eds.), *The Internet and Politics: Citizens, Voters and Activists*, Democratization Studies, 2006.

[6] Sheldon Stryker, *Symbolic Interactionism, A Social Structural Version*, Benjamin/Cummings Pub. Co., 1980.

2. 报刊类

[1] Ajume H. Wingo, Civic Education: A New Proposal, *Studies in*

Philosophy and Education, Vol. 16, 1997.

[2] Donald A. Downs, Civic Education versus Civic Engagement, *Academic Question*, Vol. 25, 2012.

[3] Hérbert Yvonne, Citizenship Education: Towards a Pedagogy of Social Participation and Identity Formation, *Canadian Ethnic Studies*, Vol. 29, 1997.

[4] Ira L. Strauber, Semiotics, Civic Education and the Internet, *International Journal for the Semiotics of Law*, Vol. 17, 2004.

[5] Jacques Benninga, Brandy Quinn, Enhancing American Identity and Citizenship in Schools, *Applied Developmental Science*, Vol. 15, 2011.

[6] Jane L. David, Service Learning and Civic Participation, *Educational Leadership*, Vol. 66, 2009.

[7] Kokom Komalasari, The Effect of Contextual Learning in Civic Education on Students' Civic Competence, *Journal of Social Sciences*, Vol. 5, 2009.

[8] Laurance Splitter, Identity, Citizenship and Moral Education, *Educational Philosophy and Theory*, Vol. 43, 2011.

[9] Lee Jerome, Service Learning and Citizenship Education in England, *Education Citizenship and Social Justice*, Vol. 7, 2012.

[10] Nick Hopkins, Leda Blackwood, Everyday Citizenship: Identity and Recognition, *Journal of Community & Applied Social Psychology*, Vol. 21, 2011.

[11] Paul Lichterman, Religion and the Construction of Civic Identity, *American Sociological Review*, Vol. 73, 2008.

[12] Sheldon Stryker, Peter J. Burke, The Past, Present, and Future of an Identity Theory, *Social Psychology Quarterly*, Vol. 63, 2000.

后 记

本书是在我的博士论文基础上修改完成的。选择公民身份认同教育这个议题,既是基于对从事教育事业的思考,也是基于对中国社会主义现代化建设现实的体悟。促进人的现代化,培育符合国家、社会发展要求的合格公民,是每一个国家在社会现代化进程中都必须面对的重要课题,这一课题应当也必须立足于本国文化传统与社会现实进行考量。中国的社会现代化进程已然进入新的时代、新的阶段,中国特色社会主义民主与法治的发展需要与之相匹配的现代公民。如何在我们自身的制度与文化架构下,阐释、拓展和建构社会主义公民教育培养的理论与实践体系,是教育者需要深入思考的,并且具有深刻的理论与实践意义。但是,我学术功底尚浅,对很多问题的思考和剖析还不够充分,书稿交付之际,难免忐忑。真诚期待学术界同行能对本书中存在的不当或缺漏给予批评和指正。

回想本书的写作过程,感慨良多。当年我决心攻读博士学位,只源于对学术、对理论一厢情愿的热忱,对何谓博士、何谓学术以及应如何开展学术研究,实是知之甚少。等真正涉足其中,我才明白个中辛苦,深切体会到致力于学术、精进于研究所要付出的心力、精力与毅力。读博数年间,论文研究几易主题,论文撰写几易其稿,每一次的更改和调整都是一项浩大的工程,从材料的收集、整理到观点的归纳、提炼,耗时之长、耗力之巨皆超出想象。时至今日,每个为研究主题焦灼纠结的夜晚都恍如昨日,每个为观点表达字斟句酌的场景仍历历在目,每次为论文的跬步进展而欣喜若狂、为研究的停滞不前而焦虑不安的心情也都还记忆犹新。如今,论文本身的研究暂且告一段落,虽然它本身还不甚完美,相关主题的研究也远未达到圆满,但毕竟是诸多心血的凝结，见证了自己的努力和成长，当然也时刻警醒着自己：学海无涯，书山路遥，故要以一颗谦逊、虔诚之心，持久前行，努力攀登。

在近年来的成长过程中，身边的每一位师长、同事、亲友都给予了我无私的教诲与帮助。首先要感谢我的博导李渡教授，李教授在我读书期间谆谆教诲，给予我细致入微的指导。从研究选题、研究框架设计到具体的文字表述和修改，每一处都凝结着导师的心血，每一处都离不开导师的悉心教导。此外，还要感谢我的硕导周敏凯教授，周教授在我读博期间也不断指点我如何在专业学习、研究选题和写作等各方面提高自己。感谢同济大学李占才教授、丁晓强教授、张劲教授、邵龙宝教授、章仁彪教授、郭强教授、李振教授在研究选题和写作上给予我诸多指导并提出宝贵意见。感谢华东政法大学张明军教授、闫辉教授对我研究选题与研究框架设计的指点和帮助，感谢任勇教授的写作指导与经验分享。同时也衷心感谢单位很多领导、同事与父母及其他亲友的支持与鼓励，他们的帮助是我成长的动力和能量来源。

回想几年的研修经历，其间除学业的压力外，我也接受了来自工作和生活中各种挫折的磨炼。过程虽然不易，但每一种经历和磨炼都是财富，令我的人生深沉而有厚度，也令我更加成熟而坚强。几年的研修也使我更加深刻地认识到：所谓博士者，重在"博"，贵在"精"，但无论何者，都需要经年的积累与恒久的探索。数年的钻研与苦读，只不过是学术之路上的寥寥几步，更深层次、更广范围的进步还有赖于持之以恒的努力和付出。而这些年的积累和沉淀，所有师长、亲友的支持和帮助，也将转化成为更大的成长动力，激励我在学术研究的路上继续砥砺前行。

最后，需要说明的是，本书出版获得华东政法大学大学生思想政治教育研究中心的资助与支持；得到了华东政法大学党委副书记应培礼教授、学生工作部部长王戎副教授的大力支持；吴松强副教授在本书的出版过程中给予积极的帮助。北京大学出版社的王业龙老师、徐音老师和姚沁钰老师为本书的出版付出了诸多辛劳。在此一并表示诚挚的感谢！

武 进

2019 年 3 月